새로운 창업을 위한
굿아이디어 창업

새로운 창업을 위한
굿아이디어 창업

김진홍 지음

[읽기 전에]

창업, 문제는 정보다

이 책은 지금 이 시대를 살아가고 있는 수많은 창업 희망자가 험난하고 고단한 창업 환경 내에서 성공적으로 생존하기를 바라는 마음을 담아 저술하였다. 즉, 자의(自意) 또는 타의(他意)에 의해 '창업'을 결심하는 수많은 예비창업자들이 실수와 시행착오를 줄여 성공적으로 창업하기를 바라는 희망의 결과물이라고 할 수 있다.

필자는 약 20여 년 동안 직장생활을 한 뒤 창업했는데, 필자에게는 무척 낯설고 특별한 인생의 큰 사건으로 창업은 도전정신과 용기를 갖춘 사람의 전유물이라고 생각했었다. 회사원 생활에 불편함이 없었던 필자는 퇴직 전까지 단 한 순간도 창업을 고려한 적이 없었기 때문에 퇴직 후에도 창업보다는 재취업에 관심과 노력을 기울였다. 창업과 사업화 방법을 체계적으로 교육받지 못했고, 창업을 통해 달성하려는 목표도 없었으므로 퇴직 이후의 미래에 대한 두려움과 불안감만이 내면에 팽배해 있었다.

그래서 창업과 관련된 다양한 정보를 알려주고, 차별화하여 경쟁력을 확보할 수 있는 방법을 전달해주며, 심리적 불안감과 두려움을 해소해줄 수 있는 조력자의 존재가 절실하게 필요했다. 특히, 소자본 창업을 위한 조건과 준비사항 등에 대한 갈증이 많았기 때문에 먼저 창업한 소자본 창업자의 경험과 지식을 습득할 수 있는 기회와 매개체가 필요했다. 이에 따라, 이 책은 필자의 창업 후 경험과 사업화 과정에서 습득한 지식 위주로 작성되었으며, 여기에 더하여 '요거베리' 브랜드 (주)후스타일 김진석 사장의 조언과 충고가 반영되었다.

비록 창업 관련 전문가는 아니지만, 퇴직과 창업을 겪으면서 체험하고 느꼈던 진솔한 경험과 고민 등을 최대한 객관적으로 반영하려고 노력하였다. 필자의 시행착오와 경험이 불가피하게 창업을 해야만 하는 수많은 창업자들에게 많은 도움이 되어 자신만의 새롭고 의미 있는 삶을 살 수 있게 되기를 희망한다.

　이 자리를 빌어 완벽한 내용은 아니지만, 이 책이 나오기까지 많은 배려와 격려를 아끼지 않은 김진석 사장에게 마음속 깊은 감사와 고마움을 전달하고자 한다. 그리고 주변에서 많은 관심과 위로, 믿음으로 지켜봐 주며 힘이 되어준 친구들과 가족들에게 늦게나마 감사의 마음을 전한다.

2017년 김진홍

[차례]

A. 개요
...... 011

- 넘쳐나는 자영업자 012
- 퇴직이란? 015
- 왜 사업가인가? 017
- 당신은 행복하십니까? 014
- 주요 콘텐츠 016

B. 아이디어 제품화
...... 019

- 비전기식 요구르트 발효기 020
- 우편함 알림판 058
- 자동차 배터리 덮개 065
- 사무실용 비타민 055
- 택배 운송장 정보지우개 062

C. 유통업
...... 069

- 막걸리 070
- 화장품 071
- 아이디어 제품 072
- 새싹채소 071
- 등산용품 072

D. 경영자문업
······ 075

- ◆ 정부지원금자문 076
- ◆ 특허 관련 업무자문 080

E. 창업 시 고려사항
······ 081

- ◆ 사업화 과정 도표 그리기 082
- ◆ 초조함에서 벗어나기 084
- ◆ 아이디어 가다듬기 083
- ◆ 판매 채널 찾기 086

F. 사업 진행 시 마음가짐
······ 087

- ◆ 사업을 준비하는 자세 088
- ◆ 불안감 해소방법 094
- ◆ 사업은 '도전과 응전의 연속'이다 098
- ◆ 하심(下心) : 마음 내려놓기 101
- ◆ 세상이 인정해주는 기쁨 102
- ◆ 내 안의 분노를 다스려라 103
- ◆ 사업화 순서 105
- ◆ 당신은 준비되어 있는가? 089
- ◆ '자기 확신'에 대하여 097
- ◆ 스스로를 이완시켜라 100
- ◆ '신념'의 다른 이름은 '간절함'과 '집요함'이다 101
- ◆ 스스로를 칭찬하라 103
- ◆ '실패'를 위하여 104

G.
사업 진행 시 고려사항
······ 107

- 창업자의 마음자세 108
- 사업 아이템 선정방법 129
- 사업 진행 전 실행과제 140
- 특허출원 170
- 협상의 심리학 238
- 공공기관 지원사업 활용사례 250
- 이노(INNO)6+ 프로그램 활용하기 254
- 지식산업사회의 도래(到來) 124
- 사업 진행 전 선행과제 135
- 사업 진행 전략 155
- 영업방법(Tip) 209
- 관리방법(Tip) 245
- 창조경제타운 100% 활용하기 253

H.
자금준비
······ 255

- 자금 획득 우선순위 256
- 개인 신용도 활용하기 268
- 정부지원금 활용하기 257
- 투자자 활용하기 268

I.
세무관리
······ 271

- 부가가치세 신고하기 272
- 월급생활자와 개인사업자의 세금신고 278
- 세금계산서 발행하기 280
- 4대 보험관리 281
- 참고문헌 284
- 종합소득세 신고하기 275
- 지출비용 정리하기 279
- 세금신고 프로그램 281
- 법인기업과 개인기업의 차이점 282

[A. 개요]

넘쳐나는 자영업자

KB금융지주 경영연구소에 따르면, 2013년 말 기준으로 자영업자 수가 약 565만 명으로 전체 근로자의 22.8%를 차지하고 있다고 한다. 통계결과가 증명하듯이 대한민국은 자영업자들로 넘쳐나고 있으나, 전체적인 경기침체와 공급과잉에 따른 영향 등으로 소멸률 증가와 경상수지 악화와 같은 부정적인 현상 또한 확대되고 있는 상황이다.

현대경제연구원의 통계를 살펴보면, 총 취업자 중 자영업자 비중은 2000년 36.8%에서 2014년 26.8%로 하락했으나, 여전히 OECD 평균(16.1%)에 비하면 월등히 높은 수준으로 2013년 기준, 한국의 GDP 1조 4,450억 달러 대비 사업체 수는 481만 7,000개이며, 사업체를 GDP로 나눈(GDP 단위 10억 달러, 사업체 수 단위 1,000개 기준 계산) 비율은 3.33으로 조사 대상 32개국 OECD 회원국 중 1위를 기록하였다. GDP 수준이 비슷한 캐나다의 사업체 수 74만 3,000개(0.5%), 터키 243만 6,000개(1.8%), 에스파냐 236만 3,000개(1.54%)와 비교하면, 거의 1/6에서 2배 수준에 달하는 사업체 수이다.

또한 2013년에는 자영업자 66만 명이 퇴출되고 58만 명이 진입하면서, 진입자가 더 많았던 2011년과 2012년의 상황을 역전하였다. 이렇게 자영업자의 소멸률 증가에 따라 국내 자영업 신생률(2013년 기준)은 14.0%(69만 개)로 전년 대비 0.4%p(2만 3,000개) 감소했다. 또한 2007년 대비 4.3%p(11만 5,000개) 감소한 수치를 나타낸 반면,

자영업 소멸률(2012년 기준)은 14.3%(70만 2,000개)로 전년보다 1.0%p(5만 5,000개) 증가함으로써 2010년 이후 꾸준히 소멸률이 계속 상승 중으로 2015년 상반기에만 약 10만 7,000개의 자영업체가 폐업하였다.

소멸률이 20%를 넘는 업종은 예술, 스포츠 및 여가 관련 서비스업 22.8%(2만 5,000개), 숙박 및 음식점업 21.2%(16만 개)이었고, 도소매업은 14.3%(19만 5,000개), 교육서비스업은 19.2%(2만 4,000개)의 소멸률을 기록했으며, 자영업자 수 기준으로는 부동산 및 임대업(4만 6,000개), 도소매업(3만 1,000개), 숙박 및 음식점업(2만 5,000개) 순의 소멸률을 나타냈다. 더불어 2012년 기준 자영업자들의 평균 소득은 3,472만 원으로 임금근로자의 평균 소득 3,563만 원보다 조금 낮은 수입이나, 평균 대출금이 1억 1,700만 원으로(2013년 3월 기준), 창업을 위한 비용투자가 가계의 1.6배 수준에 달하고, 2~3인 가구가 가계에 종사하는 것을 고려하면, 재정 상태가 매우 불안한 상태라고 할 수 있다.

연령대별 자영업자 수는 40대가 가장 많은 비중을 차지했으나, 2011년 50대(30%)가 추월하였고 60대 이상 고령층도 증가하여 중·고령층 비중이 절반을 상회하고 있으며, 업종별 비중은 음식점 24.6%, 식품·종합 소매 10.9%, 의류·잡화 9.6%, 이미용·화장품 8.3%, 주점·유흥 서비스 7.2%, 건자재·가정용품 7.0% 순으로 생계형 창업이 대부분이었다.

개인사업자 창업 중 2002년 이후 10년간 음식점은 110만 개(29.3%), 주점·유흥 서비스는 45만 개(12.0%), 의류·잡화는 39만 개(10.4%)로 집계돼 음식점 창업 비율이 30% 가까운 높은 비중을 차지하고 있다. 또한 소매업, 개인 서비스업 등의 창업도 꾸준히 증가하고 있는 추세이며, 개인사업자의 평균 생존 기간은 3.4년이고, 생존 비율은 24.6%에 불과한 실정으로 퇴직자와 은퇴자들은 미래를 장담할 수 없는 치열한 생존상황에 무방비로 노출되어 있다.

구조적으로 국가의 제도적 노후보장을 기대할 수 없고, 개인이 노후생활을 준비해야 하는 대한민국의 복지정책구조 틀에서 자녀교육을 위해 많은 비용을 지불하는 월급 생활자들이 노후를 대비하기란 쉽지 않으며, 사업을 위한 창업 환경도 좋지 않은 상황이다. 나이가 들어 직장에서 퇴직한 뒤 창업하기가 쉽지 않은 이유는 관련 분야에 대한 경험이 없고, 자금 여력과 사회적 인프라가 충분하지 않으며, 이미 시장을 선점한 경쟁업체가 너무 많기 때문이다. 그리고 대부분의 퇴직자들이 창업이라는 변화를 사전에 체험하지 못하기 때문에 사업구상과 계획이 구체적이지 않고, 현장체험과 관련 지식 습득 등의 사전 준비가 미흡하여, 창업실패율이 매우 높은 상황이다.

당신은 행복하십니까?

우리나라 국민의 삶의 질에 대한 만족도가 아시아 국가 국민의 평균 체감지수보다 낮은 것으로 나타났다는 기사를 읽은 적이 있다. 미국 여론조사기관 갤럽과 보건컨설팅업체 헬스웨이스가 공동으로 2013년 135개국의 15세 이상 남녀 13만 3,000명을 대상으로 전화·면접 조사방식으로 집계한 '2013 세계 웰빙(삶의 질) 지수' 순위에 따르면, 한국은 75위를 기록했다는 내용이었다. 인생목표, 사회관계, 경제상황, 공동체의 안전과 자부심, 건강 등 5개 항목으로 시행된 여론조사에서 우리나라 국민이 3개 항목 이상에서 삶의 질에 대한 만족도가 강하고 지속적인 상태를 뜻하는 '번영 중'(thriving)이라고 긍정적으로 답한 비율은 14%에 불과했다. 즉, 대한민국 국민의 86%가 '살기 힘들다'고 생각하는 것으로 조사되었다. 이 순위에서 75위에 머문 한국은 대만(18%, 55위), 일본(15%, 64위), 말레이시아(24%, 36위), 필리핀(24%, 40위), 태국(22%, 44위), 인도(15%, 71위), 이라크(15%, 73위)보다도 순위가 밀렸다.

우리나라 국민 대다수는 삶의 목표실현 항목에서 '고전 중'(46%) 또는 '고통 받는 중'(40%)이라고 대답했고, 응답자의 14%만 목표실현이 만족스럽다고 답했는데, 사회관계 항목 또한 '고전 중'(47%)이라는 답변이 긍정적인 답변(22%)의 2배를 넘었고, 공동체 안전/자부심과 건강 항목에서는 '고전 중'이라는 응답이 각각 63%, 65%로 과반에 이르렀다.

주목할 사항은 한국이 경제협력개발기구(OECD) 국가 중 가장 빠른 속도로 고령화 사회에 접어들었으며, 45세 이상 응답자의 절반이 설문조사 5개 항목에서 만족한다는 답을 하나도 택하지 않았다는 점이다. 경제적 만족도에서 45세 미만의 43%가 만족한다고 답한 데 반해 45세 이상은 28%에 그쳤다. 즉, 오랜 직장생활 등으로 벌어들인 수입의 대부분을 자녀부양 등을 위해 지출하기 때문에 안정적인 노후자금이 없고 사회복지 인프라가 미비하여 노후생활에 대한 대비(자금준비)는 전적으로 개인이 해결해야 하는 현실과 퇴직 후 재직 시와 비슷한 조건의 재취업이 어려운 상황과 직면하게 되는 퇴직자들의 실상이 반영된 결과라고 하겠다. 결국 퇴직자들은 전 재산을 끌어모아 '모 아니면 도' 식의 '창업'이라는 외줄타기를 할 수밖에 없는 불안정한 상태에 놓이게 된다. 그래서 필자는 창업을 준비하는 한 집안의 가장, 부모 또는 자식인 당신은 과연 행복한지 묻고 싶다.

퇴직이란?

직장인에게는 퇴직이라는 숙명적인 변화가 반드시 발생함에도 불구하고 현직에서 근무하는 사람들은 애써 다가오는 냉혹한 현실(퇴직)을 외면하려고 한다. 퇴직으로 인해 발생할 수 있는 사회적 계층하락과 소득감소에 따른 경제적 궁핍이 두렵기 때문에 퇴직을 이성적으로는 이해하지만, 감성적으로는 수긍하지 못한다. 현재의 지위와 권력을 유지할 수 없고, 현재의 수입을 기대할 수 없다는 상황이 쉽게 납득되지 않는 것도 있지만, 무엇보다 더 이상 과거로 회귀할 수 없다는 박탈감과 가족의 생계를 책임져야 하는 가장으로서의 불안감이 가장 큰 부담으로 작용한다.

그래서 정년까지 살아남기 위해 회사의 정책과 방침에 무조건 충성하고 사생활마저 포기한다. 매달 고정으로 지출되는 생활비와 자녀의 학비를 벌어야 하는 생활인에게 고정수입이 중단되는 상황은 현재의 안정적인 삶을 허물어버릴 수 있는 엄청난 파급효과를 가져올 수 있다. 그래서 직장인은 회사에 충성할 수밖에 없고, 스스로를 회사가 주문하는 모습으로 만들어갈 수밖에 없다. 그리고 살아남기 위해 치열하게 경쟁하고, 모든 에너지를 회사업무에 집중함으로써 현재를 사는 직장인에게 퇴직 이후의 삶을 준비할 시간은 없다. 그래서 퇴직이라는 사건이 야기하는 변화에 무관심할 수밖에 없고, 퇴직 이후의 삶을 위한 경쟁력 확보에 소홀하게 된다.

그러나 퇴직은 예기치 못한 순간 예상치 못한 모습으로 다가와서 준비되지 않은 직장인을 궁지로 몰아넣고, 경쟁력을 갖추지 못한 퇴직자를 낙오자로 만든다. 그러므로 직장인에게는 퇴직을 인정하고 새로운 변화에 능동적으로 대처하기 위한 현재진행형의 사전 준비가 필요하다. 퇴직은 한 개인의 삶뿐만 아니라, 가족을 포함한 주변인들의 삶도 바꿀 수 있을 만큼 경제적·사회적 파급효과가 크다. 따라서 장기적인 계획 수립과 점진적인 실행 절차에 의지하여 사전에 대비하고 준비해야 어려움이 없다.

주요 콘텐츠

이 책의 의도는 아이디어 창업의 성공사례와 무자본·소자본 창업의 성공사례, 창의력이 실제로 구현되는 성공사례를 아이템별로 소개하여 창업실패자와 퇴직으로 좌절과 절망에 빠진 퇴직자가 용기를 갖도록 하는 데 있다. 또한 무엇을/어떻게/어느 것부터 실행해야 하는지 모르는 예비창업자가 쉽게 창업과정을 이해할 수 있도록 하며, 아이디어와 창의력에 기초하여 무자본 또는 소자본 창업이 가능함을 증명하는 데 있다. 즉, 발상의 전환을 통한 차별화된 아이디어에 기초하여 정부기관의 사업지원을 활용하여 제품화와 마케팅 활동을 전개하고, 적절한 유통경로를 선택해 판매함으로써 창업 및 사업화에 성공한 사례를 제시하고자 한다. 자기자본을 최소화하면서 창업할 수 있는 길을 경험과 사례 중심으로 쉽게 이해할 수 있도록 안내하였다.

줄탁동시(啐啄同時), 알 속의 병아리가 껍데기를 깨고 나오기 위해서는 알 내부에서 병아리의 혼신을 다한 쪼는 행위가 반드시 필요하다. 그래야 알 외부에서 시운(時運)이 함께하여 알껍데기 막이 깨지도록 돕는다. 그러므로 창업자에게도 창업자를 둘러싸고 있는 수많은 제약(소자본/낮은 자신감/무기력감 등)들을 역전의 기회로 활용할 수 있는 열정이 필요하다. '핑계 없는 무덤이 없다'는 말처럼, 스스로 만든 수많은 제약 속에 자신을 가두는 우(愚)를 범하지 말아야 한다. 병아리가 껍데기를 깨고 세상에 나오듯이 매 순간 혼신의 노력을 다해야 한다. 기회는 저절로 다가오는 것이 아니라, 노력하는 사람이 시운을 조정하여 만드는 것이다. 담보력이 부족하여 창업자금조달도 쉽지 않았고, 재력 있는 주변인도 없는 상황에서 창조적인 아이디어에 기대어 창업한 후 사업화에 성공한 사람을 우리 주변에서 수없이 만날 수 있다.

현재 상태가 불우하다고 하여 미래도 불우해지는 것은 아니다. 내일은 어느 누구도 장담할 수 없고, 결과를 예단하는 사람은 결코 성공할 수 없다. 현재 도전하느냐하지 않느냐만 남아 있을 뿐이다. 그리고 '창업은 아무나 하는 것이 아니다'라고 만류하는 사람들에게 그 '아무나'가 바로 '나'라고 이야기하길 바란다.

왜 사업가인가?

'사업가'에 대한 사전적 정의는 '사업을 계획하고 관리하여 운영하는 사람(businessman)'이다. 그리고 일반적으로 대중이 연상하는 '사업가' 이미지는 대기업의 총수 또는 대규모 사업체의 오너(owner)로 대표되는데 필자가 생각하는 '사업가'에 대한 정의(定義)는 다르다. '사업가'란 '사업규모(직원 수/자본금/고정자산 등)와 사업의 성공 여부와 관계없이 자기 책임으로 공동운명체의 사업체를 운영·관리하는 모든 경영자'라고 생각한다.

즉, 주체적 의사결정이 가능하고, 의사결정에 따른 최종책임을 부담하며, 사업체와 생존과 사멸을 함께하는 사람만이 '사업가'라고 생각한다. '사업가'라면 자기 주도하에 의사를 결정하고, 독립적으로 조직을 운영하며, 사업의 성공과 실패에 대한 책임을 전적(全的)으로 부담해야 한다고 생각하기 때문이다.

그러므로 소액의 자본금으로 창업, 1인 기업으로 창업, 전용사무 공간을 구축하지 못한 창업, 매출금액이 적은 창업이라고 '사업가'가 아닌 것은 아니다. 오히려 대기업의 전문경영인/구단감독/고용된 의사/지배인 등은 '사업가'가 될 수 없지만, 제품과 서비스를 주체적 판단과 결정으로 제공할 수 있는 1인 창업자/개원 의사/농장주/포장마차 운영자 등은 마땅히 '사업가'가 될 수 있다.

따라서 창업자는 '사업가'로서의 자부심과 책임감을 인식해야 하고, 자신의 의지와 노력 여부에 따라 성공과 실패가 결정됨을 자각해야 한다.

그리고 규모와 외형에 위축되거나 굴복하지 말고, 최초 계획한 목표를 어떻게 달성할 것인가를 고민하며, 해법 찾기에 관심과 노력을 집중해야 한다. 창업자가 왜 '사업가'인가에 대한 해답이 여기에 있다.

[B. 아이디어 제품화]

비전기식 요구르트 발효기

창업자의 최우선 과제는 역시 '사업 아이템(Item)'을 선정하는 것이다. 이는 창업과정 중 가장 중요하고 어려운 과제로 사업 방향성과 사업화과정이 아이템에서 비롯되기 때문이다. 때문에 창업자는 어떤 아이템으로 사업화할 것인가를 고민하고, 선정하기 위한 시간을 많이 가져야 한다.

창업자마다 아이템을 선정하는 기준과 방식은 상이하고, 각 아이템별 차별성과 경쟁력을 예단할 수 없어 모범답안과 같은 선정 기준과 방식은 없다. 그러므로 각자의 경제적 여건과 상황에 부합되게 기준을 정하여 선정하면 된다. 다만, 하나의 사례로 필자의 선정 기준과 방식을 제시하면, 필자는 조직과 자본을 겸비하는 경쟁력을 갖추기 전까지는 기간별로 아이템을 구분하여 전개하는 방식을 사용하고 있다. 즉, 사업 아이템을 현재의 생활 수준을 유지하기 위한 단기간에 수익을 창출할 수 있는 단기형(短期型) 아이템과 장기형 아이템 진행을 위해서 일정 기간 고정수익을 창출할 수 있는 중기형(中期型) 아이템 그리고 남은 여생 동안 지속적인 수익을 창출할 수 있는 장기형(長期型) 아이템으로 구분하여 사업화하고 있다. 그래서 첫 번째 단기형 아이템은 거래중개와 잡화/생활필수품 유통, 두 번째 중기형 아이템은 특허에 기반한 아이디어 제품 판매, 세 번째 장기형 아이템은 한식프랜차이즈 전개로 결정하였다.

이와 같이 기간별로 아이템을 선정한 이유는 수익 획득 가능성에 따라 사업전개방식도 달라져야 한다고 생각하기 때문이다. 즉, ①'유통과 중개'는 직장생활 중 구축한 인적 인프라(infrastructure)를 활용해 소자본으로 시작할 수 있고 ②'특허 아이디어 제품 개발'은 아이디어만으로도 경쟁력을 갖출 수 있는 분야이며 ③'한식 프랜차이즈'는 글로벌화하기 유리한 장점을 보유하고 있다는 판단을 하였다. 다만, 요구르트 발효기 공동개발 제의에 따라, 단기형 아이템이 유통과 중개에서 요구르트 발효기 개발로 변화하였다.

창업자가 아이템 선정 시 고려해야 하는 최우선 요인은 창업자의 주변 여건과 맞지 않는 아이템 선정은 지양해야 한다. 즉, 경제적 능력과 관련 산업 분야 경험 여부, 시간과 조직보유 여부 등을 고려하여 창업자의 여건에 부합하는 아이템으로 창업해야 한다. 창업은 창업자의 희망사항만으로 성공할 수 없으며, 창업은 현실이고 생활이며 가족과 친지 등 주변인에게 막대한 영향을 미치는 사건이기 때문이다.

그러므로 현재의 조건과 상황에 맞게 아이템을 선정하여 창업하고, 창업 후 중·장기적인 사업전개를 위한 추가 아이템을 기간별로 구분하여 선정한 뒤, 단기형 아이템의 사업화 진행과 동시에 중·장기형 아이템의 사업화를 진행하는 방법으로 창업 이후를 대비할 필요가 있다. 단, 사업화 진행비율은 당연히 약 85%/10%/5%의 비율로 현재에 집중하고, 기간 경과와 사업화 정도에 따라 진행비율을 조절해야 한다. 그리고 선정한 아이템 이외의 추가 아이템을 선정해 보유하는 것이 좋은데, 그 이유는 돌발변수와 사업환경 변화에 따른 차선책으로 창업자가 새로운 아이템 선정에 시간과 자본을 허비하지 않기 위해서이다.

아이템 선정 시 반영 사항

창업자가 아이템을 선정할 때 고려해야 하는 요인들로는 ①향후 '계약우위'의 위치가 될 수 있는가? ②시스템에 의해 움직일 수 있는가? ③적은 투자로 큰 수익을 기대할 수 있는가? ④신규시장을 개척할 수 있거나 경쟁자가 없는가? 등이 있다. 우선 '계약우위'의 위치를 고려해야 하는 이유는 항상 약자 입장이 되는 사업은 확장 가능성이 낮기 때문이고, 구축된 조직체계에 의한 작동 여부가 중요한 이유는 창업자의 판단에 의해 조직과 사람이 수익을 창출하는 구조가 가장 효율적이기 때문이다. 또한 투자 대비 수익률이 중요한 이유는 최소의 투자로 최대수익을 거두는 아이템이 가장 좋은 아이템이기 때문이며, 차별화를 강조한 이유는 경쟁자와의 싸움에서 승리할 수 있는 방법은 결국 차별화밖에 없기 때문이다.

예를 들면, 프랜차이즈 가맹점주는 항상 '계약열위(劣位)'의 입장일 수밖에 없고, 점주가 일하지 않으면 수익 획득이 용이하지 않으며, 초기 투자비용이 동종 분야 자영업자보다 많아 손익분기점 달성이 용이하지 않고, 동종업계의 다른 프랜차이즈 점포와 끊임없이 경쟁해야 한다는 것이다. 그러므로 창업자는 아이템을 통해 프랜차이즈 본사의 위치가 되어야 하고, 구축된 조직과 매뉴얼에 따라 일이 진행되도록 해야 하며, 소자본으로 안정적인 수익을 기대할 수 있어야 하고, 경쟁자와의 싸움에서 경쟁우위에 있어야 한다. 이는 창업 초기에는 어려울 수 있지만, 거시적인 안목으로 바라보면 주체적이고 독립적인 삶을 살아갈 수 있는 선정방법이다.

아이템 선정 시 배제 사항

아이템을 선정하면서 배제해야 하는 조건은 ①시간과 맞바꾸는 사업 ②중·장기적인 아이템을 준비할 수 있는 시간이 없는 사업 ③노력 대비 효율성이 떨어지는 사업 ④많은 자본이 투자되는 사업 ⑤즐기지 못하는 사업 등이 있다. 변호사나 의사처럼 사업자가 일하지 않으면 수익 획득이 어렵거나, 현재에 매달려 미래를 준비할 수 없는 경우도 있다. 이는 노동효용성이 매우 낮아 효율적이지 못하고, 현재의 생활 수준을 위협하는 투자이다. 미래의 삶을 위험에 노출하는 즐겁지 않은 일은 창업자를 지치게 하고 사업화를 지연시켜 실패 가능성을 높일 수 있다.

일반적으로 공유되는 창업 상식과 창업 전문가의 전문적인 판단과 상이할 수 있으므로 반드시 일반 상식과 일치해야 할 필요는 없다. 사업이 창업자의 판단과 의지에 따라 성패가 결정되는 이유는, 창업자가 판단에 따른 모든 책임을 부담하기 때문이다. 따라서 창업과 사업화를 통해 경제적으로 윤택한 여생을 보낼 수 있으며, 일을 함으로써 삶이 즐겁고, 행복할 것이라는 이익과 소망이 달성되어야 한다. 이는 사업이 생계수단의 의미를 초월하여 삶을 즐기는 하나의 방편으로 활용되어야 한다는 뜻이기도 하다.

사전 준비

아이템 선정 뒤, 가장 먼저 시작해야 하는 과제는 아이템에 대한 전문지식과 관련 분야 정보를 습득하는 '공부'이다. 이유는 아이템을 선정했다고 성급히 실행에 옮기기보다 아이템의 속성과 장단점을 자세히 파악하고, 관련 분야 정보와 경험 등을 직·간접적으로 습득하는 노력이 더 중요하기 때문이다. 공부하지 않은 창업자는 적의 규모, 전장의 형세와 기후를 모르는 상태에서 싸우는 장수와 같다. 예를 들면, 커피전문점을 창업한 사업자가 커피 종류와 메뉴/제조방법/재료의 성분 등에 무지(無知)한 것과 같은 상황이다. 경영에 무지한 사업자가 성공한 사례는 극히 드물다. 옷을 구매할 때도 여러 점포의 다양한 옷을 입어보는 등 신중을 기하는데, 창업자가 가진 모든 것(재산/신뢰/가족의 유대감 등)을 잃을 수도 있는 창업을 주먹구구식으로 진행하는 행태는 실패하기 위해 창업하는 것과 같다. 이는 성공한 사업자의 높은 매출과 수익금에만 열광하고, 그들의 고단한 노력과 공부에는 무관심하다는 말과 같다. 기본적인 노하우, 기초적인 지식과 경험의 습득은 공부를 통해서만 획득할 수 있다.

비용 대비 효율성이 높은 공부방법은 인터넷을 활용하고 도서관을 이용하는 방법이다. 인터넷은 정보의 바다라는 말처럼 심층적인 전문지식을 얻기는 어려워도 광범위한 지식 습득에 많은 도움이 되고, 국회도서관 등에서 열람할 수 있는 관련 분야 논문들은 전문지식을 이해하고 사업 동향과 진행방향 등을 예측하는 데 유용하다. 그리고 관련 분야의 국가기관과 전문연구기관의 홈페이지를 방문하여 자료를 찾는 방법도 효율성이 높다. 예를 들면, 식품 분야는 식품의약품안전청, 의류 분야는 한국섬유개발원 등의 홈페이지를 찾는 방식이다. 전문기관의 자료는 열람자를 준전문가로 만들어준다.

특히, 논문에는 작성자의 모든 지식과 연구결과 등이 내재되어 있어 단시간 안에 전문지식을 습득할 수 있는 장점이 있다. 그러므로 인터넷 검색을 통해 개략적인 실용지식과 정보 등을 학습한 뒤, 도서관과 국가기관에서 논문을 통하여 전문지식과 관련 분야의 산업 동향과 흐름 등을 공부하는 방법이 가장 효율적이다. 그리고 창업자가 반드시 수강하면 유용한 교육으로 서울산업진흥원(SBA)에서 진행하는 '창업스쿨' 프로그램이 있다. '창업스쿨'은 인터넷 강의방식으로 진행되며, 식·음료 창업에서

[B. 아이디어 제품화]

부터 지식 기반 창업까지 다양한 분야의 창업전문가들이 입지 선정/자금 조달/마케팅 등의 창업에 필요한 유용한 강의를 진행한다. 따라서 창업자가 창업과정의 전체 흐름을 파악하는 데 매우 유익한 강의이다.

사업계획서 작성

사업계획서 작성은 구체적이고, 가시(可視)적이어야 한다. 즉, 머릿속의 생각을 종이에 적으면, 생각으로 가지고 있던 계획과 눈으로 보는 계획 간에는 많은 차이점이 있다는 사실을 발견하게 된다. 사업계획서는 머릿속을 순간적으로 스쳐 지나는 모호한 계획이 아닌 단계적으로 실행 가능한 실질적인 계획 수립이 가능하도록 한다. 필기하고 눈으로 직접 확인함으로써 상상단계의 계획이 구체화/세밀화되어, 미반영 사항을 포함한 세부 사항까지 점검할 수 있는 것이다. 계획과 현실 사이에는 괴리감이 존재하기 때문에 A~Z까지 모든 세부 사항이 포함되는 계획서 작성은 필수적이다.

필자의 경우, 단기형 아이템으로 '비전기식 요구르트 발효기'를 선정하였기 때문에 사업계획서 작성도 요구르트 발효기의 개발과 판매까지의 전 과정을 반영했다. 순서를 보면 ①사업 진행방향 설정 ②회사 설립 ③최우선 실행과제 선정 ④사전 준비사항 점검 ⑤업무흐름도 작성 ⑥아이디어 특허출원 ⑦정부지원금 확보 ⑧디자인 모크업(Mockup) 업체 선정 ⑨디자인 모크업 제작 ⑩예상판매처 협의 ⑪금형업체 선정 ⑫진행 모크업 제작 ⑬최종판매처 확정 ⑭시장조사 실시 ⑮시제품 생산 ⑯양산품 생산/판매 등으로 작성되었다.

계획서를 작성하면서 가장 중요하게 고민해야 할 사항은 '어떻게 팔 것인가?'로 제품을 개발하고 제조하면 반드시 판매될 것이라는 낙관적인 생각과 태도는 실패 가능성이 높다. 제조자 관점이 아니라 소비자 관점에서 제품을 관찰해야 실패하지 않는다. 시장과 제품은 철저히 소비자 관점에서 주시해야 하는데, 제조자와 판매자가 자기도취에 빠져서 미래를 낙관적으로 예측하고 실패위험을 인식하지 못하는, 즉 '판매될 것이다'라는 긍정의 함정을 경계해야 한다.

그리고 사업계획서에 사소한 과제와 생각들이 많이 담겨질수록 실패의 가능성

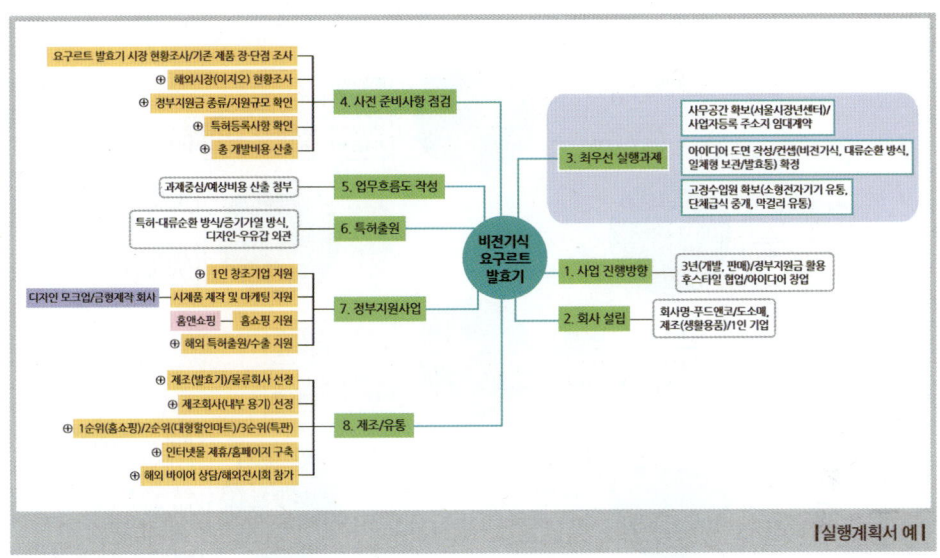

|실행계획서 예|

은 낮아진다. 사업계획서는 작성 후 불가변의 계획서가 되면 안 되고, 상황변화에 따라 수시로 수정되고 보완되는 유동적인 계획서가 되어야 한다. 그래서 계획서 양식은 구체적이고 사실적인 정보와 경험 등이 기재될 수 있는 양식이어야 하며, '6하 원칙'에 의거하여 작성되어 모호하고 비체계적인 내용이 사실적인 순서에 따라 정리되어야 한다. '6하 원칙' 계획서의 가장 큰 장점은 사업 내용과 일처리 순서를 일목요연하게 파악할 수 있다는 점으로 'A에서 Z까지' 모든 사업 내용을 점검·확인할 수 있어 의도치 않은 실수와 오류를 줄일 수 있다.

'6하 원칙'에 따라 작성한 필자의 사업계획을 예로 들면, ①사업 진행방향 설정-요구르트 발효기 아이디어를 사업화한다. ②회사 설립-1인 창업하며, 고정비용 확보를 위해 업태를 '경영컨설팅/도소매업'으로 정하고, 발효기 제조를 위해 '제조업'을 추가하여 '일반사업자'로 등록한다. ③최우선 실행과제 선정-특허출원과 발효기 개발·제조를 위해 연관지식, 정보와 시장 동향 등을 공부한다. ④사전 준비사항 점검-개발 예상비용 산출과 업무 진행 시 예상되는 장애 요인을 파악한다. ⑤업무흐름도 작성-특허/자금 조달/모크업 제작/판매처 확보/제조회사 선택/후속 모델 구상 등의 소제목 중심의 타임테이블(Time Table)을 만든다. ⑥아이디어 특허출원-정부지원제도를 활용하여 특허를 출원한다. ⑦정부지원금 신청-모크업 제작과 디자인 작

[B. 아이디어 제품화]

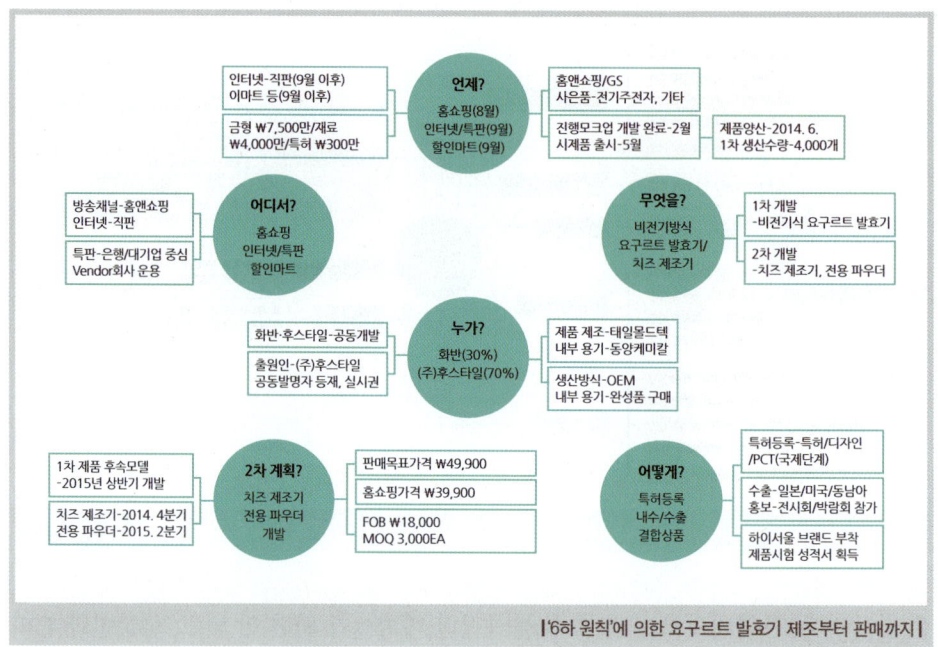

| '6하 원칙'에 의한 요구르트 발효기 제조부터 판매까지 |

업 등에 지출되는 초기비용을 정부지원금으로 대체한다. ⑧디자인 모크업 제조업체 선정-정부과제수행기관 업체정보 Pool에서 제품 Concept을 이해하는 업체를 선정한다. ⑨디자인 모크업 제작-특허 도면에 충실한 디자인 모크업을 만들고, 보완점을 파악하여 진행 모크업 제작 시 반영한다. ⑩예상 판매처 협의-디자인 모크업을 시연품 대용으로 활용하여 2배수의 판매예정 업체를 확보한다. ⑪금형업체 선정-기구설계/금형 설계/금형 제작/사출/마무리 가공/보관 등 제조와 물류가 단일 공장/라인에서 진행되는 회사를 선정한다. ⑫진행 모크업 제작-디자인 모크업의 미비점을 보완하여 테스트 후 제작한다. ⑬판매처 확정-진행 모크업을 샘플로 활용하여 판매처를 최종 결정한다. ⑭시장조사 실시-진행 모크업으로 소비자 반응을 확인하여 시제품 생산에 반영한다. ⑮시제품 생산-색상과 디자인이 다르게 적용된 복수의 시제품을 만들어 비교·평가한다. ⑯양산품 생산·판매-수량을 최소화하여 1차 생산하며, 시장 반응을 확인한 뒤 2차 생산 수량에 반영한다는 계획과 순서를 수립하였다. 그리고 실제로 아이디어를 기반으로 창업하고, 제품 개발·판매까지의 사업화 전 과정을 수립된 업무 진행 순서에 맞춰서 실시하였다.

특허 획득

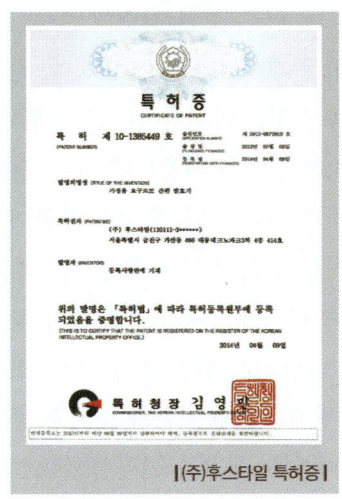

| (주)후스타일 특허증 |

요구르트 발효기 개발의 최우선 순위작업은 특허출원과 특허등록으로 얻을 수 있는 권리의 효능을 인식하기부터이다. 발효기 아이디어의 특허출원 전까지는 특허의 중요성을 잘 인식하지 못했는데, 발효기 특허출원을 통하여 창의성/아이디어/특허/차별화 등의 단어와 친숙해졌고, 그 중요성, 효용가치와 사업화 효능 등을 인식하게 되었다. 즉, 특허출원 전에는 특별한 사람만이 특허출원하고 등록하며, 특허출원 대상도 세계가 놀라는 획기적인 아이디어만이 해당된다고 생각했었는데, 발효기 특허출원을 계기로 특허는 '싸움을 시작하기 전에 반드시 챙겨야 할 무기'임을 자각했고, 특허출원을 위한 아이디어 창출도 어렵게 생각되지 않았으며, 창의적인 아이디어는 일상생활 속에서 누구나 쉽게 발견할 수 있다는 사실도 깨닫게 되었다.

특허출원은 '특허청 특허 검색' 사이트(Site)에 접속하여, 발효기 관련 선 출원/등록 아이디어를 검색하고 특허출원지원정보를 확인했다. 그 후 서울지식재산센터(www.ripc.org/seoul)의 선행기술조사를 통해 등록 가능성을 검증하고, 필자가 공동발명자로 등재되어 특허출원(출원번호 10-2012-0099105)하였고, 약 1년 6개월 뒤 특허등록(등록번호 10-1385449)되었다.

요구르트 발효기의 특허출원과 등록의 핵심 내용은 가열방식의 변경으로 발효기 내부에 뜨거운 물을 담은 뒤, 그 위에 받침대를 얹고 내부 용기를 올린 후, 내부 뚜껑과 외부 뚜껑을 닫아 보온력을 높여서 내부 용기의 내용물을 뜨거운 물의 증기로 간접 가열하는 증기대류순환 방식의 발효방식이다. 전기로 밑면을 가열하는 기존의 전기제품과는 가열방식과 가열원에서 명확히 차별화된 신개념의 아이디어였다. 즉, 기존의 방식은 전기에너지로 제품 밑면에 부착된 열판을 가열하고, 가열된 열판 위에 올려진 내부 용기의 내용물이 열에너지에 의해 발효되는 방식으로 약 10시간의 전

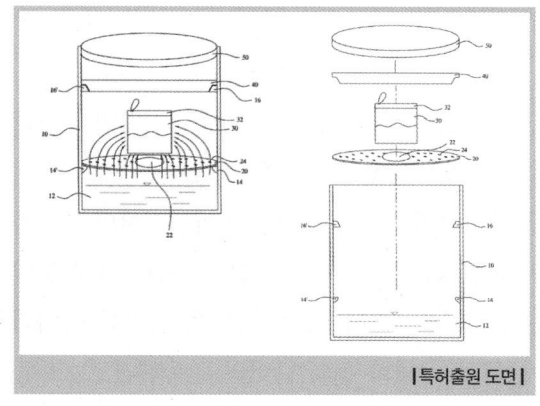

|특허출원 도면|

기 사용료에 대한 소비자 불만과 다수의 소용량 내부 용기 사용에 따른 보관·청소의 불편함이 존재하였다. 이에 반하여, 신규 출원한 아이디어는 증기대류 순환 방식을 이용하여 내부 용기의 상/하/좌/우 4면 가열이 가능하고, 뜨거운 물을 사용하여 전기에너지가 필요하지 않다. 또한 하나의 내부 용기를 혼합/발효/보관용으로 다양하게 활용할 수 있어 보관·청소가 용이하다는 장점을 보유하여, 기존 시장 선두제품의 불편함과 소비자 불만을 동시에 개선한 역발상의 아이디어였다. 또한 특허출원의 목표를 현실적으로 설정하여 이상주의 아이디어에 기대어 제품 구현이 불가능하거나 소비자가 외면하는 제품 개발을 지양하고, 제품 출시와 동시에 소비자 호응과 구매를 유도할 수 있는 제품 개발을 목표하였다.

특허출원을 통해 자각한 사실은 창조적인 아이디어는 주변에 많이 존재하며, 관심과 문제의식을 가지고 사물을 바라보면 개선하고 사업화할 수 있는 기회는 수없이 많다는 점이다. 예를 들면, 본래의 용도 이외의 용도로 사용되는 제품, 가정용으로 적용 가능한 공장용 제품, 다른 산업 분야에 적용 가능한 제품 등을 역발상의 시각으로 관찰하면, 사업화와 제품화가 쉽고 가능하다는, 즉 사업화의 성패는 문제의식과 관찰력에 의해 좌우된다는 사실을 알았다.

정부지원금 신청

세계 경기의 불황에 따른 무역 시장의 경착륙으로 무역을 주업으로 삼는 한국경제도 더불어 불황의 그늘에서 벗어나지 못하고 있다. 수출이 활성화되어야 국내 경기도 진작되는데, 주요 수출국인 미국과 중국 등의 국가 경기가 불황의 늪에서 벗어나지 못하고 있어 당분간은 한국경제도 어렵다는 전문가들의 진단을 신문에서 읽었다. 더구나 대한민국은 서구의 부국과 달리, 노후대책을 국가가 아닌 개인이 책임져야 하는 구조라서 퇴직 등으로 인해 수입이 끊어지면 여생이 불우해질 수밖에 없는 불안정한 복지제도를 운영하고 있다.

2017년 현재, 경기불황에 따른 기업의 신규채용 감소와 구조조정의 여파로 퇴직인구가 증가하여 청년실업률과 산업 직군에서 차지하는 자영업자 비율은 계속 증가하고 있는 실정이다. 이에 따라, 정부는 청년층과 장년층을 대상으로 창업을 적극 권장하고 있으며, 이러한 정책시행과 연계된 창업활동 지원용 정부지원금도 지속적으로 증가하고 있다. 그래서 대한민국의 자영업체 약 10만 개가 매년 창업하고, 약 12만 개 업체가 폐업하고 있다. 고용 구조상 퇴직 후 직장생활 중 체득한 노하우와 지식을 활용한 수입 획득이 어려워 창업하고, 창업자의 대다수가 사업경험과 지식 등의 부족으로 경영에 실패하여 폐업하고 있다.

점포창업의 경우 입지가 매우 중요한데, 유동인구가 많은 점포입지는 권리금이 부가된 상태로 판매되어 창업자의 경제적 부담을 가중시키는 요인이 되고 있다. 2013년을 기점으로 권리금이 임대보증금을 추월하는 상황이 발생하고 있으며, 창업자는 권리금과 임대보증금/시설비/월세 등 이중 삼중의 비용을 지불해야만 점포창업이 가능한 고달픈 상황에 놓이게 되었다. 또 대부분의 경우, 대출금으로 창업하는데, 퇴직 시점에 여유자금을 풍족하게 보유하고 있는 퇴직자가 드물기 때문에 이러한 현상이 발생한다.

따라서, 창업자는 발상을 전환하여 자기자본 대신 정부지원금을 활용하는 방안을 고려해볼 만하다. 즉, 보유자금에 여유가 없고 소규모 창업으로 초기 위험을 회피할 의도라면, 정부지원금을 활용하는 방안이 유리하다. 투자자금을 최소화하는 보수적인 창업의 장점은 사업 규모가 작아 소액투자로도 효율적인 창업과 경영이 가능하고, 자금 규모에 맞는 아이템을 선택할 수 있어 소액이지만 꾸준하고 지속적인 고정수익 획득이 가능하다는 점으로 투자자금의 최소화 해법은 정부지원금 활용에서 찾을 수 있다. 특히, 자영업자의 급격한 증가에 따라 창업자와 자영업자의 사업안정화를 유도하는 정책이 많이 시행되고 있으며, 이와 연동하여 다양한 창업 관련 지원금이 개별산업 분야별로 규모를 확대하여 지원되고 있다. 그러므로 창업자의 관심과

[B. 아이디어 제품화]

노력 정도에 따라 활용할 수 있는 지원금은 매우 많다.

지원금을 지원대상자를 기준으로 구분하면 소상공인/사회적기업/1인 창조기업/청년창업기업/특허보유기업/여성기업 등으로 구분할 수 있고, 지원기관별로 구분하면 중소기업청/특허청/지식경제부/고용노동부/지자체 등으로 구분할 수 있다. 그리고 지원금 성격에 따라, 창업·벤처/소상공인·전통시장/판로·수출/R&D/금융·세제/인력/지식커뮤니티 등으로 세분화되어 지원신청자의 조건에 부합하는 지원금을 신청할 수 있다. 그리고 지원금과 창업서비스 정보를 취득할 수 있는 통로도 다양해서 한국산업기술평가관리원/벤처기업협회/기업마당(bizinfo)/서울산업진흥원/한국생산성본부/소상공인시장진흥공단/코트라(kotra)/기업지원플러스(G4B)/중소기업진흥공단/한국지식재산연구원 등의 사이트를 활용하면 희망하는 정보에 쉽게 접근할 수 있다.

그리고 지원기관 사이트를 일일이 방문해서 신규 정보를 검색하는 번거로움을 해소하려면, 각 지원기관 홈페이지에서 '메일수신 설정'에 동의하여 정보를 제공받으면 된다. 메일수신에 동의하면, 매일 각 지원기관이 발송하는 신규 뉴스와 정보가 메일로 수신되어 개별기관 홈페이지를 방문하는 수고로움을 해소할 수 있고, 시간절약의 효용성과 함께 각각의 지원정보를 비교 분석할 수 있는 효율성이 있다.

또한, 자금조달창구의 다변화를 위해 소상공인 대상 창업교육을 수강하는 방법도 고려할 만하다. 서울신용보증재단에서 실시하는 소상공인창업교육에 참가하면, 교육이수자에게 교육수료증을 교부하는데, 금융기관에서 대출신청 시 교육수료증을 근거로 별도의 담보제공 없이 신용보증재단이 보증하여 일정 금액을 저금리로 대출받을 수 있는 편리함도 있다. 그리고 시제품을 근거로 '기술사업계획서'를 작성하여 대출을 신청하면, 기술보증기금(kibo)에서 타당성을 평가한 뒤, 시중금리보다 낮은 금리로 자금을 대출해준다. 특히, 기술보증기금에서 4천만 원 이상을 보증하면 벤처기업 인증을 받을 수 있다는 장점이 있다. 그러므로 창업자는 초기 위험을 회피하고 실패에 따른 손실을 최소화하기 위해 정부지원금을 활용하는 방법을 적극 검토해야 한다.

창업보육센터 이용

점포창업자와 사무실을 보유한 창업자는 관계없지만, 사무실 임차비용이 재정적으로 부담되는 창업자는 '출근할 수 있는 장소'를 마련하는 일이 쉽지 않다. 또한, 출퇴근하는 생활 패턴에 익숙한 퇴직자에게는 출근할 수 있는 공간의 부재가 상실감과 무기력감을 부르는 요인으로 작용할 수 있다. 아침부터 다른 사람의 직장을 방문하기 부담되고, 집에 머물기에는 가족의 시선이 따갑게 느껴진다. 그래서 창업자에게 '출근할 수 있는 장소'는 무엇보다 중요하다. 이와 같은 이유로 창업자 중에는 당장의 심적인 부담감을 해소하기 위해 사무공간을 임차하는데, 고정비용 지출이라는 재정적인 악재로 작용하여 자금 여유가 많지 않은 창업자를 압박할 수 있다. 더구나 업무준비가 미비한 상태에서의 사무공간 임차는 비효율적이다.

퇴직자만이 '아침에 출근할 곳이 없는 심정'을 이해하고 공감할 것이다. 그래서 조급해하고 주변인의 시선을 의식해서 최초 계획한 순서와 내용을 무시하고 무리수를 두게 되어 계획수립 단계에서 검토된 가용자금 규모, 지출배분과 지출순위가 달라진다. 이에 따라, 최초 계획과 다르게 자금이 집행되고 계획대로 일처리는 진행되지 않게 된다. 필자 또한 조급해하고 주위 시선에 부담감을 느꼈지만, 최초 계획대로 창업자금을 최소화하는 창업에 주목하였고, 그 해법을 서울시창업지원사업에서 찾았다. 서울시에서 청장년창업희망자를 대상으로 운영하는 '서울시장년창업센터'에 입주한 것이다. 서울시장년창업센터는 40세 이상의 서울시민이면 누구나 신청 가능하며, 사무공간과 컴퓨터/프린터/팩스 등의 사무집기를 이용할 수 있고, 센터에서 운영하는 창업 관련 교육과 컨설팅 지원(특허/마케팅/세무/법무 등)을 받을 수 있다.

현재 운영 중인 창업센터는 지자체창업센터/대학창업센터/일반기업창업센터 등으로 분류할 수 있으며, 창업자의 조건에 맞춰서 선택하여 입주하면 된다. 대표적인 보육센터로는 각 지자체별 창업센터/청장년창업센터/청년창업사관학교/DMC창업센터/매경창업센터/창업선도대학창업센터 등이 있으며, 대상자도 청년/장애인/장년/여성 등으로 세분화되어 운영되고 있다.

창업 후 단기간에 수익창출이 가능한 아이템이 아니라면, 창업 초기에는 운영자금을 최소화하는 경영방식이 창업자에게 유리하다. 이는 안정화되지 않은 사업의

[B. 아이디어 제품화]

위험성을 고려하여 예비자금을 확보하고 있어야 하기 때문에 창업자는 불필요한 비용 지출에 민감해야 하고, 사무실 임차와 집기비품 구입비용을 절약할 수 있는 대안으로 창업보육센터 이용을 고려해야 한다.

제품 디자인 설계

요구르트 발효기 아이디어를 특허출원할 때의 외관 형태는 원형이었으나 모크업(Mockup) 제작과정에서 사각형 모양으로 수정되었다. 이유는 제조 공정상 원형 모양의 디자인 구현에 따른 문제점이 도출되었기 때문이다. 그러나 사각형 모양은 차별성이 부각되지 않아 우유갑 모양으로 최종 수정하였다. 결국, 모크업 디자인은 원형-사각형-우유갑 모양으로 3차에 걸쳐 수정되었는데, 머릿속 아이디어 기술과 실제 제조현장 기술과의 괴리감이 가장 큰 원인으로 작용하였다. 그래서 아이디어를 구체화하고 제품화할 때는 실제 현장에서 기술적으로 구현할 수 있는지를 먼저 파악해야 한다는 교훈을 얻었다. 머릿속에서만 구현할 수 있는 기술은 제품화할 수 없기 때문이다. 원형 디자인이 가지는 문제점을 간과하여서 사각형 디자인으로 제조할 수밖에 없었던 것과 같이 머릿속 구상과 현장 기술과는 많은 격차가 발생한다. 따라서 아이디어 개발 창업자는 아이디어 기술과 디자인이 최대한 동일하게 구현되도록 아이디어 단계부터 제조현장과 수시로 소통해야 한다.

디자인 모크업(Mockup) 제작

우유갑 모양의 외관 디자인으로 압축 스티로폼을 사용하여 제작하기로 결정하고, 압축 스티로폼 공장에 디자인 모크업(Mockup) 제작을 의뢰했는데, 압축 스티로폼으로는 우유갑 모양을 구현하기가 어렵다는 답변을 받았다. 압축 스티로폼 금형 기계의 특성상 우유갑 형태를 구현하기 어렵고, 미려하게 굴곡 부분의 마감처리가 안 되며, 손잡이 부분 등의 재질 강도(强度)가 약해서 고강도 우유갑 디자인의 제품제작을 위

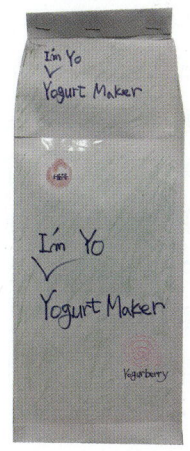 

|종이제작품|

해서는 2~3배의 추가비용이 소요된다는 내용이었다. 제조공정과 재질에 대한 부족한 이해와 지식이 가져온 장애였다. 압축 스티로폼의 기능만 고려하고, 재질의 특성을 이해하지 못한 금형 제작상의 한계를 인식하지 못했던 것이다. 그래서 공장관계자의 의견을 반영하여 외부 형태를 직사각형 모양으로 변경한 디자인 모크업을 제작하였다. 다만, 내부 형태는 특허출원 내용과 동일하게 유지하여 내부 용기를 천공된 내부 용기 받침대 위에 올리는 형태와 순환되는 수증기로 내부 용기를 데우는 방식을 고수하였다.

또한, 스티로폼 특유의 거친 단면은 시트지 또는 수축 필름으로 감싸서 마감하며, 1~2도의 색상으로 실크인쇄방식을 사용하여 인쇄하고, 밑면은 우레탄 또는 고무로 마감하여 쉽게 넘어지지 않도록 기획하였다. 압축 스티로폼은 보온력이 좋고 경량이며 제작비용이 저렴하다는 장점이 있어 발효기 제조에 유효한 재질이라고 판단하였으나 모크업 제작결과 내부구조마감과 외부표면처리가 어렵다는 단점이 표출되었다. 뜨거운 물을 에너지원으로 사용하는 발효기 특성을 고려하면, 물과 접촉되

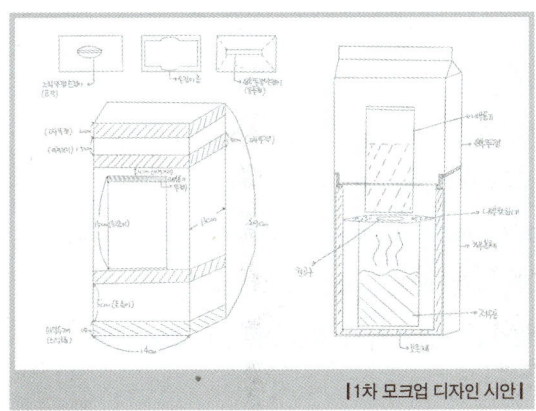

|1차 모크업 디자인 시안|

|아이디어 시안/도면|

[B. 아이디어 제품화]

| 발효실험 결과 |

는 부분의 손상이 발생하지 않아야 하는데, 스티로폼이 녹아내리는 현상이 발견되었다. 다만, 스티로폼 모크업으로 만든 발효 요구르트의 품질은 양호했는데, 특허출원한 내용과 동일하게 뜨거운 물을 붓고 약 6~8시간씩 3회 발효한 결과, 3회 모두 균일하게 발효된 요구르트를 얻을 수 있었다. 처음에는 디자인 모크업을 통해 내·외관 모양을 확인할 의도였으나 아이디어가 형태를 갖춘 모크업으로 구현된 결과에 고무되어 발효실험을 통해 아이디어를 검증하고 싶은 욕심으로 실험하게 되었고, 의도한 대로 수제 요구르트 결과물을 얻음으로써 아이디어에 오류가 없음을 확인할 수 있었다.

그리고 발효시간별 요구르트 품질을 확인하기 위해 발효시간을 6시간, 7시간, 8시간으로 차등하여 실험하였는데, 발효 품질은 동일하였으나 산도(酸度)에서 미세한 차이가 발생했다. 즉, 시간이 경과함에 따라 내용물의 발효도가 증가하여 발효시간이 증가하면 신맛도 조금씩 증가하였다. 이와 같은 결과를 근거로 기존 제품보다 단축된 시간에 우수한 품질의 발효 요구르트를 만들 수 있다는 아이디어의 우수성을 재차 확인할 수 있었다.

진행 모크업 제작

디자인 모크업의 문제점을 해소하기 위해 진행 모크업은 외부 디자인을 우유갑 모양으로 변경하였고, 재질은 압축 스티로폼에서 ABS 재질의 플라스틱으로 교체하였으며, 내부 용기 모양은 사각형에서 원형으로 변경하였다. 이에 따라, 디자인과 재질 변경에 따른 생산원가의 상승요인이 발생하였고, 연동된 판매예정가격의 조정이 불가피하여 원가절감을 위한 불필요한 비용 지출 방지에 집중해야 했다. 특히, 재질 변경으로 의도한 제품 모양의 구현이 가능해졌으나 단열효과가 감소되는 문제점이 발견되었는데, 스케치 작업과정을 검토한 결과, 단열효과를 증가하기 위해 외부 두께를 넓히면 최초의 제품 모양 구현이 어렵고, 증기가열 효과가 감소할 수 있다는 문제점이 발견되었다. 그래서 제품 외벽을 이중구조로 만들고, 가열방식을 증기대류순환 방식에서 직접가열 방식과 대류순환 방식을 혼합하는 방식으로 변경하였다. 그리고 이중구조로 만들어진 이중의 외벽 사이에 단열재를 삽입하여 보온력을 보강하고, 내부 용기를 받침대 위에 올리는 형태에서 받침대 내부에 매립하는 형태로 변경하여 끓는 물의 열기로 공기를 가열하여 내부 용기에 간접적으로 전달될 수 있도록 하였다. 용기매립 형태의 장점은 끓는 물로 데워진 공기로 받침대 내에 안착된 내부 용기를 간접가열한다는 점으로 증기가열 방식 대비 발효 효과가 우수하고 발효시간도 단축시킬 수 있다는 장점이 있었다. 최초 아이디어가 발전적 방향으로 수정됨으로써 모크업의 효용성이 극대화된 사례였다.

플라스틱 재질로 변경하여 얻을 수 있었던 효과는 의도한 대로 우유갑 모양을 구현할 수 있었다는 점과 완벽한 내·외부 마감처리가 가능해졌다는 점, 희망하는 색상을 자유롭게 표현할 수 있었다는 점, 가공공정이 단축되었다는 점 등이었다. 그래서 압축 스티로폼에서 표현하지 못하는 다양한 디자인의 구현이 가능해졌고, 제품 내구성이 크게 강화되는 효과와 더불어, 품질 향상에 따른 소비자가격 인상 명분을 획득할 수 있었다는 긍정적인 효과를 얻을 수 있었다.

내부 용기는 기획단계에서 제작을 검토하였지만, 디자인 모크업을 같이 제작해 본 결과, 내구성과 품질이 기존 제품 대비 낮고, 제조원가의 추가상승을 초래하는 문

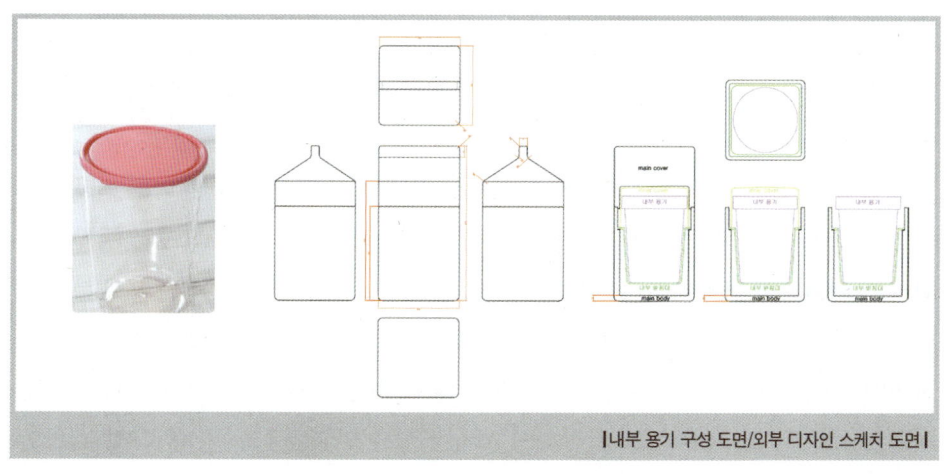

| 내부 용기 구성 도면/외부 디자인 스케치 도면 |

[B. 아이디어 제품화]

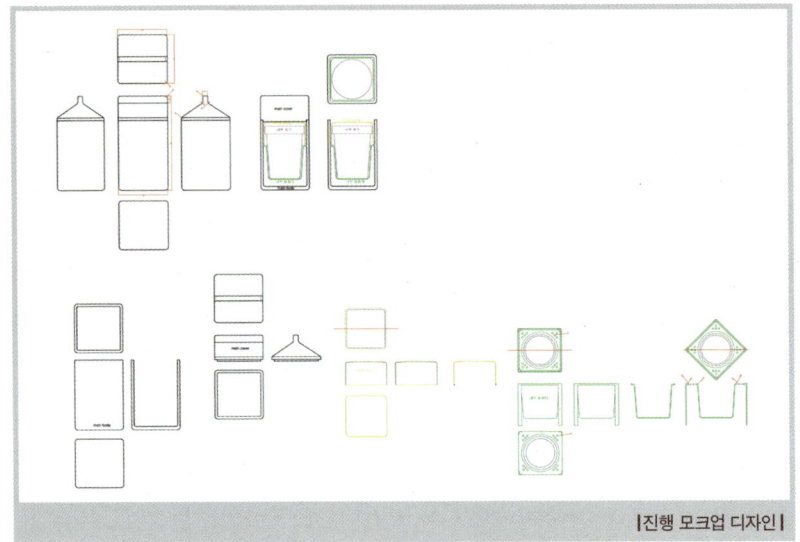

|진행 모크업 디자인|

제점이 도출되어 기존 제품 중에서 요구조건을 충족하는 제품의 생산업체와 계약하여 위탁생산 방식으로 공급받는 방향으로 전환하였다. 그리고 금형 공정상의 기술적 장애와 제조비용 상승이라는 문제로 인해 외관 모양의 일부를 변경해야 했는데, 전체적인 이미지 훼손을 최소화하기 위해 우유갑 손잡이 모양을 구현하고 제조연월일을 표기하여 소비자가 직관적으로 우유갑 느낌을 갖도록 하였다.

제품규격은 가로/세로 각 15cm, 높이 28.2cm로 확정하였고, 기본 색상은 화이트와 핑크색으로 결정하였으며, 브랜드명은 '요거베리 요거트 메이커'로 결정하였다. 그리고 제품 앞면과 뒷면에만 로고를 배치하여 전체적으로 간결한 이미지가 느껴지도록 하였으며, 로고와 홍보문구를 최소화하여 제품 이미지가 가전제품 이미지와 연결되도록 디자인하였다.

진행 모크업은 ABS(acrylonitrile-butadiene-styrene)로 모크업의 내·외부 벽체를 만들고, 열반사 단열재를 4면의 벽체 간격 사이에 매립하는 형태로 모크업 제작 전문회사에 의뢰하여 제작하였다. 디자인 모크업으로 실험한 결과를 근거로, 내부 용기 받침대의 증기 구멍 개수와 구멍 크기를 축소하여 발효기 내부 온도의 하강시간을 지연시켰고, 내부 뚜껑을 추가하여 증기의 외부 유출을 최소화하였다. 그리고 부품 체결 부위를 약 3도의 각도로 가공하여, 형성퍼팅선 생성흔적을 최소화하였다. 또한,

밑면 부품은 나사못으로 체결하여 고정하였고, 내부 받침대에 원형의 손잡이를 형성하여 소비자의 편의성을 제고하였으며, 저수조에 수위표시선을 표기하여 물 투입량을 조절하도록 개선하였다.

유통채널 선정

진행 모크업을 통해 기대 수준을 충족하는 요구르트 결과물을 확인한 뒤, 제품생산을 위해 금형과 사출 공정을 보유한 제조공장을 탐문하고 방문하였다. 초기 생산자금의 대부분이 금형 제작비용이고, 사출 공정에 의해 품질이 결정되기 때문에 공장 선정에 신중할 수밖에 없어서, 금형/사출 공정과 함께 물류시설을 갖춘 제조회사를 방문점검 후 계약하였다.

    제조회사는 공장 실사와 비교견적으로 어렵지 않게 결정하였으나, 제품 성격에 부합하는 판매처를 탐색하고 결정하는 일은 쉽지 않았다. 왜냐하면, 유통채널의 특성과 제품 특성이 일치해야 했기 때문이다. 즉, 주방용품 판매 채널에 조경 용품을 제안하면 효율이 저하되는 것과 같은 이치이다. 그래서 판로를 양분하여 해외수출과 내수판매로 구분했다. 해외수출은 ①해외 바이어를 통한 직접수출 ②요거베리 해외 매장판매 ③해외 바이어 보유 국내기업을 통한 위탁판매 등으로 세분화하였고, 내수판매는 ①인터넷 판매 ②홈쇼핑 판매 ③특별 판매(특판) ④할인마트/유통회사 매장 판매 ⑤주문자 상표부착 판매 등으로 분류한 뒤, 제품 특성과 부합되는 유통채널을 탐색하였다.

    그리고 판로별 장·단점을 비교하여 판매전략을 수립하였는데, 해외수출은 ①해외 바이어를 통해 판매하면 소액의 마진으로도 수출이 가능하나 소규모 물량을 한정된 시장에서 판매하는 단점이 있고 ②요거베리 매장판매는 안정적인 매출을 기대할 수 있으나 아이스크림 전문매장 특성상 판매 활성화가 어렵다는 단점이 있으며 ③국내기업을 통한 위탁수출은 대량수출이 가능하지만, 중간유통단계가 많아 마진율이 높지 않다는 단점이 있었다. 그래서 수출판매는 ①요거베리 해외 매장판매를 통해 인지도 제고 ②해외 백화점 매장 보유 국내기업을 통한 위탁판매 ③해외 바이어를 활용한 판매로 순서를 결정하여 진행하였다.

　　이와 별도로, 내수판매는 ①제품 홍보와 시장점유율 확대를 위해 홈쇼핑 판매 ②마진율 제고를 위해 인터넷 판매 ③오프라인 고객을 위해 할인마트와 단독매장 입점판매 ④임직원 몰 등의 특판판매 순서에 맞춰서 진행하였다. 더불어 판매처별 판매 가능 수량과 가격조건 등을 확정하여 유통채널 간 충돌과 가격분쟁을 사전에 차단하였다.

제조공장 선정

제조공장 선정 기준은 기구설계/금형 제작비용이 적정하고 고품질을 보장해야 한다는 조건이었다. 그래서 회사별로 견적서를 제공받아 검토하였으며, 7개 회사의 공장을 방문하여 설비시설을 검증하고, 관계자 회의를 통해 숙련도와 전문기술 보유 여부를 확인하였다. 공장 방문을 통해 확인한 사실은 기구설계/금형 제작비용의 편차가 매우 크다는 사실과 공장 규모에 따라 장단점이 존재한다는 점이었다. 소규모 공장은 주문자 요구사항의 반영률이 높은 반면, 하자율이 높고 품질을 보장할 수 없다는 단점이 있었고, 대규모 공장은 제조에서 포장까지 일괄 의뢰가 가능하지만, 제안가격이 높다는 단점이 있었다. 그래서 견적가격 중 중간 가격을 선정하고, 설계에서 포장까지 단일공정 생산이 가능한 공장을 선택하여 계약했다.

　　내부 용기 공장도 제조공장 선정방식과 동일한 방식으로 결정하였는데, 역시 공장을 방문하여 기계/설비를 확인하였고, 생산품이 유해물질이 검출되지 않는 친환경제품인가를 검증하였다. 개인적으로 공장 방문을 통해 얻은 이익은 제품생산과정 전체를 이해할 수 있었다는 점과 기계의 종류와 작동원리를 배울 수 있었다는 점으로 향후 새로운 제품을 기획·제조하는 데 많은 도움이 될 것으로 판단하였다. 이와 같은 치밀한 서류 검토와 현장 방문을 통한 검증을 통해 선택조건으로 정한 100℃ 이상 온도에서 변형이 발생하지 않는 내열 플라스틱과 환경호르몬이 검출되지 않는 친환경 용기를 발굴할 수 있었으며, 제품력에 자신감을 갖게 되었다.

시제품 제작과 생산계약

시제품의 목적은 온전히 품질검증에 있다. 그래서 60여 회의 최종시험과정을 진행하여 기대한 결과물을 획득할 수 있었다. 60여 회의 시험 진행방식은 재료배합 비율/물 온도·용량/발효장소 등의 조건과 환경을 차별화하여 진행하였고, 조건과 환경에 따른 제품성능과 한계를 파악하는 방식이었다. 그리고 시험결과를 통해 최적발효 시간과 발효에 필요한 최저온도, 보온재의 효능과 최상의 재료배합 비율 등을 확인할 수 있었다.

시제품 제작과 위탁생산계약을 진행하면서 배운 교훈은 현장관계자와 끊임없이 의견을 교환하고, 현장 상황을 실시간으로 확인해야 한다는 사실이다. 회의시간에 오고 간 대화가 잘못 전달될 수 있고, 현장 상황이 급변하여 품질에 영향을 미칠 수 있기 때문이다. 공장 특성상 단시간 내에 오류수정이 어려워 시간과 비용의 추가 손실이 크게 발생할 수 있다. 그러므로 위탁자는 생산 주체로서 주인 의식을 가지고 현장과 지속적으로 소통해야 한다.

유통채널별 판매계약

제품을 만드는 일도 중요하지만, 제품을 판매하는 일도 중요하다. 왜냐하면, 만들어져도 판매되지 않으면 소용없기 때문이다. 그래서 제품 성격에 맞는 유통채널을 확보하는 일은 무엇보다 중요하다. 모든 제품을 단일 판매처에서 판매하기는 어려우므로 제품 특성에 맞는 유통채널과 판매처를 찾아야 하며, 유통채널에 맞는 판매 정책과 마케팅 전략을 수립해야 한다.

유통채널은 오프라인(Off-Line)과 온라인(On-Line)으로 구분할 수 있고, 세분화하면 온라인은 인터넷과 홈쇼핑으로 나눌 수 있으며, 오프라인은 도·소매점의 대리

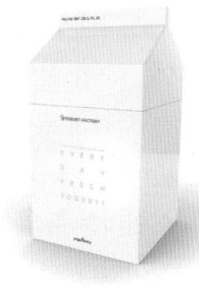
|시제품|

점과 할인마트로 구분할 수 있다. 그리고 특별 판매(특판)를 추가하여 5종류의 유통채널로 구분할 수 있다.

　5종류의 유통채널은 각각의 장·단점을 갖는데, 신제품이면 단시간 내에 제품의 기능과 정보를 홍보하고, 제품 인지도를 높일 수 있는 홈쇼핑이 효과적이다. 이는 홈쇼핑이 갖는 폭발적인 파급효과에 기대어 단시간에 소비자에게 제품을 인식시킬 수 있기 때문이다. 다만, 홈쇼핑을 통한 판매수익률은 높지 않은데, 수수료율이 매출액의 30~40%대로 매우 높고, 추가하여 방송을 위한 세트구성 비용과 배송/창고보관 비용 등의 부대비용도 공급자(판매의뢰자)가 부담해야 하기 때문이다.

　홈쇼핑과 함께 온라인 유통채널을 구성하는 인터넷 판매는 홈쇼핑 대비 수익률이 좋은 편으로 이는 지불해야 할 제반 수수료가 홈쇼핑 대비 저렴하기 때문이다. 인터넷 판매는 홈쇼핑처럼 단기간에 소비자에게 노출되지 않는 단점이 있지만, 꾸준한 홍보와 노출이 가능하고, 제품 관련 댓글과 뉴스 등을 이슈화하기 좋다는 장점이 있다. 그리고 오프라인 유통채널로서의 대형할인마트는 소비자가 실물을 직접 보고 구매하여 제품정보 전달이 쉽고, 한정된 공간에서 구매에 집중하게 되어 판매가 용이하다는 장점이 있는 반면, 주요 고객이 할인마트 방문자로 한정된다는 단점이 있다. 또한, 도·소매점은 단기간에 제품을 유통채널에 확산시킬 수 있고, 판매가격을 통제하기 쉽지만, 판매망이 구성되어 있지 않으면 확산속도가 늦고, 방문고객으로 소비자가 한정된다는 단점이 있다. 그리고 특별 판매(특판)는 일시에 대규모 수량을 판매하므로 누적재고처리에 유리하지만, 시장판매가격보다 저렴한 가격에 공급하기 때문에 수익률이 높지 않고, 소비자가 매우 한정되어 판매량도 한정적일 수 있으며, 제품의 정체성이 희석될 수 있는 단점이 있다.

　그래서 요구르트 발효기는 1순위 홈쇼핑을 통한 판매, 2순위 인터넷을 통한 판매, 3순위 할인마트와 도·소매점을 통한 순서에 따라 판매하기로 결정하였는데, 이는 각각의 유통채널별 특성을 고려한 결과였다. 다만, 우선순위에 얽매이는 경직된 판매방법을 고집하는 것은 아니어서 홈쇼핑을 통한 홍보·판매가 선행되면, 인터넷과 할인마트 등의 판매도 시차와 기간을 구분하지 않고 동시 또는 병행하여 진행할 예정이었다. 더불어 특별판매는 인맥과 전문판매회사를 활용하여 홈쇼핑 등의 일반 판매조건과 차별화된 조건으로 판매하기로 결정하였다.

패키지디자인과 제품설명서 제작

|제품 상자 디자인|

약 45일 정도 소요되는 기구/금형 설계와 금형 제작 기간에 설계 도면상의 제품규격을 기준으로 패키지디자인과 제품설명서를 제작하였다. 패키지디자인을 진행하면서 특히 고려한 사항은 제품 콘셉트(Concept)와의 조화로 제품구조가 단순하고 적용 색상이 2가지에 불과하여, 패키지디자인도 동일한 방향으로 제작하기로 하였다. 그래서 제품과 상자가 통일된 이미지를 갖도록 동일 디자인을 적용하여 바탕색은 제품과 동일하게 흰색과 분홍색으로 인쇄하고, 브랜드와 로고는 바탕색과 대비되는 색으로 인쇄하였다. '모방은 창조의 어머니'라 했던가? 수많은 패키지디자인을 검토하고 비교한 결과, 단순하면서 시각적 효과가 높은 디자인이 구현되었다.

그리고 제품설명서에는 ①제품 이미지 ②제품 특징과 장점 ③각부 명칭 ④제조방법 ⑤주의사항을 기재하여 소비자가 쉽게 사용법을 이해하고 편리하게 사용하도록 제작했다. 설명서에서 가장 중요하게 생각한 부분은 순서별 사용방법과 요구르트를 활용한 음식 메뉴 설명부로 요구르트 섭취 문화의 확산을 통해 구매율을 높이려는 의도가 반영되었다.

또한, 포장지와 특판용지 인쇄를 위해 인쇄업체가 밀집된 종로구 주교동을 방문하여 다수의 인쇄업체 복수견적을 받아 가격과 조건을 비교한 뒤, 제품인쇄계약(실크인쇄/2도색상/1,000개)을 체결하였다.

|제품설명서|

요구르트 스타터(Starter) 생산의뢰

요구르트 스타터는 요구르트 발효기 개발을 기획할 때 계획한 제품으로 하드웨어로서의 요구르트 발효기와 소프트웨어로서의 요구르트 스타터가 결합되면, 부가적인 수익창출이 가능하다고 판단했기 때문이다. 요구르트 스타터(Starter)는 1상자에 16포로 구성하였는데, 스타터 전용 보관용기를 제작하여 냉장고에 보관하면 발효기 사용 빈도를 높일 수 있고, 수시로 브랜드를 노출하여 홍보할 수 있다는 의도가 반영된 제품이었다. 단, 요구르트 스타터의 출시와 판매시점은 요구르트 메이커와 치즈 메이커의 출시 이후로 계획하였는데, 이는 요구르트 메이커에서 치즈 메이커와 요구르트 스타터로 이어지는 유산균제품 범주에 일관성을 부여하고, 요구르트 메이커와 치즈 메이커를 구매한 고객이 자연스레 요구르트 스타터를 구매하도록 유도하기 위해서였다.

제품 생산

최종 생산은 화이트(White)와 핑크(Pink) 2가지 색상으로 생산하며 최종 점검과정에서 발견한 상·하부 외벽 이격, 내부 받침대 손잡이 높이 조절, 물량조절표시선 표기,

|시제품|

내부 뚜껑 투명처리 등의 보완사항을 반영하여 1차로 4,000개를 생산하고, 2차 생산량은 시장 반응을 확인하면서 생산하기로 결정하였다. 공장가동라인의 조정을 위해 내수판매와 해외수출을 합해서 2013년 약 11억 1,680만 원, 2014년 약 14억 7,900만 원, 2015년 약 19억 9,900만 원의 매출계획을 수립하였다. 그리고 홈쇼핑을 위해 방송일 2주전까지 생산과 포장을 완료하는 일정으로 생산하였고 생산제품의 포장과 배송은 생산업체의 물류창고에서 진행하고, 주문 후 사후관리는 (주)후스타일에서 전담하기로 하였다.

그리고 외관 디자인을 생산 전 최종 수정하였는데, 문자 디자인보다 직관적인 그림디자인이 더 인식하기 좋다는 내부 평가가 반영된 결과로 그림디자인이 제품의 정체성을 더 부각하고, 제품 외관상의 이미지를 보완하는 데 유리하다고 판단하였다. 제품규격은 가로 15.8cm×세로 15.8cm×높이 28.3cm로 확정하였는데, 최초 계획한 규격에서 약 1cm의 크기가 확대되었다. 이는 사출 공정상 난이도와 보온력 증가를 위한 불가피한 결정이었다. 그리고 제품구성은 본체뚜껑, 본체, 발효용기받침대, 발효용기(보관용기), 내부보온뚜껑 5종으로 구성하였다.

판로개척과 판매

개발 전 시장조사와 소비자 리서치 실시

기획단계에서 시장 규모와 소비자 트렌드를 확인하기 위해 자체 조사를 실시하였고, 제품 생산을 앞두고 주요 목표 계층의 요구사항과 의견을 검증하기 위해 정부기관지원사업을 통해 소비자 리서치(사전 시장조사)를 실시하였다.

국내 요구르트 발효기 시장 규모

① 2012년 6월 기준, 금액으로 약 282억 원, 누적 판매수량 564만 대 규모로 파악되며, (주)앤유씨전자가 시장의 약 70%를 점유하고 있음. 제품가격은 16,370~182,000원 사이에 위치하며, 발효방식은 대부분 대동소이하여 약 12~44w의 소비전력으로 약 8~10시간 정도 가열하는 방식을 사용하고 있음.
② 제품구성은 유리 또는 게르마늄 석재의 전용용기와 전열선을 내장한 본체로 구성되며, 제품에 따라 종이 우유갑을 용기로 사용하는 제품도 있으며, 제조방식은 우유에 요구르트 음료를 첨가한 뒤, 전기가열하여 발효하는 방식을 사용하고 있음.

국내 요구르트 발효기 시장 특성

① 소비 수준 증가에 따라, 소비자들의 발효식품에 대한 관심이 증가 추세임.
② 국내 및 해외기업 브랜드가 난립하고 있는 상황에서 최초로 요구르트 발효기를 도입한 엔유씨(NUC)전자가 약 70%의 시장점유율을 기록하고 있고, 기타 업체들이 30% 시장에서 경쟁 중임.
③ 전기열선을 가열하여 용기를 가열하는 방식이 전체 시장을 점유하고 있는 중임.
④ 새로운 열에너지 가열방식이 전무(全無)함.
⑤ 소비자 가격 15,000~300,000원의 폭 넓은 제품가격대가 형성되어 있으며, 소비자들의 주요 판매가격대는 30,000~60,000원으로 제한적임.
⑥ 요구르트 발효기 전용제품이 개발되지 않은 상태이며, 시장에 출시되어 판매되고 있는 제품들은 시장에서 판매되고 있는 우유와 발효유의 혼합방식을 고수하고 있음.
⑦ 유산균음료 시장의 성장과 상품의 고급화 추세에 따라, 발효기 시장도 동반 성장하고 있으며, 가정에서 소비자가 직접 제조하여 섭취하는 방식이 최근 주목받고 있음.
⑧ 장시간 전기 사용에 따른 전기료 부담에 대한 소비자 불안감이 상존하며, 전기료 인상에 따른 불안심리가 고조되고 있음.
⑨ 20~50대 연령의 여성 중, 영·유아 자녀를 둔 가정주부가 주요 구매층을 형성하고 있음.

해외 요구르트 발효기 시장 특성

① 유산균음료 및 요구르트 등 발효식품에 대한 소비자 인식도가 높음.
② 요구르트가 건강식으로 인식되어 이미 주식과 함께 섭취하는 환경이 조성되어 있음.
③ 전기가열 방식의 제품이 시장을 점유하고 있으며, 일부 유럽 지역에서는 가정에서 자연발효방식으로 제조하여 섭취하고 있음.
④ 지방섭취 과다로 인한 체증 증가를 예방하고 개선시키는 대체식품으로 요구르트가 인식되고 있음.

신규 시장(비전기식 발효기) 성장 가능성

① 전기 사용에 따른 전기료 부담을 해소시키는 제품으로 각광받을 것으로 예상됨.
② 정부의 에너지 절약 정책에 따라, 친환경제품으로서의 간접홍보 효과를 기대할 수 있음.
③ 기 출시제품 대비 저렴한 판매가격으로 소비자의 관심을 유도할 수 있음.
④ 사용상의 편리성과 고효율로 기존 제품 대비 우수한 성능 홍보가 가능함.
⑤ 열에너지 사용의 자원절약 제품으로 소비자 호응도가 높을 것으로 예상됨.
⑥ 요구르트 스타터 출시 시 경제성·편리성을 근거로 판매 활성화가 예상됨.
⑦ 이동 용이/사용 편리성으로 현대인들의 생활방식에 부합될 것으로 판단됨.

| 개발 전 시장조사 |

브랜드(제조사)	가격(원)	소비 전력(W)	용기 수량	발효 시간(h)
요거베리	39,900	0	1개(900ml)	8~10
엔유씨(NUC)	49,800	44	7개(110ml)	8
노바	17,900	13	〃	8~10
홈빙	22,500	12	없음(1,000ml 우유갑)	8~10
모모	59,500	15	1개(1,400ml)	6~8
카이젤	27,500	10	1개(1,000ml)	5~11
보만	42,800	15	7개(212ml)	8~14
쿠쿠	68,500	50	12개(100ml)	8
세버린	44,620	12	7개(150ml)	6~10

| 타사 제품 대비 경쟁력(가격) |

브랜드/제조사	청소 용이	이동성	용기 관리	크기(가로/세로)
요거베리	O	O	O	15.8 x 28.3mm
엔유씨(NUC)	X	X	X	249 x 160mm
노바	X	X	X	270 x 230mm
홈빙	O	X	O	130 x 280mm
모모	O	X	O	182 x 250mm
카이젤	O	X	O	150 x 250mm
보만	X	X	X	250 x 120mm
쿠쿠	X	X	X	239 x 217mm
세버린	X	X	X	222 x 107mm

| 타사 제품 대비 경쟁력(기능) |

자체 시장조사와 서울산업진흥원(SBA)에서 지원한 '2013년 성공창업 리서치 지원사업'의 리서치 수행결과를 바탕으로 요구르트 발효기에 대한 소비자 인식과 구매 결정요인 등을 확인할 수 있었고, 제품의 장단점을 객관적으로 파악할 수 있어서 판매할 유통채널과 각각의 판로별 마케팅 진행 순서와 방법 등을 결정할 수 있었다. 그래서 제품의 기능과 특성을 자세히 설명할 수 있는 홈쇼핑을 주요 판매처로 결정하였고, 홈쇼핑 후 인터넷과 오프라인(할인마트, 백화점, 대리점) 매장과 특판 영업을 순서대로 진행하기로 계획하였다.

다누리 매장 입점 계약과 하이서울 브랜드 취득

일반적인 유통 라인은 조건이 일치하면 판매할 수 있지만, 서울시 등의 지자체에서 운영하는 매장에서의 판매는 적격심사를 통과해야만 가능하다. 그래서 제품경쟁력이 있는 판매자가 많이 선발되는 특징이 있다. 요구르트 발효기는 시장에 없는 신제품으로 비전기식/사용 편리성 등의 특성이 경쟁력으로

| 서울시 우수기업 브랜드 |

작용하여 서울시 '다누리 매장'에 입점할 수 있는 기회를 얻을 수 있었다. 다누리 매장은 서울산업진흥원에서 운영하는 오프라인 매장으로 서울시민청/압구정/성북점 등이 있으며, 저렴한 수수료와 부가적인 매장운영지원이 장점인 판매채널이다. 입점 방법은 서울산업진흥원의 정기 공고를 통해 신청한 뒤, 서류심사와 내·외부 평가단을 상대로 프레젠테이션(PT)하여 선발되면, 2년 계약기간으로 입점할 수 있다. 요구

르트 메이커의 경우, 홈쇼핑 판매가 계획된 상황이었기 때문에 오프라인 매장판매의 선행으로 판매역량이 분산되어 브랜드 이미지가 희석될 것을 염려하여 입점하지 않았다. 하이서울(Hi-Seoul) 브랜드도 동일방식으로 선정되는데, (주)후스타일이 선정되어 브랜드 부착이 가능하게 되었다. 선정된 뒤, 일정시간 교육을 이수해야 하며, 브랜드 가치가 높아서 지원경쟁률이 매우 높다.

수출상담

기획단계에서 해외수출을 계획하였기 때문에 국내 유통과 함께 해외수출을 위한 해외 바이어 탐색과 대면상담 신청에 집중하여 서울산업진흥원(SBA)에서 지원하는 '2013 서울파트너하우스 해외 바이어 초청 수출상담회'와 '2013 서울추계페어상담회'에 참석해서 각국의 해외 바이어와 대면상담을 진행하였다. 서울산업진흥원의 '해외 바이어 발굴과 상담지원사업'의 장점은 해외 바이어를 사전 검증하여 바이어에 대한 신뢰도를 높였다는 점과 한정된 상담 공간과 통역자원을 제공하여 상담에 집중할 수 있는 환경을 조성한다는 점이다.

더불어 중소기업진흥공단에서 지원하는 '2013 온라인 수출지원사업'에 신청하여 무료로 제품 페이지를 만들어 해외 바이어와 이메일로 상담을 진행하였다. 해외 바이어의 정보 획득을 희망하고, 수출 담당 직원이 부족한 중소기업이라면, 관련 기관이 제공하는 다양한 수출지원사업을 적극 활용해야 한다. 그렇게 하면 최소의 비용과 시간을 투자하여 해외 바이어와 만날 수 있게 된다.

인터넷 몰(Mall) 입점 등록

현대는 인터넷의 시대라고 해도 과언이 아니다. 인터넷을 통해 정보와 지식을 공유하고 전달하며, 직접 매장을 방문하지 않아도 물품구매가 가능하다. 이러한 편리함 덕분에 인터넷 구매율이 매장방문 구매율을 추월하고 있다. 이러한 추세에 따라, 요구르트 발효기도 위탁판매방식으로 인터넷 매장에서 판매하였는데, 인터넷의 빠른 전달력에 기인한 가격노출을 고려하여 인지도가 높고 가입고객 수가 많은 인터넷 몰 위주로 매출액 기준 27~25%의 수수료율/배송비용 소비자 부담/매월 말일 결산과 익월 15일 정산조건으로 판매계약을 체결했다.

제조자가 생산한 제품이 유통 라인상의 다수의 판매자를 거쳐 소비자에게 판매되는 유통구조가 인터넷이라는 도구로 인해 제조자가 소비자에게 직접 판매하는 구조로 변화하였다. 이에 따라, 중간유통단계에 위치한 판매자의 입지가 대폭 축소되었지만, 대기업 중심의 소수 판매자(예 : 이마트, 홈플러스)는 강력한 유통 플랫폼을 구축하여 제조자를 주도하는 유통우위 구조를 유지하고 있는 상황이다. 그래서 자체적인 유통망을 구축하지 못한 제조자는 판매자가 구축한 유통 플랫폼을 통해 판매할 수밖에 없고, 판매자의 일방적인 요구조건(납품 가격/수량/방식/판매인원 지원 등)을 수용할 수밖에 없는 실정이다. 그래서 판매주도권을 온전히 행사할 수 있는 인터넷 판매방식이 제조자에게 각광받고 있다.

입점 진행방식은 온라인·오프라인 매장이 공통적으로 '입점 신청-입점 심사-입점 조건 협의-입점 판매'의 순서로 대동소이하나 온라인 매장은 제품품질을 확인하는 절차가 생략되어, 제품 상세정보작성/이미지 촬영 등 사전준비사항이 많다. 인터넷 몰의 입점 절차는 ①계약서 등 계약 관련 서류 제출 ②판매조건 확인(판매/배송/정산 담당자 지정, 수수료율 확인, 이벤트 진행/배송/판매대금 정산조건 협의) ③SCM판매자 등록(아이디/패스워드 생성) ④제품등록(이미지/로고/문구 등)의 순서로 진행된다. 제품배송조건은 대부분 입점 회사가 직배송하며, 판매활성화를 위한 이벤트 진행용 사은품은 입점 회사가 부담하는 경우가 많다. 그리고 판매회사의 판매망 구축 정도에 따라 1개의 인터넷 몰에 입점하면 연계된 다른 인터넷 몰에서도 판매가 가능하다.

대형할인마트 입점판매

인터넷 몰 입점과 병행하여 대형할인마트도 겨냥해 메가마트/이마트/롯데마트/이랜드 등의 매장에 입점하였다. 모든 소비자가 인터넷 몰을 이용하는 것이 아니기 때문에 할인마트 입점은 매출 확대와 제품 홍보를 위해 필수불가결한 선택이었다. 판매채널로서 할인마트의 특징은 점포가 위치하는 특정 지역 거주민이 주요 고객이고, 가격조정 여파가 특정 지역에 국한되며, 지역기반 충성고객이 많다는 점이다. 그래서 가독성을 높이기 위해 POP를 제작·진열하고, 인터넷 몰 대비 판매가격을 인하하여 브랜드 인지도 확산과 매출 증대를 시도하였다.

대형할인마트 입점 순서는 대동소이하여 '입점 신청-입점 심사(서류·품평회 등)-입

[B. 아이디어 제품화]

점 결정-입점 등록-납품'의 순서로 진행된다. 입점 진행은 제조회사의 직접신청방식보다, 벤더(Vendor)회사를 통한 간접신청방식이 더 효율적이다. 왜냐하면 다수의 제조회사 제품이 입점 대기 중인 상황에서 적기에 제품 담당자와 상담하기가 어렵기 때문이다. 그러므로 다양한 종류의 제품이면 시간적 여유를 가지고 담당자와 직접 상담하는 것이 유리하고, 단일품목 제품이면 동일한 산업 분야 제품을 납품하는 벤더 회사를 통해 다른 제품과 함께 신청·심사 받는 방법이 효율적이다.

입점 방법은 직접신청 시, 각 마트별 홈페이지의 '입점 신청/협력사 등록' 메뉴를 통해 회원가입 후 양식에 따라 신청하면 되고, 입점 심사 후 입점 여부를 통지하면, 입점 관련 서류를 제출하여 코드(Code)를 부여받은 뒤, 제품을 할인마트의 물류창고로 입고(납품)하면 된다. 그리고 각 할인마트별 판매방식도 대동소이하여 할인마트 내 진열대에서 진열판매하고, 신규 입점하거나 할인마트 주관 이벤트 행사 기간에는 입점 회사가 판매사원을 투입하는 상황도 발생한다.

특별 판매(특판)

인터넷 몰과 대형할인마트 입점을 완료한 뒤, 대량판매가 가능한 임직원 몰(Mall) 등을 대상으로 특별 판매(특판)를 진행하였다. 특판의 특징은 특정 인원(임·직원)을 대상으로 폐쇄적으로 판매하고, 판매가격이 인터넷/대형할인마트보다 저렴하다는 점이다. 그래서 인터넷 몰 판매가격을 기준가격으로 정한 뒤, 판매가격을 역산하여 납품하였다.

임직원 몰(Mall)로 불리는 복지 몰은 직원의 복리후생을 위해 기업·공공기관에서 운영하며, 사원번호 또는 별도의 등록 코드를 입력해야 접속이 가능하기 때문에 외부인이 접속할 수 없다. 일반적으로 특판의 판매수수료는 판매가격의 12~18% 내외로 책정되고, 판매가격은 시중판매가격 대비 약 30~50% 할인된 가격으로 판매되며, 판매제품은 직원들이 선호하는 제품으로 한정되는 경우가 많다. 따라서 판매자는 '박리다매'의 매출 효과를 거둘 수 있고, 소비자의 제품 선호도를 파악하는 기회로 활용할 수도 있다. 다만, 저가판매로 인해 제품 이미지가 손상될 수 있고, 기준가격 하락과 연동하여 납품가격을 무조건 인하할 수 없다는 단점이 있다.

입점 방법은 할인마트 입점방식처럼, 직접 입점하거나 벤더 회사를 통해 입점할 수 있으며, 입점 희망회사의 내부 관계자를 통한 직접입점방식은 일처리 진행이 빠르고 가격조정이 용이하여 이익률이 높지만, 관리 주체가 총무/인사부서와 노동조합 등으로 상이하고, 담당자와의 접촉이 쉽지 않다는 단점이 있다. 이에 반하여, 벤더 회사를 통한 간접입점방식은 벤더 회사의 영향력으로 입점이 용이하나, 벤더 회사와 수익을 나누어야 한다는 단점이 있다.

TV 홈쇼핑 판매

TV 홈쇼핑 판매를 위한 선행 영업활동으로 인터넷과 대형할인마트 입점을 진행하였는데, 인지도가 낮은 신제품의 한계를 극복하기 위해서는 파급력이 높은 TV 홈쇼핑을 통해 판매해야 한다고 판단했으며, 방송 전 소비자 반응을 확인하기 위해 참가한 '메가쇼'와 '유아박람회'에서 신제품은 많은 설명이 필요하다는 사실도 확인할 수 있었다. 즉, 소비자는 신제품 정보에 무지(無知)하므로 일일이 성능과 특성 등을 설명해야 한다는 사실을 확인하였다. 그래서 단기간에 시장점유율과 소비자 인식도를 높이고, 제품사용법을 자세히 설명하기 위해서는 TV 홈쇼핑을 통해 판매하는 방법이 최선의 방법이라는 확신을 갖게 되었다.

• TV 홈쇼핑을 위한 사전 준비

TV 홈쇼핑을 통해 판매하려면, 홈쇼핑회사의 입점 심사를 통과해야 되고, 방송 일정에 맞춰서 사전에 준비해야 할 사항이 많다. 홈쇼핑회사는 방송 진행과 관련된 부분만 담당하기 때문에, 입점 회사가 방송화면 촬영/촬영모델 섭외/쇼핑호스트 선정/시연매장 준비/제품인증/물류창고 입고 등의 제반업무를 선행해야 한다. 그래서 초기투자비용이 많이 지출된다는 단점이 있다. 하지만 단기간에 다양한 소비자에게 제품을 홍보·판매할 수 있는 장점이 있고, 신제품의 인지도 확산을 위한 광고와 홍보수단으로써 유용한 매체가 TV 홈쇼핑이다. 따라서 방송 전 제품 특성과 장점을 명확히 이해하고 있어야

| TV 홈쇼핑 화면 |

방송 중 정확하게 제품 설명을 할 수 있다.

• 물류창고 입고

판매제품의 배송기간 단축을 위해 홈쇼핑회사 물류창고에 판매계획 수량 중 홈쇼핑회사와 약정한 수량을 선입고해야 하며, 관련 시험인증서류 등도 제출해야 하고, 창고입고 전에 제품제조공장 현장검수와 하역 전 검수 등의 사전검증과정을 통과해야 한다.

입고 절차는 비교적 간단하여 입고예정제품 중에서 무작위로 일정 수량을 샘플로 검수하고, 특별한 하자사항이 발견되지 않으면 전체 수량을 입고하는 방식이다. 그리고 3~5차례의 홈쇼핑회사 창고 입고과정에서 특별한 문제점이 발견되지 않고, 반품과 교환 등에 대한 소비자 불만 사항이 발생하지 않으면, 홈쇼핑회사의 물류창고에 입고하지 않고, 입점 회사가 직접 소비자들에게 제품을 배송할 수도 있다.

판매를 위한 선행조건

• 바코드

점포에서 직접 소비자에게 판매하는 제품은 바코드가 필요 없지만, 위탁판매 제품은 바코드가 반드시 필요하다. 이는 대규모 물량을 제품별로 분류하고, 편리하게 정산하기 위해서이다. 즉, 판매수량과 금액이 한정적인 일반점포에서는 바코드 부착이 필요 없지만, 제품 종류가 다양하고 판매 수량이 많은 대형할인마트

[EAN-13의 바코드 구조]

와 편의점, 인터넷 몰 등에서는 바코드 사용이 효율적이다. 그러므로 위탁판매를 고려한다면 바코드 생성도 준비해야 한다.

바코드란 이름 그대로 막대기(Bar)로 된 부호(code)이다. 굵기가 다른 흑·백색 막대를 조합시켜 만든 코드로 컴퓨터가 판독할 수 있도록 고안되었으며, 막대와 그 아래의 숫자로 구성된다.

일반적으로 바코드는 상품과 관계없이, 국가 식별 코드(3자리)+제조업체 코드(6자리)+상품 품목 코드(3자리)+체크 디지트(1자리)로 이루어져 있는데, 대한민국의 국가 코드

는 880이고, 주 판매지역이 어디인가에 따라 상품의 국가 코드가 결정된다. 그리고 할인마트와 슈퍼마켓 등에서 판매하는 채소 등의 바코드를 보면, 02/04/2로 시작하는 국가 코드가 있는데, 이것은 판매자가 바코드 없는 상품을 금전등록기 등을 사용해 판매할 때 사용하라고 남겨둔 영역이다.

제조업체 코드와 상품품목 코드는 국가마다 차이가 있을 수 있으며, 일반적인 상품의 경우에는 대한민국은 제조업체 코드를 '대한상공회의소 유통물류진흥원'에서 부여하고 있다. 그리고 상품품목 코드는 생산자(또는 발행자)가 각자의 기준에 맞춰 직접 순차적으로 번호를 부여하며, 번호를 부여할 수 있는 횟수는 일반 상품의 경우에는 한 제조업체 코드당 1,000회까지, 도서의 경우에는 10~100,000회까지 부여할 수 있다. 체크 디지트는 바코드 스캐너가 바코드를 읽었을 때 제대로 읽어 들였는지 확인하기 위한 한 자리 숫자로 컴퓨터에서 자동으로 계산된다. 또한, 바코드를 관리하는 대한상공회의소의 유통물류진흥원에 등록하면, 사전에 별도의 교육수수료와 비용을 지불한 뒤 제조업체 코드를 부여받을 수 있고, 그것을 유통에 활용할 수 있다.

• POP

POP란 'Point Of Purchase'의 영문 앞 자를 딴 약어로 소비자의 욕구를 구매로 이끄는 중요한 매체로써 판매점 내부의 각종 전시물을 지칭하기도 한다. POP 광고는 소비자가 매장 안 또는 밖에서 제품정보를 알기 쉽고 편리하게 보고, 구매 의사를 결정할 수 있도록 도움을 주는 중요한 실행수단이다. 그러므로 면적이 크고 넓은 대형할인마트 등의 매장판매를 진행하기 전에 매장에 비치할 수 있는 POP 광고판을 준비하면 판매에 유용하게 활용할 수 있다.

• 이벤트(Event) 행사

단기간에 제품 홍보와 매출 증대를 기대할 수 있는 대표적인 방법이 판매촉진(promotion) 행사이다. 그리고 이벤트 행사는 소비자에게 친숙한 판매촉진방법 중의 하나이다. 그러므로 신제품을 홍보하거나 기존 재고품의 판매 활성화를 의도한다면, 이벤트 행사를 활용하는 방법도 고려해야 한다. 대부분의 이벤트 행사는 사은품을 증정하거나 한시적인 가격할인 또는 하나를 사면 하나를 더 주는 '1+1행사' 등의 방법으로 진행하는데, 전개방식이 소비자에게 친숙하여 효과적인 반면, 동일방식에 대한 거부감과 진부함을 느낄 수 있다는 단점이 있다. 따라서 한정기간 내에 제품 인지도를 높이고, 제품의 기능과 장점을 강조하기 위해서는 새롭고 참신한 아이디어가 반영된 이벤트방식을 적용해야 한다.

- 샘플 제공

　샘플 제품을 제공할 때도 원칙과 기준이 있어야 한다. 무분별한 거래처별 샘플 제공은 제품의 가치를 하락시키고 비용증가의 요인이 될 수 있다. 제품을 모든 판매처에서 판매할 수 있는 것은 아니다. 제품 특성과 판매처의 정체성이 일치해야 하고, 판매처의 판매능력과 규모도 중요하기 때문이다. 그러므로 판매상담 전에 판매처를 사전검증해야 하고, 샘플 제공도 내부 기준을 정해 적절히 통제해야 한다. 판매를 희망하는 판매처는 샘플 제품 구매에 비용을 아끼지 않는다. 또한, 판매처가 샘플 비용을 지불한 제품은 관심을 갖지만, 비용지출 없이 무상제공 받은 제품에는 관심이 낮을 수밖에 없다. 그러므로 샘플 제공은 원칙적으로 비용을 지불하고 구매하도록 하고, 부득이한 경우에는 제품의 판매 의사를 확실히 받아낼 필요가 있다.

치즈 제조기 개발과 판매

제품 기획

　치즈 메이커는 요구르트 발효기 개발을 기획할 때 계획했던 아이디어 제품으로 1차 요구르트 발효기/2차 치즈 제조기/3차 유산균파우더(스타터) 개발로 연결되는 요구르트 연관 제품 개발계획의 2차 과정에 해당하는 아이템이었다. 요구르트 발효기와 마찬가지로 소비자의 사용 간편성을 극대화하고, 건강에 유익한 음식을 직접 만들어 섭취한다는 점을 주요 개발 개념(Concept)으로 선정하였으며, 요구르트 발효기와 연계하여 사용할 수 있도록 구성하여 수제 요구르트 제조와 관련된 제품군(群)에 포함되도록 기획한 제품이었다.

제품 개발

본체 디자인을 요구르트 발효기와 동일한 모양으로 제작하여, 요구르트 발효기와 연결된 후속제품이라는 이미지를 강조하였고, 특별한 기술과 노력 없이 수제 치즈를 만들 수 있도록 사용방법을 단순화하였다. 즉, 치즈 제조기에 요구르트 발효기로 만든 요구르트를 넣고 일정 시간(약 24~36시간) 냉장보관하면, 중력에 의해 유청(乳淸)이 분리된 치즈가 만들어지도록 기획하였다.

|제품 이미지|

제품 규격은 가로 14.3cm×세로 14.3cm×높이 20cm로 요구르트 발효기로 만든 900ml의 수제 요구르트를 모두 담을 수 있는 용량이었다. 치즈 제조기는 중력을 이용한 자연낙하방식을 채택하여 요구르트가 보관될 수 있는 공간만 필요했기 때문에 부피와 무게를 축소할 수 있었고, 스테인리스 재질의 거름망 사용으로 식품 안전성을 제고하였다.

판매

요구르트 발효기와 결합하여 홈쇼핑을 통해 판매하였고, 먼저 판매 중인 요구르트 발효기가 갖는 건강함/사용 편리성/에너지 절감 이미지와 연결하여 결합제품으로서의 구매 필요성을 강조하였다. 또한, 단품가격을 요구르트 발효기 가격과 동일하게 책정하여 단품구매보다 묶음구매를 선택하도록 판매가격을 조정하였다.

스타터(Starter) 개발과 판매

제품 기획

유산균 관련 제품 개발계획의 최종단계 제품이 요구르트 스타터(Starter)였다. 시중에서 판매하는 공장생산제품 대비 저렴한 가격으로 화학성분이 배제된 요구르

① 본체뚜껑　② 본체　③ 치즈 발효통　④ 신선뚜껑

| 제품 이미지 |

트를 제공한다는 개발목표가 반영된 제품이었다. 즉, 화학성분이 배제된 유산종균과 우유만으로 건강에 유익한 요구르트와 치즈를 만들 수 있도록 기획한 제품이었다. 그래서 요구르트 스타터는 합성 감미료와 착색제 등의 화학성분이 배제되었고, 발효에 필요한 유산종균만으로 구성되었다. 이에 따라, 요구르트 스타터는 1포 가격이 시중의 유산균음료보다 저렴하고, 분말 형태로 보관과 사용이 편리하며, 화학성분이 첨가되지 않아서 경쟁력을 확보할 수 있었다. 또한, 스타터 보관용 전용 용기를 만들어 냉장 보관하게 함으로써 원재료의 부패를 염려하는 소비자의 심리적 불안감을 해소하였고, 보관 용기를 냉장고에 보관하게 함으로써 브랜드가 수시로 노출되는 효과를 얻었다.

제품 개발

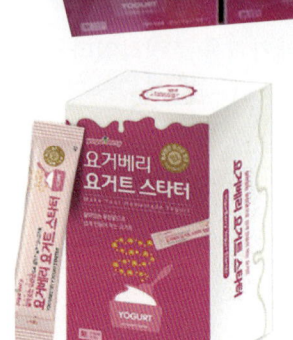

| 요구르트 스타터와 전용 용기 |

보관 용기 제품 외관은 요구르트 발효기와 치즈 제조기 외관과 동일하게 디자인하여 유산균 관련 제품으로서의 일관성을 부여하였고, 냉장고 내 보관이 용이하도록 가로 8.5cm×세로 8.5cm×높이 14.4cm 규격으로 만들었으며, ABS 소재를 사용하여 -40℃~110℃ 온도에서 변형이 발생하지 않도록 하였다. 그리고 제품 색상은 화이트와 핑크색을 사용하여 요구르트 발효기/치즈 제조기와 동일한 이미지를 갖도록 기획하였다.

판매

요구르트 발효기와 치즈 제조기의 결합제품으로 판매하였으며, 제품 홍보와 효능을 광고하기 위해 요구르트 발효기와 치즈 제조기 구매고객을 대상으로 할인판매 행사를 진행하였다. 판매 채널은 요구르트 발효기와 치즈 제조기를 묶음판매 중인 홈쇼핑으로 일원화하였는데, 이는 유산균 관련 제품으로서의 연관성을 강조하기 용이하였기 때문이다.

사무실용 비타민

다른 산업 분야에서 판매 중인 제품을 판매시장을 바꿔서 판매하려고 기획한 제품이 '오비타(Ohvita)' 브랜드의 비타민이다. 비타민은 현대인의 필수적인 건강보조식품으로 인식된 아이템으로 '오비타'는 약국과 병원에서 구매하여 가정에서 섭취하고, 사무실에서 근무자들이 공용으로 섭취하는 방식으로 변화시키려고 기획한 제품이었다. 즉, 비타민은 건강보조식품 중 홍삼 다음으로 시장 규모가 큰 제품으로 시장성장 속도가 가파르게 증가하고 있으며, 구입처는 약국과 병원/인터넷 매장으로 국한되고, 섭취장소는 가정으로 한정되어 있었다. 이에 따라, 구매처를 약국과 병원/인터넷 매장에서 사무용품 매장으로 변경하고, 소비자를 가족 구성원에서 회사 근무자로 전환하여 회사 사무실에서 비타민을 섭취할 수 있도록 기획하였다.

사전 준비

'오비타' 판매의 핵심은 신규 시장 창출에 있었기 때문에 수요고객이 존재하고 그들의 불편함이 개선되고 있는가를 확인하는 작업이 선행되어야 했다. 그래서 사무실에서 소비되는 주요 기호품목과 건강식품으로서 비타민의 종류·효능·경쟁력·시장 가능성 등을 확인하는 지식습득과정과 사전 시장조사가 필요했다. 이에 따라, 요구르트 발효기 개발방식과 동일하게 인터넷으로 지식과 정보를 취득하고, 관련 논문을 검색하여 방향성을 확인하였으며, 관련 유통채널 관계자를 통해 유통경로와 가격조

[B. 아이디어 제품화]

|제품 이미지|

건 등을 파악하였다.

사전 시장조사 결과, 건강을 중시하는 소비 트렌드에 따라 건강기능식품 생산증가율은 2013년 기준 약 3% 증가하였으며, 20~40대의 청·장년층이 주요 구매층으로 조사되었고, 주요 유통채널별 증가율은 다단계판매 4.4%, 방문판매 -9.7%, 전문매장 -4.9%, 홈쇼핑/케이블 방송 33.5%, 인터넷 44.5%, 할인매장 3.4%, 약국 74.2%, 병원 59.5%, 기타 -11.8%의 결과로 조사되었다. 이와 같이, 사전조사와 관련 지식 공부를 통해 시장 흐름을 이해할 수 있었고, 제품판매에 대한 자신감을 배양할 수 있었다. 이는 제품 지식과 정보가 부족하면 상대방을 설득할 수 없기 때문이다.

계획서 작성

'오비타' 비타민은 판매처와 목표 고객이 특정된 제품으로 계획서 작성 시 판매방법과 추정매출액을 쉽게 도출할 수 있었다. 이에 따라, 주요 판매처는 MRO(기업 소모성 자재) 납품업체/사무용 비품업체/기업복지몰/특판전문업체로 결정하고, 목표 고객은 20~50대 연령의 직장인으로 특정하였다. 그리고 공급방식은 매월 1~2회 공급하고, 공급 수량은 구성인원 6~7인의 1개 부서당 1상자, 공급 가격은 1상자당 2~3만 원으로 계획하였다. 또한, 추정매출액 산출은 유통채널을 MRO업체/오피스건물 입주업체/기업복지몰/특별 판매로 세분화하여, 회사당 예상매출액과 사무실 숫자를 곱한 뒤, 2013~2016년 기간별 총매출액을 계산하는 방식으로 산출하였다.

'오비타' 아이템을 개발하면서 성장 가능성을 긍정적으로 판단한 근거는 ①신규 시장을 개척한다는 점 ②소비자 요구가 존재한다는 점 ③기업의 복지혜택이 증가 추세인 점 ④비타민에 대한 높은 소비자 인식도 등으로 사용량의 증가추세와 건강 중시 트렌드에 힘입어 시장이 확대될 것으로 판단하였다.

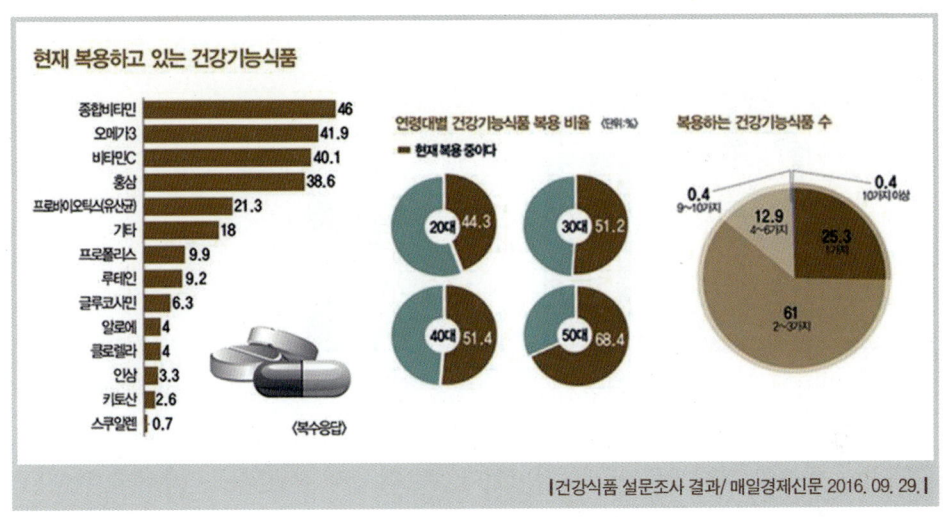

| 건강식품 설문조사 결과 / 매일경제신문 2016. 09. 29. |

제품 개발

식품이 갖는 소비자 불안감을 해소하기 위해 소비자 신뢰도가 높은 대기업과의 협업을 추진하여 한국담배인삼공사의 차회사인 (주)KGC라이프앤진과 공동 개발하기로 계약하였다. 그리고 제품생산은 비타민 전문기업인 비타민하우스(주)에서 생산하고, (주)KGC라이프앤진에서 성분검사를 실시하는 방식으로 진행하였다. 이에 따라, 제품구성은 비타민 1,650ml 100정과 포도당 1,500ml 100정을 혼합하여 1상자로 구성하고, 1인당 하루에 1알씩 섭취하는 상황을 가정하여 1개월 분량으로 설정하였다. 이는 대기업의 신뢰도를 활용하여 신제품에 대한 의구심을 해소하는 개발방식이었다.

판매영업

계획서의 판매계획에 따라, MRO업체/사무용품업체/기업복지장터/특판전문업체를 대상으로 영업하였고, 제안하면서 강조한 제품경쟁력과 장점은 ①기업의 직원복지정책과 연계된 제품이라는 점 ②저비용/고효율의 효과를 기대할 수 있다는 점

[B. 아이디어 제품화]

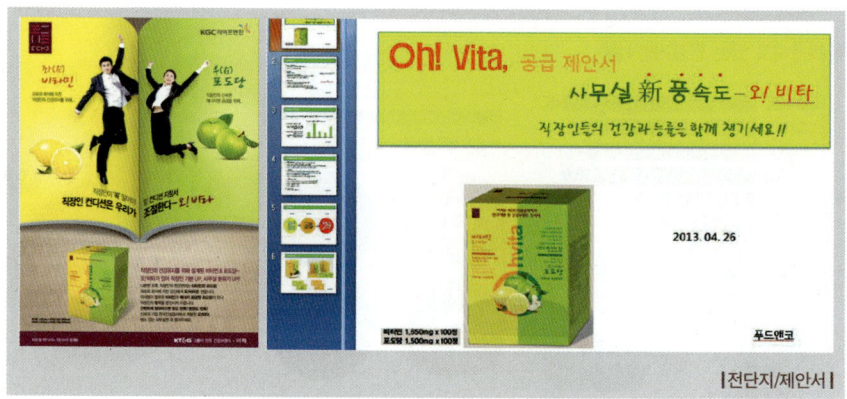

|전단지/제안서|

③대기업 생산의 검증제품이라는 점이었다. 즉, 회사가 직원의 복리후생을 위해 구입하는 제품이라는 점을 강조했다.

우편함 알림판

본래의 제품 용도에 부합하는 전용제품을 개발할 목적으로 아이디어를 구체화한 제품이 '우편함 알림판'이었다. 이는 아파트 등의 공동주거시설에서 우편함에 경비원들이 골판지 또는 포스트잇 등으로 우편물 도착을 알리는 것을 보고, 전용제품 아이디어를 창출하였다. 즉, 우편·세탁·택배 등의 정보전달 도구가 없어서 다른 용도의 물품이 대체 도구로 사용되고 있는 불편함을 전용제품을 개발하여 해소하는 방식이다.

아이템 개발방식은 ①선행기술조사/등록특허 검색 ②특허출원 신청 ③정부지원금 신청 ④판매 채널확보 ⑤투자자/협력사 유치 ⑥이익분배의 순서로 진행했다. 또한 아이디어를 구체화한 후에는 ①디자인 특허출원 ②경기지방중소기업청의 '10만 원 창업지원사업'에 지원하여 100만 원의 지원금으로 시제품을 제작 ③특판전문회사와 수익배분약정을 계약하는 방식으로 진행하였다.

사전 준비

제품 개발을 위해 전용제품과 유사제품에 대한 정보를 수집하였고, 인터넷 검색과 할인마트매장을 방문하여 판매제품의 재질과 디자인 및 사용법 등을 확인하였다. 그리고 시제품 제작전문회사에 문의하여, 제작방법과 재료별 특성과 인쇄방법 등에 관한 지식을 습득하였다. 그 결과 ①기본형 ②가로막대형 ③세로매립형 ④가로막대부착형의 4종류로 제품을 디자인하고, ABS 재질로 제작하며, 1도 색상으로 인쇄하기로 결정하였다. 그래서 시제품 제작은 RP(Rapid Prototyping)와 CNC(Computer Numerical Control) 방법 중, 제작조건에 부합하는 방법을 선택하기로 결정하고, 3개의 시제품 전문제작회사를 선정한 뒤, 복수견적서를 제출받아 비교하여 시제품 제작을 의뢰하였다.

　　RP란 일명 3D 프린팅을 말하는데, 컴퓨터로 만들어진 3차원 CAD·CAM 자료로부터 그 물리적인 모형형상을 신속하게 조형하는 방법을 말한다. CAD는 3차원 데이터를 보유하고 있지만, 그 표시는 모니터 화면 또는 그 Hard Copy이므로 출력할 때는 2차원으로만 출력되는데, RP는 설계된 CAD 데이터를 2차원 단면데이터로 변환한 후, 여러 가지 방법(RP 공정)을 적용하여 순차적으로 적층해감으로써, CAD 데이터와 같은 3차원 입체형상을 제작할 수 있다. 그리고 CNC란 컴퓨터로 수치제어가 가능한 공작기계를 말하며, 공작기계에 내장된 컴퓨터 제어프로그램에 의해 가공조건(공구형상/이동속도/회전수/공구경로/접근·퇴출방법 등)을 제어하는 시스템을 지칭한다.

　　RP(SLA기종)는 모크업 등의 시제품을 제작할 때, 제작 기간을 대폭 단축할 수 있고, 절삭공구가 미치지 못하는 미세한 부분까지 컴퓨터 화면의 모형과 동일하게 자세히 제작할 수 있는 장점이 있으나, 주로 사용되는 재료가 에폭시수지로 재질 강도가 약해 파손되기 쉽다는 단점이 있다. 이에 반하여, CNC는 정밀도와 제작 기간의 단축과 더불어 재질강도가 강한 ABS 등의 재료를 사용할 수 있다는 장점이 있다.

계획서 작성

신규제품으로서의 '우편함 알림판'은 소비자 인식도가 낮다는 점과 단순구조에 기인한 모방제품의 후속 출시 가능성이 높다는 단점을 가지고 있었다. 그래서 소비자 인지도를 어떻게 제고할 것인가와 모방제품의 시장 출시에 어떻게 대응할 것인가에 대한 전략이 필요했다. 그래서 제품경쟁력/목표고객 선정/잠재적 경쟁자 분석/생산방법/판매·유통방법/홍보계획 등으로 항목을 세분화하여 사업계획서를 작성하였다. 그리고 2~3곳의 제조공장을 방문하여 최소 생산수량과 생산비용 등을 문의하고 견적서를 받았다.

'우편함 알림판'은 시제품 제작비용과 마케팅 비용을 정부지원사업을 통해 지원받고, 생산비용은 투자자와 수익을 안분하는 방식으로 확보하며, 주요 목표고객은 아파트관리사무소·부녀회로 선정하였다. 그리고 초기 비용절감을 위해 1차 생산품은 기본형만 생산하고, 수요확대에 따라 3종류의 모델을 추가 생산하기로 계획하였다.

정부지원금 신청

시제품 제작비용을 지원하는 창업지원사업 중에 경기지방중소기업청의 '단돈 10만 원으로 창업하기'라는 창업지원 사업정보를 접하고, '우편함 알림판' 아이디어를 기반으로 시제품 제작지원을 신청하여 선정되었다. 신청자출자금 10만 원과 정부지원금 100만 원으로 시제품을 만들고, 제작된 시제품으로 중소기업청에서 모집한 투자자에게 프레젠테이션(PT)을 진행하여 사업자금을 투자받는 방식의 사업이었다. 그리고 투자자가 투자를 결정하면, 신청자 추가출자금 100만 원에 더하여 정부지원금 1,000만 원이 추가 지원되는 조건의 지원사업이었다.

'10만 원 창업하기' 사업의 장점은 소액으로 시제품 제작이 가능하고, 투자자와의 만남이 용이하며, 생산비용의 일부를 지원받을 수 있다는 점이다. 그리고 부가하여 경기지방중소기업청에서 운영하는 '시제품 제작터'를 활용할 수 있는 장점도 있다. '시제품 제작터'의 연구원들이 무료로 제품 설계를 지원하므로 신청자는 재료비

|시제품 샘플|

만 부담하면 된다. 그리고 신청자가 제작기술을 보유하고 있으면, 시제품 제작터의 '셀프제작소'에서 무료로 시제품을 직접 제작할 수 있다.

'우편함 알림판'은 도면작성 지원을 받아, 제품 설계와 시제품 제작을 일괄 진행하였는데, RP(3D 프린터)를 이용하여 재료비만 부담하고 제작할 수 있었다. 다만, 3D 프린터로 구체적인 제품형상 구현은 가능하였지만, 색상 구현이 어려워서 스프레이 페인트로 직접 색칠작업을 해야 했다.

에폭시로 만든 시제품(모크업)을 표준 삼아서, 구동 가능한 시제품 제작을 위해, 시제품 제작터에서 소개하는 전문제작업체 중 3~4곳의 견적서를 비교한 뒤, CNC 가공방식으로 ABS 재질의 시제품을 제작하였다. 그리고 경기지방중소기업청의 투자희망기업 중 투자설명회에 참석한 기업관계자를 대상으로 '우편함 알림판'의 사업가능성을 설명하였다. 그러나 투자관계자는 정보전달에 따른 부작용(부재 정보 노출/택배기사 전달/광고효과 불신)을 염려하여 경비원이 상주하는 아파트 단지로 시장이 한정될 것이라는 의견과 함께 투자에 난색을 표했다.

[B. 아이디어 제품화]

판로 개척

시장이 광범위하게 분포되어 있고 소비자 접근성이 낮으면 위탁판매방식이 유리하지만, 위탁판매자의 이익을 보장해야 하는 단점이 있다. 이에 반하여, 직판방식은 이익률은 높지만, 제조자가 판매망 구축을 위해 시간과 비용을 투자해야 하는 단점이 있다. 따라서 판매를 위해서는 먼저 시장 상황과 제품 특성을 파악한 뒤, 효율성이 높은 판매방식을 선택해야 한다. '우편함 알림판'의 제품 특성은 아파트관리사무소와 부녀회로 고객이 한정되고, 판매가격이 저렴해서 이익률이 낮은 반면, 광고효과를 극대화할 수 있다는 장점이 있었다. 그래서 직접 아파트관리사무소와 부녀회를 접촉하여 판매하고, 전국 광고를 기획하는 대기업 홍보담당자와 아파트 주변 상가의 점포사업자와 접촉하여 광고판 부착에 따른 수수료를 부과할 계획이었다.

택배 운송장 정보지우개

인터넷을 이용한 제품 구매가 매장방문 구매율을 추월하는 소비 패턴 변화로, 구매 제품의 택배 배송율도 더불어 증가하고 있다. 이에 따라, 택배 상자의 개인정보를 이용하는 범죄도 증가하고 있어 소비자 불안감이 가중되고 있다. '택배 운송장 정보지우개'는 이와 같은 소비자 불안감을 개선하려는 의도에서 출발한 아이디어 제품이었다. 그래서 필자만의 아이템 개발방식을 적용하여 ①선행기술 조사와 등록특허 검색 ②특허출원 신청 ③정부지원금 신청 ④판매 채널확보 ⑤투자자/협력사 유치 ⑥이익분배의 순서에 따라, 인터넷으로 전용·유사 제품의 존재 유무를 확인하고, 사업제안을 위해 택배회사와 인터넷 판매회사 리스트(List)를 작성하였다. 그리고 특허 검색을 통해 선행기술을 조사하고, 샘플제작 현장을 방문하여 생산방식과 개발방향을 결정했다. 그 결과, 전용제품으로 일본에서 1종류의 제품이 판매되고 있고, 특허등록기술이 일본에 존재한다는 사실을 확인할 수 있었다.

일본의 등록된 선행기술을 회피하기 위해, 실용신안으로 특허출원하였는데, 출원비용은 특허청 '중소기업특허 지원사업'을 통해 지원받았다. 그러나 일본 특허에 근거한 거절 결정을 통지받아 디자인특허로 변경 출원한 뒤 등록 결정을 받았다.

사전 준비

'우편함 알림판' 개발방식과 동일한 방법으로 인터넷과 문헌자료를 활용해서 인터넷 구매 현황과 구매방식의 변화추이를 확인했고, 인터넷 구매율 증가에 따른 범죄 증가율과 관련 뉴스와 기사를 검색하고 수집하였다. 그리고 특허출원과 동시에 동대문종합시장의 샘플제작전문점을 방문하여 사용예정 원단별 특성, 제작방법과 생산단가를 확인하면서 최초의 아이디어와 제작과정 중 발생하는 문제점과의 격차를 줄여나갔다.

    샘플을 제작하면서 가장 중요시한 사항이 생산단가로 1회용 제품이면서 사은품이라는 제품 특성을 고려하면, 제품단가가 저렴할수록 경쟁력이 높아진다. 주요 목표 고객이 홈쇼핑회사/택배회사/인터넷 쇼핑몰이고, 저가격/대량공급방식으로 판매해야 하기 때문에, 생산비용절감은 최우선 실행과제였다. 그래서 박음질처리 방식을 열 부착(Hot melt)방식으로 변경하고, 계획한 골무형/손가락형/매립형의 3종류를 골무형 1종류로 축소하여, 저가격/고탄성의 PVC필름에 1도 색상을 인쇄하는 방식으로 생산계획을 수정하였다.

계획서 작성

시장에 없는 신제품으로서의 '택배 운송장 정보지우개'는 단순구조로 모방/복제가 용이하고, 인지도가 낮다는 단점이 있었다. 그래서 특허등록으로 모방/복제품을 사전차단하고, 시장 진입과 동시에 인지도를 높일 수 있는 판매/홍보계획이 필요했으며, 주요 목표 고객인 홈쇼핑회사/인터넷 쇼핑몰/택배회사를 설득할 수 있는 사은품으로서의 제품가치가 요구되었다. 그래서 ①제품기능 ②대체품 출현 가능성 ③사은품 제공과 기대이익 ④제공방식과 구매가격으로 항목을 세분화하여 납품제안서를 작성했다. 사업계획서에는 ①제품생산방식 ②위탁제조공장 ③생산물량과 생산주기

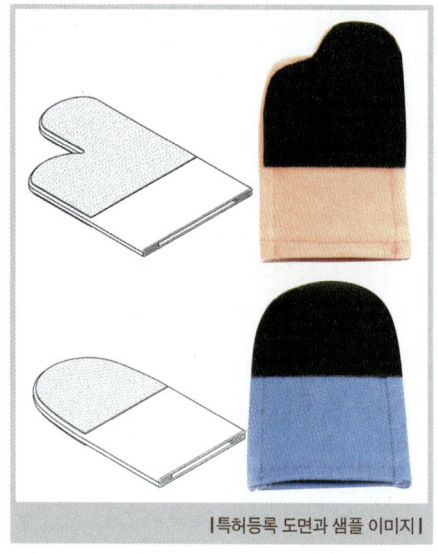

|특허등록 도면과 샘플 이미지|

④OEM생산방법 등을 포함시켰다. 즉, PVC필름과 사포를 사용하여 열 부착방식으로 개당 30원 이하의 단가로 베트남 공장에서 OEM 생산하며, 초도생산 물량으로 10만 개를 생산하여 주문요청 후 5일 이내에 납품한다는 계획서를 작성하였다. 그리고 공급제안을 위한 제안서와 샘플 제품을 동봉하여 목표한 회사 담당자에게 전달하는 영업계획서를 작성하였다. 영업계획서 작성 시 가장 큰 고민사항은 저렴한 비용으로 구매자가 직접 제작할 수 있어서 어떻게 구매 효용성과 필요성을 부각할 것인가에 있었다.

정부지원금 신청

디자인특허권을 특허청 특허출원 지원사업을 통해 진행하여 2건의 디자인특허 등록을 완료하였다. 그리고 소액의 비용으로 제조 가능하고, 특허출원 전 디자인이 확정된 상태였기 때문에 시제품 제작과 디자인개발지원금도 신청하지 않았다. 이는 향후 많은 개발자금이 투자되어야 하는 아이템에 대한 지원금을 지원신청하기 위해서였다. 다만, 개인정보 유출방지를 명분으로 정부기관 간 배송되는 택배 상자용 사은품으로 공급하겠다는 영업계획만 수립했다.

제조공장 선정

서울 동대문시장과 남대문시장의 의류·부자재 생산업체와 협의한 후, 국내 생산은 생산단가가 높아 경쟁력이 없다는 결론을 내렸다. 그래서 인터넷으로 생산비용이 저렴한 중국과 베트남의 현지 생산업체에 직접 문의하여 생산조건과 가격 등을 협의하였다. 인터넷으로 각국의 생산업체 정보와 생산능력 등을 확인할 수 있어서 희망하는 생산조건으로 제조 의뢰하기가 용이했다.

판매영업

공급제안서와 브로슈어를 만들어, 홈쇼핑회사/인터넷 쇼핑몰/택배회사 등의 담당자에게 전달하고, 제품가치와 구매의 당위성을 설명하였으나, 단 한 곳의 구매주문도 받지 못했다. 이에 가장 큰 장애 요인은 구매비용으로 비용을 누가 부담하느냐의 문제가 대두되었다. 즉, 홈쇼핑회사 등 판매회사는 입점 회사(납품회사)가 부담하기를 희망하고, 입점 회사는 판매회사가 부담하기를 원했다. 그리고 구매 수량도 문제가 되었는데, 제품 특성상 최소 10만 개 이상의 주문 수량이 필요했으나, 주력제품이 아닌 사은품을 대량 구매하는 것을 부담스러워했다. 그래서 틈새시장 제품으로서의 가치만 확인하고, 추가 영업과 발주는 진행하지 못했다.

자동차 배터리 덮개

'자동차 배터리 덮개'는 동절기 자동차 배터리 방전으로 보험사의 긴급출동 서비스가 증가했다는 TV뉴스가 개발동기가 된 아이디어 제품이다. 매년 동일한 문제가 반복되는 것은 문제해결을 위한 해결방안이 없다는 뜻으로 이해하고, 해결방안으로서 전용제품 개발을 계획하였다. 그래서 필자의 아이템 개발방식에 따라 ①선행기술조사/등록특허 검색 ②특허출원 신청 ③정부지원금 신청 ④판매 채널확보 ⑤투자자/협력사 유치 ⑥이익분배의 순서로 아이디어의 제품화를 진행하였다. 그래서 인터넷으로 관련 정보를 수집하고, 전용제품의 존재 유무를 확인했으며, 문헌자료를 통해 배터리의 기능과 작동원리를 공부하였다. 그 결과, 전용제품으로 독일에서 한 종류

[B. 아이디어 제품화]

의 제품이 판매되고 있고, 특허등록된 선행기술은 없다는 사실을 확인했다.

사전 준비

인터넷과 논문 등의 문헌자료를 통해 자동차 배터리의 구성부품, 작동원리와 규격 등을 공부했고, 국내·외 시장 규모와 기술추이 등을 파악했다. 그래서 종래의 자동차 배터리는 자동차 제조회사에서 만든 플라스틱 재질의 전용 케이스에 장착·보관하고, 배터리 케이스는 이탈방지와 충격완화 용도로 사용되고 있음을 확인하였다. 또한, 국내 시장에는 배터리 보온용 전용 덮개가 출시되지 않아 방전 시 보험회사의 긴급출동 서비스를 이용하고, 방전방지를 위해 수건·의류 등을 보온덮개 대용으로 사용하고 있었으며, 해외 시장도 전용제품의 부재로 운전자가 불편함을 겪고 있음을 확인할 수 있었다. 이에 따라, 제품의 수출 가능성을 점검하는 계획을 수립하였다.

계획서 작성

사업계획서 작성 시, 가장 중요하게 고민해야 하는 항목이 '방향 설정'이다. 방향 설정이 중요한 이유는 사업방향이 명확히 설정되지 않으면, 상황 변화와 돌발변수의 영향으로 최초 계획과 다르게 사업화할 수 있기 때문이다. 그러므로 사업계획을 구상할 때, 지향하는 목표를 명확히 선정해야 하며, 진행단계별로 자세하고 구체적인 세부계획을 수립해야 한다.

'6하 원칙'에 의거한 자동차 배터리 덮개의 사업계획은 ①누가(who)-아이디어 창출자(필자)와 협력자(투자자)가 ②언제(when)-아이디어 특허출원 후 ③어디서(where)-동대문의류회사에서 샘플 제작하고 ④무엇을(what)-상부 덮개방식과 하부 매립방식의 2종류 자동차 배터리 덮개를 ⑤왜(why)-자동차제조회사/보험회사 사은품용으로 ⑥어떻게(how)-열반사단열재를 이용하여 베트남 현지공장에서 제조하여 개당 500원에 판매한다는 순서로 만들어졌다.

배터리 보온커버용 판매제품 규격조사표

품종	규격	가로	세로	높이	총높이
델코 DF 50	단위(cm)	207	172	183	205
	차량		엑센트 / 아반테 / 클릭 / 엘란트라 / 엑셀		
DF 60	단위(cm)	230	172	181	203
	차량		엑센트 / 아반테 / 클릭 / 엘란트라 / 엑셀		
DF 70	단위(cm)	259	175	200	222
	차량		아반테 / 마르샤 / 다이너스티 / 그랜저 TG, XG / 소나타		
DF 80	단위(cm)	259	175	200	222
	차량		갤로퍼 / 아반테 / 다이너스티 / 마르샤 / 소나타 / 그랜저 / 산타페		
DF 90	단위(cm)	305	172	200	222
	차량		크라제 XG / 스타렉스 DSL / 산타페 DSL / NF 소나타 DSL / 레간자		
아트라스 BX 50	단위(cm)	208	172	180	200
	차량		엑센트 / 아반테 / 엘란트라 / 엑센트		
BX 60	단위(cm)	230	172	180	200
	차량		엑센트 / 아반테 / 엘란트라 / 에스엠(SM) 3		
BX 70	단위(cm)	257	174	200	200
	차량		엘란트라 / 엑센트 / 소나타 / 로체 / K-5 / SM3		
BX 80	단위(cm)	207	172	180	200
	차량		베르나 / 엑센트 / 클릭 / 엑셀 / 토스카 / 레간자 / 스포티지		

| 배터리 규격조사 메모 |

정부지원금 신청

권리확보를 위해 특허청 '중소기업 특허등록 지원사업'에 지원해서 선행기술조사 후 디자인 특허출원하였다. 제품 특성상 기능과 구조가 단순하기 때문에 방식특허와 실용신안 특허출원은 어렵다고 판단하여 디자인 특허권으로 제품 외관을 보호할 의도의 특허출원이었다. 그리고 시제품은 정부지원금을 활용하지 않고 자비(自費)로 제작했는데, 섬유와 사포 재질의 시제품 제작비용이 저렴했기 때문이다.

협업회사 결정

국내 공장에서는 계획한 생산단가로 제조할 수 없어서, 수익배분 조건으로 베트남

[B. 아이디어 제품화]

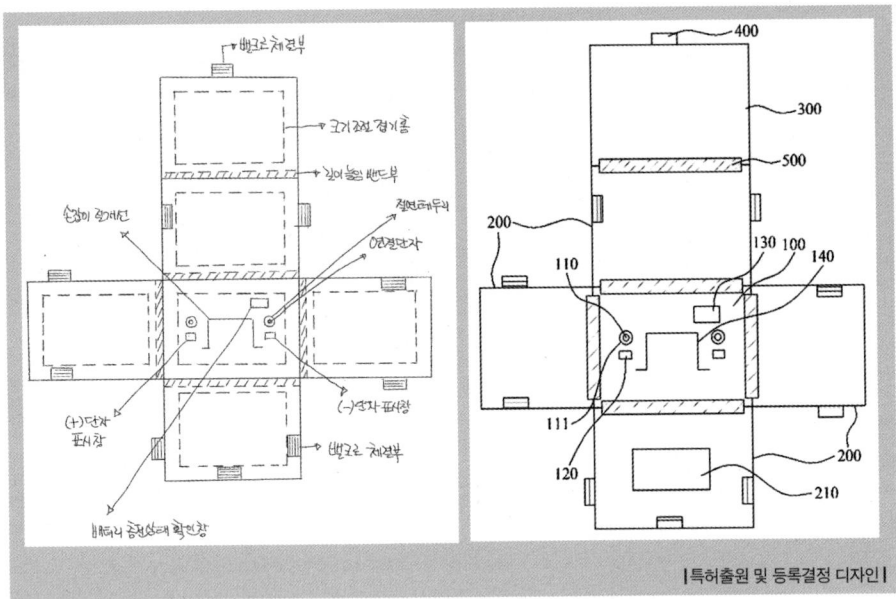

| 특허출원 및 등록결정 디자인 |

현지공장과 거래하고 있는 국내 업체를 통해 생산 의뢰하였는데, 재료와 가공비용이 저렴해서 생산비용 산출과 정산이 용이하여 위탁생산에 따른 과다비용 지출 위험이 적었다. 협업계약은 총 매출액의 10% 금액을 지급하는 조건으로 체결하였는데, 시장 진입 초기에는 수익률이 적지만, 제품의 효용성이 홍보되어 시장점유율이 증가하면 수익률도 동반 상승할 것이라는 판단에 의한 결정이었다.

판매영업

주요 목표 고객으로 선정한 화재보험회사/택배회사를 대상으로 제안하였고, 자동차 관련 인터넷 몰 담당자를 만나서 제품 특성을 설명하며 납품을 제안하였으며, 정유회사와 대형주유소 매장을 방문하여 구매를 제안하기도 하였다. 그러나 제품 효용성과 배터리 성능 향상을 이유로 대부분의 제안은 거부되었다.

[C. 유통업]

막걸리

|막걸리|

요구르트 발효기 개발 기간 동안, 정기적인 수입 확보와 생활비 충당을 위해 유통업을 겸했는데, 제조공장이 충청남도 아산시에 있는 막걸리 회사의 서울지사장 자격으로 주조되는 막걸리를 수도권 시장에 진입시키는 업무를 진행하였다. 이에 따라, 수도권에 위치한 주류회사 명단을 입수하여 업체를 모두 방문하여 상담하였고, 도봉산·수락산·관악산·청계산의 주요 음식점에 납품을 제안하였다. 그러나 2011년 이후 막걸리 열풍이 가라앉아 전체 시장 수요가 감소했고, 유통기한이 짧은 제품 특성상 운송과 보관에 한계가 있어, 수도권 시장 진입이 용이하지 않았다. 이는 주류도매회사를 통해 유통하고, 선두 업체 대비 판매가격이 낮아야 하며, 보관·운송 비용을 추가로 부담해야 한다는 불리함을 극복해야 했다.

무엇보다 가장 큰 장애 요인은 소비자의 입맛이 시장 1위 제품에 익숙해져서 후발주자로서의 신제품에 관심을 갖지 않는다는 점이었다. 즉, 시장 1위 제품의 맛이 대표적인 막걸리 맛으로 소비자의 머릿속에 각인된 상태였다. 더구나 보관·운송 비용의 증가에 따른 지속적인 수익률 하락으로 수도권 판매는 경쟁력이 더욱 낮아지는 결과를 초래했다. 이에 따라, 수도권 영업을 포기하고 막걸리 유통을 중단할 수밖에 없었다. 막걸리 영업을 통해 후발주자의 차별화된 재료와 제조공법만으로는 선두주자 제품에 대한 소비자의 인식을 개선하기 어렵고, 선두주자와 유사한 방식의 판매·홍보 방식으로는 소비자의 관심과 구매를 유도할 수 없다는 교훈을 얻었다. 즉, 후발주자는 재료와 제조·홍보방법 등을 차별하여 소비자가 선두주자 제품에 갖는 관점과 전혀 다른 관점으로 후발주자 제품을 주시하도록 해야 한다는 점을 깨달았다.

새싹채소

|새싹채소|

막걸리 유통 중단 후, 유통거래처 중 한 곳으로부터 새싹채소 유통을 제안 받아, 생산농장을 방문하여 제품 특성을 공부하고 판매조건을 합의한 뒤, 음식 프랜차이즈 본사와 레스토랑을 주요 목표 고객으로 영업을 시작하였다. 경쟁업체 대비 품질이 우수하여 경쟁력이 있었으나 채소 특유의 짧은 유통기한과 높은 가격이 장애 요인이 되어 매일 차량으로 배송·판매하는 자영업자와 경쟁하기 어려웠고, 생산농장이 거래 중인 대형업체 이외의 회사와 매장을 대상으로 영업하기에는 시장 규모가 작았다. 그래서 약 3개월의 영업활동 후 중지하였다.

화장품

|화장품|

중국 관광객 대상의 화장품 면세점에 납품하기 위해 화장품 제조 중소기업을 방문하여 제품 특성과 생산과정 등을 확인한 뒤, 면세점 관계자를 만나서 입점 가능성을 문의하였다. 제조공장과 화장품 매장을 순회하면서 체득한 사실은 화장품은 브랜드 인지도가 매우 중요하다는 점이었다. 주요 고객이 여

성으로 신체에 직접 사용하기 때문에 인지도가 높은 대기업 제품을 선호하는 경향이 강했다. 그래서 브랜드 인지도가 낮은 중소기업 제품은 경쟁력이 약했고 수익률이 적었다.

화장품 유통을 통해 얻은 교훈은 후발주자로서의 중소기업 제품이 시장에 진입하려면 기능과 성능이 선두주자 제품과 명확히 차별화되거나 브랜드 인지도가 높아야 하며, 선두주자와 다른 방식의 시장접근방법이 필요하다는 점이었다.

즉, 경쟁자가 모방하지 못하는 독특한 특성이 없으면 경쟁력이 없다는 것이다. 후발주자인 창업기업이 화장품 유통으로 생존하려면, 무엇을 어떻게 준비해야 하는가를 깨닫게 되었다.

등산용품

| 등산용품 |

등산 인구 증가와 등산용품 시장의 확대에 따라, 화학용제 가열방식의 등산용품을 발굴해서 등산의류회사를 방문하여 구매를 제안했지만, 공급가격이 높고 화학용제의 추가구매비용 부담이 문제되어 납품할 수 없었다. 경쟁제품 대비 기능이 우월하고 작동방식이 차별화되어도 소비자가 기대하는 판매금액을 초과하면 소비자는 외면한다는 사실을 확인하는 계기가 되었다. 즉, 효율성이 낮더라도 기존 제품이 신제품을 대체할 수 있으면 굳이 높은 가격의 신제품을 구매하지 않는다는 사실을 알 수 있었다.

아이디어 제품

후발주자인 유통업체가 생존하려면, 소비자가 선호하고 필요한 제품을 발굴해야 하는데, 소비자가 선호하고 필요성을 갖는 제품은 기존 제품과 차별화된 가치를 갖는 제품이 많다. 즉, '선두주자 제품과 동일한 가격이면서 기능이 개선된 제품', '작동방식과 구조가 향상되어 차별화된 제품', '선두주자 제품의 불필요한 기능과 옵션을 제거하여 가격을 낮춘 제품' 등이 소비자에게 선택받는다. 그러므로 창업자는 경쟁자가 많고 수익률이 적은 기존 시장에서 탈피하여 시장에 미출시된 아이디어 제품과 새로운 가치를 제공하는 서비스를 발굴하는 데 집중해야 한다. 즉, 단기간의 수익창출에는 기여하지 못하지만, 장기적으로는 기존 시장에 없는 새로운 아이디어 제품의 발굴과 개발이 기존 제품의 유통과 판매방식보다 더 효율성이 높다. 단, 현재의 생활유지를 위한 고정적인 수익원이 확보된 상태에서의 발굴과 개발이 진행되어야 한다.

[C. 유통업]

(D. 경영 자문업)

정부지원금자문

중소기업과 창업기업을 대상으로 제품 개발과 사업화를 위한 정부지원금 신청과 지원방법 등에 관하여 자문하고 있다. 중소기업은 기업 내 정부사업담당자가 없는 경우가 많아 지원사업정보에 무지하고 필요성을 인식하지 못한다. 그리고 영업 중인 대부분의 경영컨설팅회사는 수수료가 높아서 가용자금이 한정적인 창업기업은 자문신청에 부담을 갖는다. 그래서 필자는 지원정보제공과 신청방법을 조언하고, 창업자 또는 업무담당자가 신청·관리하는 조건으로 정부지원금 신청을 자문하고 있다. 그리고 다수의 특허출원과 등록경험을 바탕으로 특허 관련 업무와 사업화 방법 등을 자문하고 있다.

정부의 창업 지원사업은 총 8종류의 범주로 분류되며, 매년 대동소이한 사업 명칭으로 시행되는데, 창업교육/창업시설·공간제공/멘토링·컨설팅/사업화/정책금융/R&D/판로·해외수출/행사·네트워크로 구분한다.

사업명	모집구분		예산 (억원)	소관 부처
	지원대상	주관(수행)기관		
창업교육				
창업교육 지원				
청소년 비즈쿨	초·중·고등학생 등 청소년	초·중·고교 등	76.6	중기청
창업아카데미	대학생, 예비 및 3년 미만 기창업자	대학, 연구·공공·민간기관	20.8	중기청
창업대학원	창업학 석사과정 희망자	창업대학원	7.2	중기청
장애인 맞춤형 창업교육	장애인 예비창업자 및 장애인 기업	(재)장애인기업 종합지원센터	9.7	중기청
시니어 기술 창업지원	만 40세 이상 (예비)창업자	지자체 및 대학	47.4	중기청
스마트 창작터	예비창업자 및 3년 이내 창업기업	대학 등 전문기관	98.4	중기청
대학창업교육 체계 구축	대학생 및 대학 교수 등 대학 관계자	한국연구재단 한국청년기업가 정신재단, 대학	15.5	교육부
스포츠산업 창업지원	스포츠산업 예비창업자	대학, 선정된 연구·공공·민간기관	26.5	문체부
	스포츠산업 3년 미만 초기 창업기업	선정된 창업액셀러레이터		문체부
시설·공간				
크리에이티브팩토리 지원사업	예비창업자 및 7년 미만 창업기업	크리에이티브팩토리	80	중기청
창업보육센터 지원				
건립 지원사업	창업보육센터	지방중소기업청, 한국창업보육협회	30	중기청
보육역량 강화지원	창업보육센터	한국창업보육협회	72	중기청
시제품 제작터 운영	예비창업자 또는 창업기업	지방중소기업청 (경기, 대구, 광주, 부산, 전북)	-	중기청
1인 창조기업 비즈니스센터	1인 창조기업 및 예비 1인 창조기업	공공·민간기관 등	66	중기청
장애인 창업보육실 운영	장애인 예비창업자 및 창업초기 장애인 기업(3년 미만)	(재)장애인 기업 종합지원센터	6.5	중기청
장애인 창업점포 지원	장애인 예비창업자	(재)장애인 기업 종합지원센터	28.6	중기청
K-Global 빅데이터 스타트업 지원	대학생, 예비 및 기창업자 등	대학, 연구·공공·민간기관	8.4	미래부
K-Global 스마트 콘텐츠 허브활성화사업	스마트콘텐츠 제작, 서비스, 마케팅 등 관련 분야의 국내 유망 중소기업	정보통신산업진흥원	8	미래부
멘토링·컨설팅				
선진글로벌 교육 제공(K-Global 기업가 정신 및 인큐베이팅 인턴십)	ICT 기반 우수 유망 스타트업, 중소·중견 벤처기업 대표(내국인) 및 해외 진출 가능성이 높은 국내 우수 스타트업	정보통신산업진흥원	7	미래부
벤처1세대 멘토링 프로그램운영 (K-Global 창업멘토링)	ICT 기반 창업 초기·재도전기업, 대학창업동아리	(재)한국청년기업가정신재단	29.9	미래부
6개월 챌린지 플랫폼 사업	아이디어의 사업화를 준비하는 예비창업자 및 신청일 기준 창업 1년 이내 기업	연구개발특구진흥재단	112.5	미래부
액셀러레이터 연계 지원사업	혁신센터를 통해 검증된 창업기업, '6개월챌린지플랫폼' 졸업기업 등	연구개발특구진흥재단	91	미래부

[D. 경영자문업]

사업명	모집구분		주관(수행)기관	예산(억원)	소관부처
	지원대상				
우주기술 기반 벤처창업 지원 및 기업역량 강화(STAR-Exploration) 사업	우주기술을 활용한 창업/신사업 창출에 관심 있는 예비창업자 및 기업		한국항공우주연구원	2.5	미래부
농식품 크라우드펀딩 컨설팅 비용지원	창업 7년 이내 농식품 기업		농업정책보험금융원	1.2	농식품부
농촌현장 창업보육	창업 5년 미만 농식품 기업		농업기술실용화재단	4.8	농식품부
IP 디딤돌 프로그램	예비창업자		-	26	특허청
IP 나래 프로그램	기술기반 창업기업		지역지식재산센터	72	특허청
사업화					
창업사업화지원					
창업도약패키지	3년 이상 7년 미만 창업기업		창업진흥원	500	중기청
선도벤처 연계 기술창업	예비창업자 및 3년 미만 창업기업		창업진흥원 등	70	중기청
창업인턴제	대학(원) 재학(대학생은 4학기 이상 수료자) 및 고등학교·대학(원) 졸업 후 7년 이내 미취업자		창업진흥원 등	50	중기청
민관공동 창업자 발굴육성(TIPS 창업팀 지원)	TIPS창업팀 중 3년 미만 창업기업 (창업사업화 자금지원)		창업진흥원	150	중기청
	TIPS창업팀 중 7년 미만 창업기업 (해외 마케팅 자금지원)				
스마트벤처 창업학교	만 39세 이하 예비창업자 및 3년 이내 창업기업		대학 등 전문기관	121.5	중기청
상생서포터즈 청년·창업 프로그램	7년 미만 창업기업, 벤처기업		대·중소기업협력재단 등	100	중기청
창업선도대학 육성	예비창업자 및 3년 미만 창업기업		창업선도대학	922	중기청
창업 성공 패키지(청년창업사관학교)	만39세 이하의 창업 3년 이내의 자(기업)		중소기업진흥공단	500	중기청
여성벤처 창업 케어 프로그램	여성 예비(벤처)창업자		(사)한국여성벤처협회	5	중기청
장애인기업 제품디자인 및 시제품 제작지원	장애인 예비창업자 및 장애인 기업		장애인기업종합지원센터	4.7	중기청
패키지형 재도전 지원사업	(예비)재창업자 또는 재창업 3년 미만 기업		창업진흥원, 정보통신산업진흥원	125	중기청 미래부
K-Global Re-Startup 민간투자 연계지원 사업	7년 미만의 창업기업		민간기관	50	미래부
K-Global Startup 공모전	ICT분야(SW, IoT, DB등) 예비창업자 및 창업기업		정보통신산업진흥원	10	미래부
K-Global 액셀러레이터 육성	ICT 및 SW 분야 예비창업자, 재도전 기업, 스타트업, 벤처기업		액셀러레이터	18	미래부
K-Global Startup 스마트 디바이스	스마트 디바이스 분야 중소, 벤처, 창업 기업 및 예비창업자, 학생 등		공공기관	14	미래부
K-Global 스마트미디어	신규 스마트미디어 서비스 아이디어를 가진 중소·벤처 개발사, 1인 창조기업 등		중소·벤처 개발사 등	7	미래부
K-Global DB-Stars	데이터 활용 BM(아이디어)을 보유한 연매출 5억 원 미만의 스타트업, 개인 개발자		한국데이터진흥원	4.5	미래부

[새로운 창업을 위한 굿아이디어 창업]

사업명	모집구분		예산(억원)	소관부처
	지원대상	주관(수행)기관		
K-Global 클라우드기반 SW개발환경지원	예비창업자 및 스타트업	정보통신산업진흥원	4	미래부
K-Global IoT 챌린지	IoT 아이디어 및 기술을 보유한 스타트업 및 중소기업	한국인터넷진흥원	1.4	미래부
K-Global Startup IoT 신제품 개발지원 사업	예비 창업자, 스타트업, 중소·벤처기업	예비 창업자, 스타트업, 중소·벤처기업	3.6	미래부
K-Global 스타트업 다국적화 지원	ICT 해외 인력 채용계획이 있고 이를 활용해 조직 구성 다국적화, BM 및 사업아이템의 글로벌화를 희망하는 국내 스타트업	정보통신산업진흥원	20	미래부
사회적기업가 육성사업	예비창업자 또는 1년 미만 창업기업	한국사회적기업진흥원	150	고용부
창업발전소 스타트업 육성 지원	예비창업자 및 창업 3년 미만 기업	한국콘텐츠진흥원	15	문체부
관광벤처사업 발굴 및 지원	예비창업자 및 창업 3년 미만 기업, 창업 3년 이상 중소기업	한국관광공사	22	문체부
기술가치평가 지원	농식품 관련 IP(품종보호권, 특허권 등)를 보유한 농식품 창업기업	농업기술실용화재단	2.4	농식품부
R&D				
창업성장기술개발 창업기업과제	창업 후 7년 이하인 중소기업	중소기업	1,306	중기청
창업성장기술개발 기술창업투자 연계 과제	창업 후 7년 이하인 중소기업	중소기업	645	중기청
창조혁신형 재도전 기술개발사업	예비재창업자 및 재창업기업(7년 미만)	중소기업기술정보진흥원	38	중기청
K-Global ICT유망기술개발지원사업(ICT 창업·재도전기술개발지원)	(창업) 예비 창업자 및 창업 1년 미만의 중소·벤처 창업기업 (재도전) 재도전 기업인의 재창업 기업 *재창업 기업의 경우 신청일 기준 3년 이내 법인설립 기업에 한함	중소·중견기업	30	미래부
투자연계형 기업성장 R&D 지원	중소기업창업지원법 제2조 제2호에 따른 창업기업(팀)	중소기업기술정보진흥원	120	미래부
K-Global SW전문 창업기획사	ICT 및 SW 분야 예비창업자, 재도전 기업, 스타트업, 벤처기업	액셀러레이터	15	미래부
농식품 벤처창업 R&D 바우처사업	창업 및 벤처 최초 인증 5년 이하 중소기업	농림수산식품기술기획평가원	-	농식품부
판로·해외진출				
글로벌창업기업 발굴·육성프로그램	(글로벌진출지원) 5년 미만 창업기업 (외국인창업) 학사학위 이상 취득한 ①외국인 또는 ②재외동포 또는 ③귀환 유학생 중 예비창업자 또는 3년 미만 창업기업	창업진흥원	53	중기청
1인 창조기업 마케팅 지원	1인 창조기업 및 예비 1인 창조기업	민간기업	40	중기청
K-Global 해외 진출사업	ICT융합분야 예비 및 7년이내 기창업자	민간기관	51.8	미래부
K-Global 데이터 글로벌	데이터 분야 스타트업, 중소·중견기업	한국데이터진흥원	3.6	미래부
농산업체 판로지원(A-startup 마켓 입점 지원)	농식품 분야 7년 미만 창업업체 제품	농업기술실용화재단	3	농식품부
행사·네트워크				
벤처창업대전	벤처·창업기업, 청년기업 등	창업진흥원	2.3	중기청
대한민국 창업리그	예비창업자 및 3년 이내 창업기업	지방 중소기업청	14	중기청
장애인 창업아이템 경진대회	장애인 예비창업자 및 창업 1년 미만 장애인 기업	(재)장애인기업종합지원센터	0.5	중기청

[D. 경영자문업]

사업명	모집구분		예산(억원)	소관부처
	지원대상	주관(수행)기관		
여성창업경진대회	예비여성창업자 및 2년 미만 여성기업 (공고일 기준)	(재)여성기업종합지원센터	0.9	중기청
2017 농식품 창업 콘테스트	농식품 분야 창업 5년 이내 (예비)창업자	농업기술실용화재단	4	농식품부
대한민국 지식재산대전	전 국민	한국발명진흥회	12.7	특허청
총 계				

|중소기업청, 2017년 창업지원 사업현황|

특허 관련 업무자문

창업을 결심한 시점부터 창업기업과 후발주자의 경쟁력은 지식재산권에서 창출되며, 자기자본을 최소화하는 창업의 필수조건이 지식재산권 취득이라고 판단하였기 때문에 특허출원과 등록에 관한 지식과 정보를 습득하는 데 집중하였다. 그 결과, 창업 후 3년 동안 약 32건의 특허/실용신안/디자인/상표출원과 등록 및 선행기술조사를 진행할 수 있었고, 이와 같은 경험을 바탕으로 특허 관련 업무에 대한 자문을 진행하면서 2개 회사의 상표출원과 등록을 대행하여 완료하였다. 지식재산권은 후발기업이 손쉽게 획득할 수 있는 경쟁력으로 선두주자와의 차별화 수단으로 사용하기 용이하다. 또한, 기업 경쟁력을 높이고, 경쟁자의 모방·복제 예방과 시장 진입을 지연하고, 소규모 자금의 창업이 가능하게 하는 유용한 도구이다.

[E. 창업 시 고려사항]

사업화 과정 도표 그리기

창업자가 일목요연하게 사업화 과정 전체를 파악하고, 과정별 진행업무를 점검하기 유용한 방법이 '도표 그리기'이다. 즉, 아이템 선정에서 판매까지의 과정을 도표화하여 점검하는 것이다. 도표화는 머릿속의 계획과 생각을 시각적으로 확인하여 현실감각이 반영된 계획서를 작성하고, 과정상의 오류를 쉽게 발견할 수 있어 사업의 방향성을 유지하도록 작용한다. 그러므로 창업자는 양식에 구애받지 말고 자유롭게 머릿속의 사업화 계획을 직접 그려볼 필요가 있다. 도표화는 계획을 세분화하고 실수를 줄이는 데 매우 효과적인 수단이다.

'어떤 아이템으로 어떻게 사업화할 것인가?'를 대명제로 설정하고, 각 과정별 실행과제를 선정한 뒤, 각 실행과제의 세부예정사항을 기재하는 방법으로 도표를 그려나가면, 용이하게 사업화 전 과정을 도표화할 수 있다. 순서가 바뀌고 업무가 중복 기재되는 것을 염려할 필요는 없다. 정해진 양식과 순서는 원래부터 없으며, 상황과 여건에 맞춰서 계획은 수시로 변경되기 때문이다. 그러므로 '도표 그리기'는 최초 작성된 도표에 얽매이지 말고, 창업자 각자의 상황과 조건에 부합되게 내용을 추가·삭제하고 수정하는 작업이 되어야 한다. 다만, 최초 설정한 사업방향이 '도표 그리기'로 변경되는 상황은 지양해야 한다. 하위명제가 상위명제를 수정하게 만드는 계획은 최초 계획단계에서 판단과 결정에 오류가 있다는 뜻이기 때문이다. 그러므로 '도표 그리기'는 사업화 계획의 세부과정을 점검하고 보완하는 수단으로 활용되어야 하며,

아이템 선정 / 창업		특허출원
• 사업자등록증 발급 • 창업방향 설정(제조/도소매) • 아이디어 선정 • 자금 규모 확인/적정금액 설정		• 정부지원사업 신청(10~20% 자비 부담) - 특허청/서울산업진흥원(SBA)/중소기업청 등 - 녹색기술특허지원사업/공익변리사지원 등 • 인터넷 출원(위탁수수료 대비 20%)

시장조사		사무실 확보
• 중기청/벤처협회/SBA 지원사업 -2012년 성공창업 리서치 지원사업 -2013년 스마트앱 리서치 지원사업 -2014년 SBA 리서치 지원사업		• 장년창업센터 입주 및 연장 -전용사무실 대용 • 1인 창조기업 비즈니스센터 -1인 기업 패밀리카드 발급

시제품 제작		판로 개척/홍보 및 판촉
• 중소기업청/중소기업진흥공단 -2012년 1인 기업 마케팅 지원사업 • 창업 맞춤형 지원사업 • 경기지방중소기업청 시제품 제작소		• 중소기업청/중소기업진흥공단 -2012년 1인 기업 마케팅 지원사업 -2013년 마케팅 플랫폼 제작 지원사업 -2013년 상품페이지 제작 지원사업

제품생산		수출/후속모델 상품개발
• 신용보증재단 보증부 대출처 확보 -교육수료 후 신용보증재단 보증서 첨부 (개별별 신용등급에 따라 차등금액 대출) -개인자금 출연/투자자금 유치		• 특허청 특허출원지원사업 -국제특허(PCT)출원 지원 -소송대리/심판비용 지원 • 농수산물유통공사 수출지원사업

| 정부지원사업을 활용한 창업과정 도표화 예 |

사업방향을 수정하거나 아이템을 변경하는 경우에는 최초 기획단계로 회귀하여 재검토해야 한다.

아이디어 가다듬기

아이디어를 제품화하는 초기 단계에서 빈번하게 대두되는 문제가 아이디어와 현실 사이의 괴리 발생이다. 즉, 아이디어가 현재의 기술 수준으로는 구현 불가능하거나, 개발자가 부담하기 어려운 비용이 투자되어야 제품화가 가능한 경우가 발생한다. 이는 아이디어에만 집중하고 현실 상황을 고려하지 않았기 때문이므로 아이디어를 가다듬는 작업이 필요하다. 즉, 창출한 아이디어가 개발자의 재정적 역량 내에서 현재의 기술로 제품화될 수 있는가를 먼저 확인해야 한다. 그러나 대다수의 아이디어 창업자는 창출한 아이디어를 객관화하지 못한다. 즉, 도용과 모방을 우려하여 현장 관계자 등에게 아이디어 공개를 망설이고, 정보 노출을 꺼려 관련 분야 전문가를 배제한다. 아이디어가 기발하고 특별하다고 생각하는 경우에는 더욱 폐쇄적이 되어 제3자의 입장에서 객관적으로 냉정하게 평가하지 못하고, 주관적인 기준과 판단으로 제품화를 재촉한다.

아이디어에 대한 확신은 사업화의 원동력이 되는 긍정적인 요인이다. 따라서 창업자가 아이디어에 몰입하는 자세를 부정적으로 평가할 수만은 없다. 다만, 과도한 몰입과 폐쇄적인 개발 태도는 현실감각을 상실시켜 최초 창출한 아이디어의 보완과 개선을 저해할 수 있다. 최초부터 완벽한 아이디어는 없으며, 트렌드에 부합하지 않는 제품은 판매될 수 없다. 그러므로 창업자는 아이디어를 객관적으로 평가하고 점검하는 '아이디어 가다듬기' 과정을 통해 아이디어와 현실과의 괴리감을 해소해야 한다. 즉, 소비 트렌드와의 부합/기능과 디자인의 기술적 구현 가능성/제조 공정상의 장애 요인/유사제품출현/수익 확보 가능성 등을 기획단계에서 냉정하게 객관적으로 평가하고 확인해야 한다. '아이디어 가다듬기' 과정은 아이디어의 발전적 개선과 수정을 용이하게 하고, 창업자가 아이디어에 대한 확신을 갖도록 만든다.

초조함에서 벗어나기

사업화 과정 중 계획대로 일이 진척되지 않으면 창업자는 초조하고 성급해진다. 창업 후 단기간 내에 안정적인 사업궤도에 안착하기를 기대하고 있고, 생활비와 자녀 학비 등 고정비용 지출에 부담감을 갖기 때문이다. 그래서 계획했던 과정을 단축하거나 무시하고 결과만을 도출하려고 하여 대부분 안정적인 궤도 진입에 실패한다. 모든 세상사가 그러하듯이 노력 없이 열매를 수확할 수는 없다. 배가 고프다고 벼 새싹으로 밥을 지을 수 없는 것과 같은 이치이다.

특히, 초조함에서 야기되는 가장 큰 문제가 의욕상실이다. 성급하게 일 처리한 결과가 부정적이면, 열정이 감소하고 의기소침해져서 의욕을 상실하게 되어 창업자의 가장 큰 무기를 잃어버린다. 자본과 인력이 풍부한 기존 사업자와 다르게 창업자의 최대 추진력은 사업 성공에 대한 열망에서 분출된다. 그러므로 아이템과 아이디어에 대한 확신을 기반으로 계획된 순서대로 실행과제를 수행하는 자세가 중요하다.

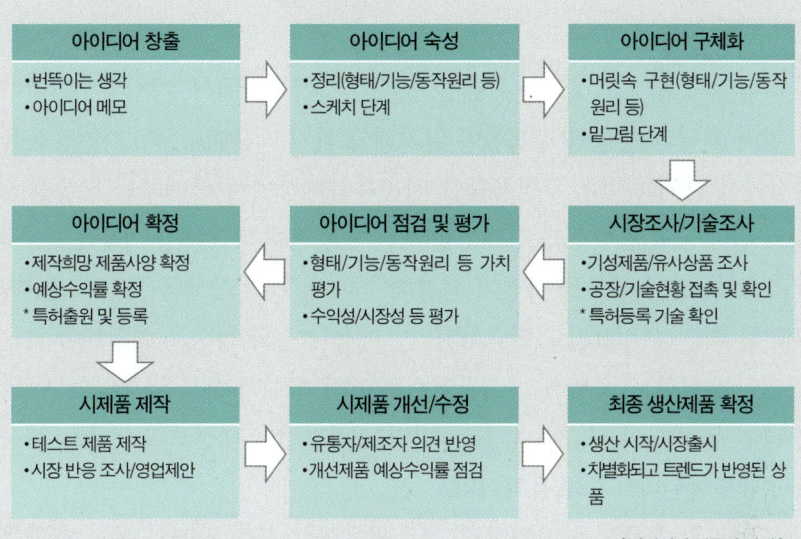

| 아이디어 제품화 과정 |

 따라서 창업자는 '우보천리(牛步千里 : 부지런하고 우직한 소걸음으로 천 리를 간다)'의 마음으로 초조함에서 벗어나 주변인의 시선과 관심을 무시하고 계획대로 일을 진척시켜야 한다. 초조함을 버리고 한발 물러서서 스스로의 사업화 과정을 살펴보면, 수정하고 보완해야 할 사항이 많다는 사실도 알 수 있다. 초조함에 가려서 보이지 않던 문제점과 보완점들이 보이면서 아이템은 추가 검증되고, 아이디어는 오류가 보완되며, 적시 적절한 비용 지출이 가능해진다.
 그리고 초조함에서 벗어나기 위한 또 다른 방법은 고정수입원을 만드는 방법이다. 즉, 현재의 경제적 생활 수준을 유지할 수 있는 고정수입을 확보하면, 조기성공에 대한 압박감과 부담감에서 벗어날 수 있다. 그러므로 계획한 사업 아이템의 진행과 별개로 생활인으로서의 대안계획이 수립되고 실행되어야 창업자는 쫓기지 않게 된다. 다만, 주변 상황의 변화를 빌미로 대안 계획이 주력사업계획보다 우선시 되면 사업의 방향성이 불분명해지고 계획대로 일 처리를 할 수 없으므로 주력 계획과 대안 계획의 안분 비율은 70% 대 30%의 비율을 유지하는 것이 좋다. 즉, 생활비를 충당하기 위해 30%의 시간과 노력을 기울이고, 나머지 시간과 노력은 주력 아이템의 실현에 집중하는 것이다.

판매 채널 찾기

어디에서 어떻게 판매할 것인가에 대한 계획이 기획단계에서 수립되어 있어야 하는 이유는 판매 채널과 제품의 정체성이 일치해야 하기 때문이다. 즉, 가전용품을 공업용품매장에서 판매하거나, 주방용품을 사무용품매장에서 판매하는 오류를 예방해야 하므로 판매 채널별 특성과 정체성을 생산시점 전에 파악하여 제품을 효과적으로 홍보할 수 있는 판매 채널을 사전에 선정해야 한다. 그리고 제품 특성과 판매방식의 부합 여부를 확인하는 작업도 필요하다. 즉, 제품 기능과 특성을 설명해야 하는 제품은 홈쇼핑이 유리하고, 소비자가 직관적으로 제품 특성과 용도를 파악할 수 있는 제품은 온라인 몰(Mall)이 적합하며, 특정 지역 소비자만을 대상으로 이벤트 행사를 진행하려면 대형할인마트가 효율적이다.

판매 채널의 효용성을 고려하면, 홈쇼핑은 단기간에 판매와 홍보 효과를 극대화할 수 있고, 대형할인마트는 대량납품으로 재고부담을 최소화할 수 있으며, 온라인 몰은 이익률을 극대화할 수 있다. 따라서 창업자에게 매출을 극대화할 수 있는 판매 채널을 찾는 작업은 매우 중요하다. 이는 제품력만큼 판매 채널이 소비자에게 미치는 영향력이 크기 때문에 과거와 다르게 현재는 제조자가 어떤 판매 채널을 선택하느냐에 따라 매출 규모가 상이해진다.

(F. 사업 진행 시 마음가짐)

사업을 준비하는 자세

특별한 계기가 없는 한 직장인 대부분은 퇴직 후 창업을 목표로 근무하지 않는다. 미래에 대한 막연한 불안감을 가지고 있지만, 직장생활과 퇴직 이후의 삶을 준비하기는 쉽지 않다. 회사가 근무 이외의 시간을 보장하지 않고, 조직에서 생존하려면 다른 분야에 집중할 수도 없다. 그리고 회사원이라는 사실에 기인한 심리적·경제적 편안함으로 인해 안정적인 현재 생활의 평온함을 깨뜨리려고 하지 않는다. 그래서 미래를 대비하라는 말이 공허할 수도 있다.

그러나 직장인으로서의 삶 뒤에는 반드시 퇴직이 존재하고, 퇴직 이후의 삶도 직장생활만큼 중요하다. 그래서 퇴직 이후의 삶을 보장하는 경제활동으로서의 창업은 중요하다. 자아실현 등의 형이상학적 목표 달성의 문제가 아니라 생활인으로서 생존의 문제가 뒤따르기 때문이다. 그럼에도 불구하고 직장인에게 창업은 남의 일과 같다. 특히 안정된 삶이 보장되는 공무원 등의 직업이 선호되는 사회 분위기 속에서 위험이 상존하는 창업자의 삶을 선택하기는 더욱 쉽지 않다. 더구나 퇴직은 현재 발생하지 않은 미래의 사건으로 체감하기 어렵기 때문에 대부분 현재의 생활이 계속되기를 희망하고, 퇴직 이후의 삶은 애써 외면하고 관심을 갖지 않는다.

또한, 창업환경도 열악하여 외부적 요인으로는 창업자금, 기술과 인력 등이 부족하고, 제도적으로 국가 차원의 지속적인 지원을 기대할 수 없으며, 내부적 요인으로는 자녀 학비와 생활비 등의 고정비용도 끊임없이 지출되어야 하고, 더욱이

[새로운 창업을 위한 굿아이디어 창업]

40~50대의 나이는 체력적인 경쟁력을 감소시킨다. 그래서 창업은 심적·경제적·신체적인 부담감을 모두 짊어져야 하는 고되고 힘든 일이다.

하지만 역발상하여 생각을 달리하면, 창업은 분명 새로운 기회가 될 수 있다. 즉, 퇴직은 모든 직장인들이 반드시 겪는 일반적인 사건으로 대부분의 창업자가 기술과 자금 등이 부족하고, 미래에 대한 불안과 걱정으로 불면의 밤을 보낸다는 것이다. 따라서 모든 창업자는 동일한 조건에서 출발하고, 사업의 성공과 실패는 누구도 예측하지 못하기 때문에 성공 가능성은 항상 열려 있다고 할 수 있다. 창업은 창업자의 노력에 의해 승패가 결정되는 새로운 기회가 될 수 있다.

사고(思考)의 관점을 달리하면, 퇴직과 창업은 특정인이 겪는 특별한 변화가 아님을 자각할 수 있다. 변화에 대한 두려움과 불안감은 미래를 예측하지 못하는 모든 사람의 몫이며, 현재의 삶을 살아가는 생활인으로서 변화하는 환경에 능동적으로 대처하지 못하는 모습도 동일하다. 그러므로 불안과 고민을 일반화하여 해소하고, 새로운 기회에 대한 기대감을 높이는 마음가짐이 중요하다. 창업 성공의 절반은 자신감을 갖는 긍정적인 마음가짐에 있다.

당신은 준비되어 있는가?

노력 없이 얻을 수 있는 결과물은 없으며, 창업에도 많은 노력과 준비가 필요하다. 창업에는 자본, 시간과 지식 등이 투자되어야 하며, 사업의 성공 여부는 창업자의 열정과 노력에 의해 좌우된다고 하지만 성공 가능성이 높지 않은 험난한 일이다. 실패를 목표로 하는 창업자는 없지만, 창업 후 사업화에 성공한 창업자는 20%가 안 되고, 80%가 넘는 창업자가 실패에 직면한다. 차별화되지 않은 낮은 경쟁력으로 사전 준비가 미흡한 상태에서 창업하기 때문이다. 자본금의 한계는 제외하더라도 자료에 근거하지 않는 안일한 사고방식과 허술한 사전 준비는 개선이 가능하다. 그러므로 창업 전 반복적으로 준비사항과 계획을 점검해야 하며, 데이터에 기초한 객관적인 시장분석을 선행해야 한다.

그리고 창업자에게는 도전정신과 열정, 자본, 지식과 경험 및 아이디어가 필요하다. 불확실한 미래가 두려워 도전하기를 주저하고, 안정적인 일자리와 수입처만을 찾는 사람은 창업하지 말아야 한다. 시작 전 패배를 염두에 둔 경기는 절대 승리할 수 없기 때문이다. 차라리 기대 수준을 낮춰서 월급생활자로서의 삶을 지향해야 한다. 경제적 압박과 더딘 사업화 과정은 창업자가 인내해야 하는 필수적인 관문이기 때문이다. 또한, '반드시 성공하겠다'는 의지가 없으면 사업화에 수동적일 수밖에 없어 새로운 사람 만나기를 귀찮아하고, 혼자만의 시간을 즐기려고 하며, 일이 찾아오기만을 기대한다. 그래서 사업화에 실패하면 실패 요인을 외부에서 찾고, 자신의 행동과 태도를 합리화하여 책임지지 않으려고 한다.

그리고 '자본이 부족해서 창업하지 못한다'라고 말하는 사람도 창업하지 말아야 한다. 사업화에 성공한 대다수의 창업자는 자본과 조직 등이 부족한 상황에서 창업하였기 때문이다. 필요조건을 완비한 창업자는 없으며, 대부분의 창업자는 항상 부족하고 불완전해서 자본이 부족하다는 말은 핑계에 불과하다. 창업자의 여건과 가용능력 한계 내에서 사업화하면 된다. 다른 사람에게 보여주기 위한 '과시형 창업'만 지양해도 실패 확률은 현저히 낮아진다.

또한, 창업 분야에 대한 지식과 경험이 부족하면, 창업 시점을 최대한 지연시켜 경쟁력을 확보하기 위한 시간을 갖도록 한다. 즉, 창업자가 관련 분야의 전문가가 되어야 한다는 열정과 자본에만 기초한 창업은 성공 가능성이 낮다는 의미이다. 열정과 자본에 관련 분야의 지식과 경험이 더해져야 비로소 경쟁력을 발휘할 수 있다. 그러나 창업 후 지식을 공부하고 경험을 체득하기에는 시장 변화가 빠르고 경쟁자와의 경쟁이 부담스럽다. 그러므로 주변 상황이 야기하는 압박감에서 벗어나려면, 사업 성공에 대한 조급증을 버려야 한다. 조급증을 버리고 아이템과 경쟁력을 객관적으로 관찰하면, 보완하고 수정해야 할 항목들이 눈에 보이고, 보완과 수정은 사업의 성공 가능성을 높이는 요인으로 작용한다. 따라서 창업을 준비한다면 ①창업자 스스로의 성향 파악 ②목표 달성을 위한 의지와 열정 확인 ③아이디어와 아이템의 경쟁력 점검 ④관련 분야 지식과 경험습득 ⑤보유자원의 가용한도 확인 등의 준비과정을 선행해야 한다.

취업은 안 되고, 사업이나 해볼까?

2016년 9월 기준, 청년층(15~29세)의 실업률은 12.5%로, 1999년 이후 16년 9개월 만에 최고치를 경신했다. 국토 면적은 적고 인구는 많아서 경쟁이 치열할 수밖에 없는 구조이다. 더구나 전체 근로자 중 비정규직 비율은 27.5%이고, 그중에서 37.2%는 단기근로자로 조사되었다. 그래서 정부에서는 청년실업률을 해소하기 위해 청년층의 창업을 지원하고 장려하고 있다. 하지만 창업 인프라가 구축되지 않은 상태에서 청년창업자의 역량만으로 창업하기에는 한계가 있고, 공무원과 같은 안정적인 직업을 선호하는 사회 분위기 속에서 창업하기란 더욱 힘겹다. 그러므로 창업을 통해 성취하려는 목표가 뚜렷하지 않거나, 취업실패의 대안(代案)으로 창업을 고려하는 사람이라면, 창업 이외의 대안을 찾아 시간 낭비를 막아야 한다. 사업은 실패위험과 돌발변수가 상존하고, 실패의 책임을 사업자가 모두 부담해야 하며, 경영 이외의 다양한 분야의 지식과 경험을 학습해야 하는 고단한 일이기 때문이다.

주변에서 흔히 '일이 잘 안 되면 농사나 짓겠다'라고 말하는데, 농사는 누구나 쉽게 도전할 수 있는 일이 아니다. 농사는 노동력은 물론이고 관심과 인내, 근면이 필요하고, 전문적인 과학지식을 기반으로 하며, 부단히 새로운 영농법을 탐구·개발해야 하는 일이다. 즉, 심어놓으면 곡식이 스스로 알곡을 맺어주는 것이 아니라, 시기에 맞춰 농약을 살포하고 잡초도 뽑아야 하며, 적정량의 용수를 수시로 공급해야 하는 고된 작업이다. 누구나 차선책으로 검토할 수 있는 쉬운 일이 아니다.

창업도 이와 같아서, 창업 관련 분야의 지식을 공부하고 현장 경험을 쌓아야 하며, 시장과 경쟁자를 분석해야 하고, 독특한 발상과 과감한 실행력으로 차별화해야 한다. 또한, 불확실한 미래에 대한 두려움을 극복할 수 있는 도전정신과 자신감도 구비해야 한다. 그래서 '농사짓겠다'와 '창업하겠다'는 말은 현실을 회피하고 실패 상황을 합리화하기 위한 변명에 지나지 않는다. 창업은 주변인의 관심과 의견이 아닌, 온전히 창업자의 의지와 판단에 의해 결정되어야 한다.

나를 진단하자

창업을 결심하기 전에, 스스로의 성향과 경쟁력을 진단해야 한다. 즉, 사업가의 삶을 희망하고, 적성에 부합하는가를 확인해야 한다. 그리고 스스로에게 단순히 반복적인 직장인의 삶이 지겹거나, 일확천금의 수입을 얻겠다는 이유로 창업을 결심하는 것인가도 자문해야 한다. 또한, 스스로를 진단·평가할 때는 철저히 제3자의 관점에서 객관적으로 평가해야 하며, 평가항목에 성격/성향/아이템 보유 여부/관련 분

[F. 사업 진행 시 마음가짐]

야 지식·경험/자본 규모/주변인 평가 등을 포함하여 점수로 환산·표기해야 한다. 그리고 객관적인 평가 과정을 통해 점수로 환산한 결과, 스스로 설정한 실행 기준 점수를 초과하면 창업을 준비해도 된다. 예를 들면, 기준 점수로 설정한 55점을 초과하면 창업에 도전하고, 55점에 미달하면 창업 이외의 다른 대안을 모색하는 방식이다. 실행 기준 점수 설정은 창업자 각자의 몫으로 평가 항목 점수와 기타 상황을 반영하여 상·하향 조정하면 된다. 진단결과를 쉽게 확인할 수 있는 점수로 표시하면 장단점의 파악과 의사결정이 용이하다.

퇴직하면 모두 사업해야 하는가?

대다수 40~50대 퇴직자들의 진로는 창업하거나 재취업하는 것으로 결정된다. 사회보장 시스템이 노후생활을 보장하지 못하기 때문에 자녀 교육과 생존을 위해서는 2가지 선택 이외의 대안을 모색하기 쉽지 않다. 특히, 자녀가 고등학생이거나 대학생이면 지출금액도 최고조에 도달하여 지속적인 수입원이 보장되어야 하므로 선택의 폭이 적다. 그래서 창업 또는 재취업은 선택이 아닌 필수사항이 된다.

그러나 창업자의 상황과 관계없이 창업환경은 창업자에게 유리하지 않다. 창업 자금으로 활용할 수 있는 금액이 적금과 퇴직금으로 한정적이고, 단기간에 수익 창출이 쉽지 않으며, 창업희망 분야의 지식과 업무 경험이 일천하여 성공 가능성이 희박하기 때문이다. 경쟁력을 확보하지 않는 창업은 지양해야 하며, 장기적인 계획 하의 철저한 준비과정을 거친 후 창업해야 한다. 그리고 창업의 성공 가능성이 낮다고 판단되면, 철저히 직장인으로서의 삶을 살아야 한다. 즉, 회사에서 요구하는 자격과 자질을 구비하여 정년까지 살아남도록 노력해야 한다. 기왕에 직장인으로서의 삶을 선택했다면, 정년까지 근무하는 방법보다 유리한 선택은 없다. 다만 정년까지 직장생활을 영위하려면, 창업자와 마찬가지로 자신만의 특화된 경쟁력을 확보해야 한다. 즉, 회사의 수익 획득에 적극적으로 기여할 수 있는 자신만의 능력과 노하우를 보유해야만 살아남을 수 있다.

그래서 창업자와 직장인으로서의 삶은 다르지만, 생존을 위해 갖춰야 할 필요 조건은 동일하다고 할 수 있다. 경쟁우위를 유지할 수 있는 경쟁력이 확보되지 않으면, 환경과 조건이 변화해도 실패할 수밖에 없다. 그러므로 창업을 고려한다면 사업자로서의 경쟁력을 갖추는 공부와 노력이 필요하고, 직장인으로 정년퇴직을 희망한다면 회사가 요구하는 자질과 조건을 갖추는 데 노력을 경주해야 한다. 생존의 핵심 요소는 외부에 있지 않고 내부에 있기 때문이다.

사업만이 능사는 아니다

봉급생활자들의 최대 희망사항이 '자기 사업을 하는 것이다'라고 한다. 남의 밑에서 수동적으로 사는 삶이 아니라, 모든 의사결정의 주도자로서 주체적이고 능동적인 삶을 희망하는 것이다. 회사생활을 오래 한 사람일수록 이런 열망이 강한데, 막상 직장을 떠나서 소규모 점포라도 개설하려고 하면 세상이 쉽지 않음을 절실히 느끼게 된다. 직장이라는 보호막 안에서 바라보는 세상과 보호막을 벗어나서 대면하는 세상에는 엄청난 간극이 존재하기 때문이다.

대부분의 창업예정자들이 재테크로 다져진 경제관념과 지식을 가지고 있고, 신문과 방송 등을 통해 세상의 흐름을 잘 파악하고 있으며, 오랜 기간 험난한 직장생활을 통해 체득한 경험을 가지고 있다고 자부한다. 그리고 창업설명회와 산업박람회 등을 통해 시장 상황을 정확히 파악하고 있어 실패 가능성이 낮다고 자신한다. 그러나 현실 상황은 창업자의 계획의도와 부합되지 않아 예상하지 못한 돌발변수가 발생하고, 계획에 없는 지출이 비일비재하며, 경쟁자의 견제와 훼방으로 정착에 어려움을 겪기도 한다. 간접경험과 직접경험의 차이가 발생하는 것이다. 점포창업자의 약 80%가 3년 안에 폐업한다는 통계만 보더라도 자기 사업은 결코 쉽지 않다. 더구나 사업경험이 전무한 봉급생활자들의 경우는 더욱더 실패위험이 높을 수밖에 없다. 그러므로 '사업만이 능사는 아니다'라는 생각으로 회사에 필요한 사람이 되기 위해 자기 경쟁력을 키우는 방법이 어쩌면 더욱 쉽고 빠르게 노후를 준비하는 길이 될 수도 있다.

당장의 끼니보다, 10년 뒤의 가능성을 생각하라

사업 아이템을 선정할 때는 '장기적인 매출을 기대할 수 있는가?'를 가장 많이 고민해야 하며, 단기간 동안 주목받고 소멸되는 이벤트 아이템에 현혹되면 안 된다. 왜냐하면 당장의 수익은 보장할지 모르지만, 장기적이고 안정적인 수입원이 될 수 없기 때문이다. 비록 현재의 성장률이 낮고 수익이 적더라도 장기간 지속적인 수익을 보장하고 성장 가능성이 높은 아이템으로 창업해야 오래 갈 수 있다. 안정적이지 못한 수입원과 아이템은 사업자를 쉽게 지치게 만들고 방향성을 상실하게 한다. 창업할 때의 아이템 선정과 사업방향 설정이 중요한 이유가 여기에 있다. 그러므로 창업자는 아이템 선정 시, 현재의 끼니를 해결하는 아이템보다 10년 뒤 성공 가능성이 높은 아이템에 관심을 가지고 집중해야 한다. 다만, 선정하려는 아이템에서 현재의 생활 수준을 유지할 수 있는 수입을 기대할 수 없다면 선정하려는 아이템을 과감히 배제하거나, 선정 아이템 이외의 부가적인 수입원을 확보해야 한다. 이는 현재의 수입단절은 사업동력의 상실과 연계되기 때문이다.

따라서 비교적 안정적인 아이템 선정방법은 현재 시점을 기준으로 3~5년 동안의 유망 아이템을 선정하여 사업화한 뒤, 이후 동일한 주기로 기선정 아이템에 트렌드 변화를 반영하여 최초 아이템의 정체성을 유지하면서 경쟁력을 확보하는 방법이다. 즉, 현재의 시장 트렌드에 부응하여 수입을 획득하면서 관련 분야로 아이템을 확대하는 방식이다. 예를 들면, 요구르트를 주력 사업 아이템으로 선정했으면, 요구르트 발효기의 개발·판매로 수입을 창출하면서 요구르트와 관련된 제품군으로 아이템을 확대하는 방식이다.

불안감 해소방법

누가 뒤에서 쫓아오는 느낌?

'누가 뒤에서 쫓아오는 느낌이 들어 초조하다.'

필자가 만난 퇴직자들과 회사에 근무 중인 40~50대 회사원들의 토로이다. 비용 지출이 많고 정력적으로 일해야 할 연령대가 갖는 공통적인 불안감이다. 경쟁에서 살아남아야 한다는 절박감과 가장으로서 짊어져야 할 무게감이 크기 때문에 마치 누군가가 뒤에서 쫓아오는 것 같은 초조감과 긴장감을 느끼게 된다.

퇴직은 가족을 책임지는 가장으로서의 존재감을 상실하게 하고, 생활비 등의 고정비용 지출을 단절하게 하며, 지위와 신분을 통해 맛보던 성취감을 없애는 일대 사건이다. 예기치 못한 퇴직의 여파로 숙면을 취하지 못하고 음식 맛을 모르며 머릿속은 온갖 계획과 생각으로 뒤엉켜 복잡해진다. 오로지 어떻게 다시 수입원을 만들고, 존재감을 드러낼 것인가에 집중할 뿐이다. 그래서 가족을 포함한 주변 지인들의 염려 어린 시선과 걱정을 의식하여 충동적으로 계획 없이 무작정 '일'을 벌이게 되고 회사원으로서의 삶밖에 모르는 창업자는 실패한다.

경쟁력이 없는 존재는 냉정하게 도태되는 것이 자연의 법칙이다. 경쟁력이 없으면 직장인은 퇴직해야 하고 사업자는 폐업해야 한다. 경쟁력은 학벌·지연이 될 수도 있고, 아이디어가 될 수도 있으며, 우월한 신체조건, 전문지식과 기술이 될 수도 있다. 경쟁력의 모습과 성격은 다양하지만, 모든 경쟁력은 '차별화'라는 공통점을 갖고 있다. 경쟁에서 우위를 점할 수 있는 차별화로 말미암아 경쟁력은 생존의 무기가 될 수 있다. 그러므로 창업을 준비하는 퇴직자의 최우선 과제는 수많은 경쟁자와의 싸움에서 살아남고, 기존 강자(强者)와의 싸움에서 승리할 수 있는 '경쟁력'을 확보하는 것이다. 온실 속의 화초가 온실 밖에서 쉽게 적응하지 못하는 것과 같이 직장이라는 온실 속에서 살아온 퇴직자는 기존 사업자와의 경쟁에서 승리하기 어렵다. 생존을 위한 정보, 지식과 노하우가 부족하고, 인력과 시간, 자본에 여력이 없기 때문에 퇴직자는 미래를 두려워하고 불안감을 갖게 된다.

그러나 '미래에 대한 불안감은 누구나 갖고 있는 그림자'와 같다. 산속에서 수도하는 종교인과 거대기업을 운영하는 경영자도 가보지 않았고 알 수 없는 미래에 대해서는 불안해하고 두려워한다. 다만, 불안감을 대하는 자세와 태도에 따라 그 대처 방식과 결과가 달라질 뿐이다. 미래는 누구에게나 불명확하고 유동적인 시간으로 현재 상황과 동일하게 전개되지 않으며, 거부할 수 없는 숙명과도 같다. 그러므로 퇴직자는 퇴직 이후의 삶을 불안해할 필요가 없다. 직장인이라면 누구나 퇴직을 경험해야 하고, 퇴직 이후의 삶은 누구도 예측하지 못하기 때문이다. 다만, 퇴직 이후를 어떻게 준비하느냐가 관건일 뿐이다.

세상의 모든 사물이 태어나서 변화하고 소멸하듯이 사람도 태어나서 성장하고 늙어서 스러져간다. 거시적인 시각으로 바라보면 변화하지 않는 것은 하나도 없고, 문제가 발생하여 해결되지 않는 것도 없다. 이와 같은 관점으로 대범하게 퇴직을 바라보고 준비해야 한다. 퇴직은 인생의 실패와 종착점이 아니라, 새로운 삶을 준비하는 변화의 시작점일 수도 있다. 변화라고 의식하지 못했을 뿐이지 삶 속에서 수많은 변화는 항상 존재해왔다. 그러므로 '퇴직'과 '창업'도 새로운 변화 중의 하나라는 마

[F. 사업 진행 시 마음가짐]

음으로 긍정적으로 대처한다면, 퇴직과 창업에 대한 불안감과 두려움도 일정 부분 해소될 것이며, 대처방식과 경쟁력 확보를 위한 준비과정도 달라질 것이다. 퇴직과 창업은 삶의 변화를 이끌어낼 수 있는 절호의 기회이다.

망하면 어쩌지?

'하늘이 무너져도 솟아날 구멍은 있다'라는 고사성어가 있다. 어려워도 희망을 잃지 말라는 격려의 말로 실패하거나 좌절하는 사람들에게 종종 사용되는데, 40~50대 창업자에게는 해당되지 않을 수도 있다. 재취업할 수 있는 연령이 지났고, 양질의 재취업을 기대할 수 없기 때문이다. 더구나 고교생 또는 대학생 자녀로 인해 학비 지출이 가장 많은 시기여서 사업 실패 후 재기 자금을 조달하기가 더욱 어렵다. 그래서 40~50대 창업자가 20~30대 창업자보다 더 절실하고 신중할 수밖에 없다.

김치가 맛있으려면 일정 기간의 숙성과정이 필요하듯이 창업과 성공에도 경쟁력을 갖추는 준비 기간이 필요하다. 관련 분야에 대한 지식과 경험이 없는 창업은 실패할 수밖에 없다. 왜냐하면, 창업자가 진입하려는 시장에는 이미 산전수전을 겪고 살아남은 노련한 경쟁자가 버티고 있기 때문이다. 그래서 퇴직 후 일정한 수입원이 없다는 절박함과 주변 지인들의 부담스러운 시선 때문에 무작정 저지르고 보는 창업은 성공할 수 없다. 창업자는 절박함에 목을 매야 하지만, 절박함을 극복할 수 있는 여유로움을 가져야 한다. 진입하려는 분야에 대한 사전 시장조사를 진행하고, 현장 지식과 경험 등을 선행하여 습득하지 않으면 기존의 경쟁자와의 싸움에서 승리할 수 없다. 따라서 실패에 대한 두려움을 극복하는 최선의 방법은 치밀하게 계획하고 준비하여 경쟁력을 갖추는 방법밖에 없다. 경쟁력을 갖추면 두려움은 자신감으로 자연스레 변화한다.

100% 확신할 때 올인(All-In)한다

포커 게임처럼 사람의 품성과 성격을 확인하기 좋은 방법도 없다. 순간의 승률에 일희일비하는 사람과 승률이 낮은 패를 가지고 끝까지 승부하는 사람들은 대부분 돈을 잃고, 최종 승자는 얄미울 정도로 냉정히 자신의 승률을 분석한 사람이 된다. 창업도 이와 같아서 100%의 확신이 생기지 않는 상태에서 올인(All-In)하면 실패한다.

이유는 창업자가 확신하지 못하는 사업은 성공할 수는 없기 때문이다. 그러므로 창업자에게는 100%의 성공확신이 필요하다. 다만, 성공을 자신하더라도 실패·재기를 가정한 대비책은 수립하고 준비해야 한다. 왜냐하면, 미래를 모르기 때문이다.

대부분의 사람들은 자신의 판단을 맹신하여 객관적으로 현상과 사물을 관찰하지 못한다. 그래서 의사결정의 긍정적인 측면만을 반영하는 경향이 있는데, 자기최면 하에서의 의사결정은 주관적인 요인이 강하게 반영되어 판단오류가 발생할 가능성이 높다. 그러므로 창업에 따른 의사결정이 필요할 때는 승률이 높은 카드를 손에 쥐었을 때만 게임에 임하듯이 제3자의 관점에서 객관적으로 냉정히 상황을 파악해야 한다. 그리고 100%의 확신이 드는 경우에만 실행해야 한다. 포커 게임과 다르게 창업은 실패에 따른 파급력이 매우 크기 때문이다.

'자기 확신'에 대하여

사람들은 남녀를 불문하고, 일을 통해 성취감과 존재감을 느끼고 자존감을 높인다. 성취감은 자신감을 불러오고, 자신감은 다시 성취감을 갖게 하는 원동력으로 작용한다. 그래서 사회·경제적으로 성공한 사람들은 공통적으로 자신감이 높고 사고방식이 긍정적이어서 실패보다 성공에 집중하는 특징이 있다. 이와 반대로 실패경험이 많은 사람들은 일에 대한 자신감도 낮고 자존감도 적어서 실패에 따른 파급력을 두려워하고 도전을 회피하려고 한다. 그래서 새로운 환경을 수용하지 못하고 변화를 인정하지 않으려고 한다. 이에 따라, 일자리의 상실로 연결되는 퇴직에 절망하고, 창업을 시도하지 않는다. 특히, 타의에 의해 퇴직하거나 고위직으로 근무한 사람일수록 변화에 소극적인 자세로 대처하는데, 과거 직장인으로서의 안락함과 권위의식을 떨쳐버리지 못하기 때문이다. 즉, '예전에 어디에 근무했고, 어떤 직위였다'라며 과거를 지향하는 태도를 보인다. 그러나 과거 지향형 사고방식으로는 변화를 이해하지 못하며, 능동적으로 미래를 준비하지도 못한다. 따라서 퇴직이라는 변화를 새로운 삶의 시작점으로 인식하고, 현실을 있는 그대로 받아들여서 긍정적으로 수긍하는 태도와 자세가 필요하다.

변화를 두려워하지 않는 긍정적 사고방식과 태도의 저변에는 '자기 확신'이 존재한다. '나에게 발생한 변화된 상황을 잘 개척할 수 있다'라는 '자기 확신'이 없으면,

창업은 물론이고 구직 또한 결코 쉽지 않다. '자기 확신'은 자신을 믿는 것이고, 자신을 믿는 것은 변화된 상황을 긍정적 시각으로 바라보는 것이며, 긍정적 시각은 긍정적 사고방식에서 비롯된다. 변화된 상황과 환경을 긍정적으로 인정하고, 새로운 기회의 도래(到來)를 반기는 마음이 중요하다. 변화를 수용하고 새로운 돌파구를 찾으면 의도하지 않은 해법과 도움이 문제해결의 실마리를 제공한다.

신(神)을 제외하고 그 누구도 미래를 예측할 수 없다. 다만, 우리가 미래를 조금이라도 엿볼 수 있는 방법은 지금 미래를 준비하고 있는가를 확인하는 방법뿐이다. 그 누구의 부모이고 형제자매이며 자식으로서가 아니라, 죽음을 숙명으로 인정해야 하는 생명체로 생각하면, 퇴직과 경제적 어려움 등의 변화는 삶의 장애도 아니다. 불안하고 두려운 현재의 시간이 미래 삶의 경쟁력이 될 수 있음을 자각해야 한다. 경제적 고통은 조금 더 많이 가지려는 욕망에 기인하며, 죽음보다 더 큰 고통은 아니다. 더 절박하고 고통스러운 사건은 세상에 너무도 많다. 아직 우리의 삶은 끝나지 않았고, 미래는 아무도 가보지 않았기 때문에 인생의 최종 결과는 누구도 장담할 수 없다. 매 순간 최선을 다하는 마음 자세를 가지는 것이 중요하다.

사업은 '도전과 응전의 연속'이다

창업자의 7가지 자세

역사학자 아놀드 토인비(Arnold Joseph Toynbee)는 역사는 '도전과 응전의 연속'이라고 말했다. 우리 삶의 역사도 이와 같아서 수많은 실패에 굴하지 않고 매 순간 도전하는 시간의 연속으로 만들어진다. 실패에 대한 두려움은 누구나 가지고 있고, 실패를 두려워하지 않는 사람은 없다. 다만, 실패에 대한 두려움으로 도전하지 않는 사람과 두려움을 극복하고 도전하는 사람이 있을 뿐이다. 삶을 살면서 오직 창업만이 두려운 상황이겠는가? 하늘 높은 곳에서 낙하산에 의지해 뛰어내리는 상황도 두렵고, 삶의 방향을 결정하는 중요한 시험을 앞둔 수험생도 두렵다. 삶의 매 순간은 선택과 선택에 따른 두려움이 혼재된 상황으로 구성되어 있다. 도전해야 할 순간이 지난 뒤, 도전하지 못한 사실을 후회하는 삶을 살지 않도록 끊임없이 도전하고 시도해야 한다. 더불어, 창업자는 반직관적인 사람이 되도록 노력해야 한다. 미국 실리콘밸리의 명문 액셀러레이터 '와이 콤비네이터(Y-Combinator)'의 창립자 폴 그레이엄(Paul

Graham)이 스탠퍼드 대학교에서 강연한 내용으로 창업자가 가져야 할 7가지 자세(마음가짐) 중의 하나이다.

    폴 그레이엄이 강조한 7가지 자세(마음가짐)는 ①반직관적인 사람이 되라. 즉, 매우 복잡 미묘하고 이상한(weird) 과정을 거치는 창업과정에서 연상과 추리와 같은 사유과정 없이 직관(instinct)을 과용할 경우, 실패에 봉착할 가능성이 크다는 것이다. 즉, 사전에 계획하고 준비하지 않고, 무작정 일을 저지르지 말라는 것이다. ②기업경영에 몰두하기보다 새로운 비즈니스 창출에 더 큰 관심을 가져라. 즉, 숲을 보지 못하고 나무를 보게 되는 실수를 범하지 말라는 것이다. ③진지한 마음으로 창업에 임하라. 즉, 사업 실패에 따른 위험 요소 등을 고려하여 책임감 있는 자세와 마음가짐을 가지고 창업해야 한다는 것이다. ④사업가로서의 삶만이 최선은 아님을 인식하라. 즉, 한번 창업하여 사업가로서의 길에 들어서면 다시 되돌려 다른 길을 찾기 쉽지 않기 때문에 창업 전 신중하고 충분한 고민이 필요하다는 것이다. ⑤사업가로서의 천부적인 자질을 타고난 사람은 없다. 즉, 다양한 비즈니스 상황의 발생과 이와 연계된 여러 유형의 창업자들이 등장하는 복잡한 사업환경에서 하나의 성공모델로 전체의 성공모델을 대표할 수 없다는 것이다. ⑥성공보다는 자신의 아이디어를 구체화하는 일에 전념한다. 즉, 사업으로 성공하겠다는 생각보다 자신이 가지고 있는 아이디어를 실현시키는 데 집중하면 성공은 자연스레 뒤따라 이루어진다는 것이다. ⑦지금 즉시 공부하라(just learn). 즉, 사업적 성공을 위해서는 아이디어 실현을 위한 지식과 현장 경험 등의 호기심을 충족시킬 수 있는 공부가 필요하다는 것이다.

접근 프레임과 회피 프레임

'정말 도전하기를 잘했다'와 '휴, 다행이다. 정말 안 하기를 잘했다'

    상황에 어떻게 대응하는가에 따라 달라지는 대표적인 감정표현의 예이다. 즉, 성취하고자 하는 사람과 현실에 안주하고자 하는 사람의 사고의 틀을 명확히 표현한 말이다. 현실에 안주하지 않고 용기 있게 도전하는 사람들의 접근 프레임은 보상에 주목하고 보상의 크기에 집중하여 열광하고, 안주하고자 하는 사람들의 회피 프레임은 실패 가능성에 주목하고 실패에 따른 손실의 크기에 더 큰 영향을 받는다. 접근 프레임을 가진 사람들에게는 세상이 도전을 통한 성공 가능성이 무한대로 열려 있는 풍요로운 곳이지만, 회피 프레임을 가진 사람들에게는 어설프게 나섰다가 실패하기 쉬운 위험한 곳으로만 보인다. 회피 프레임의 사람들은 자신을 보호하는 일을 최우선의 가치로 삼고, 99%의 성공 가능성보다 1%의 실패 가능성에 더욱 집중한다. 그래서 어려운 일을 시도하여 성취감을 맛보기보다 최대한 모험과 위험을 회피하려고 하고, 성공하였다 하더라도 흥분하고 감격해하기보다 실패하지 않았다는 사실에 안도감을 먼저 느낀다. 그래서 창업은 미지의 세계를 개척해나가는 접근 프레임을 가진 사람들의 몫일 수밖에 없다.

스스로를 이완시켜라

퇴직자와 예비창업자의 공통점은 조급해한다는 점이다. 즉, 생활 패턴 사이에 간극이 발생하는 것을 견디지 못하고 퇴직하면 곧바로 창업해야 하며, 창업하면 단시일 내에 성공해야 하기 때문에 초조해한다. 부양가족이 있는 가장으로서의 책임감 때문에 불면의 밤을 보내고 고뇌의 시간을 가진다. 경제활동이 가능한 건강한 사람에게 현관문을 나서서 갈 곳이 없다는 사실만큼 괴롭고 힘든 것도 없다. 차라리 몸이 아프고 거동이 불편하면 그것을 핑계 삼아 스스로를 합리화할 수 있지만, 왕성하게 활동하던 사람에게서 일이 사라지면 당사자가 갖는 상실감과 좌절감은 말할 수 없이 크다. 그래서 조급증에 사로잡혀 체계적인 계획 없이 새로운 삶을 준비하고 시작한다.

하지만 역발상하여 생각하면, 생활 패턴 사이에 간극이 발생하는 것만큼 삶을 재점검할 수 있는 유용한 기회도 없다. 즉, 수축된 몸과 마음을 이완시키는 시간을 통해 긴장감을 해소하고 새롭게 경쟁력을 갖출 수 있는 준비 기간을 갖는다. 그래서 직장생활 중 챙기지 못한 건강상태도 점검하고, 오롯이 혼자만의 여유로운 시간도 즐기면서 부모와 자식으로서의 책임감과 주변인의 기대로부터 자유로워지도록 한다. 이제부터는 쫓기는 삶이 아니라, 삶의 속도를 주체적으로 제어하는 삶을 사는 것이다. 기나긴 삶의 여정 중에 잠시만이라도 자유롭고 행복한 혼자만의 시간을 갖는 방법이 새로운 길을 모색하고 도모하는 사람에게는 필요하다. 그리고 우울하고 힘들다는 생각이 들 때는 주저 없이 그 자리를 벗어나 잠시라도 스스로를 내버려 두면 주위 사물과 환경이 다른 시각으로 보일 것이다.

하심(下心) : 마음 내려놓기

창업자의 심리적 장애물 제거의 전제조건은 '마음을 내려놓는 것'으로 과거의 경력과 사회적 지위에 얽매이면 수입원을 확보하기 어렵다. 화려한 과거를 회상하는 마음으로 수입원을 찾으면 과거의 품격에 맞는 일과 사업장을 찾기 어렵기 때문이다. 세상은 과거의 경력과 지위보다 현재의 능력을 우선한다. 그러므로 창업자는 현재에 집중해야 한다. 사장이 아닌 직원이 될 수 있고, 열악한 근무환경에서 근무할 수 있음을 수긍해야 한다. 즉, 직업의 귀천(貴賤)을 가리지 말아야 한다. 주위 시선을 불편해하고 체면유지를 걱정하면서 고상하게 수입 획득을 희망한다면 사업자로서의 삶을 지향해서는 안 된다. 인격적 자존심은 내려놓지 않지만, 사업적 자존심은 수없이 내려놓아야 하는 길이 사업자로서의 삶이기 때문이다. 소비자는 창업자의 과거를 모르고 궁금해하지도 않으며 알아도 우대할 생각이 없다. 그들에게는 단지 '식당 주인', '소기업 사장', '편의점주'에 불과하기 때문이다. 또한 창업자가 대기업 임원, 관공서의 장이라는 사실과 소비자가 구매하는 제품과 서비스는 상관관계가 없기 때문이기도 하다. 그러므로 창업자는 스스로 심리적 장애물을 제거해야 한다.

하심(下心)이라는 불교 용어가 있다. 이는 자신을 낮추고 남을 높이는 마음을 뜻하며, '내려놓다/겸손/양보' 등으로 해석된다. 불필요한 자존심과 겉치레에 얽매이지 말고, 겸손한 시각과 자세를 유지하라는 경구(警句)이다. 가장이고 부모이며 자식인 창업자 관점에서 생각하면, 범죄를 저지르지 않는 이상 부끄럽거나 수치스러운 일은 없다. 목표가 있고 목표 달성을 위한 준비과정에 있는 사람은 세상의 시선과 편견 따위에 흔들리지 않고 상처받지 않는다. 우공이산(愚公移山)의 마음으로 부단히 목표를 향해 노력할 뿐이다.

'신념'의 다른 이름은 '간절함'과 '집요함'이다

사람들은 흔히 '열정'과 '신념'을 가지고 일을 해야 성공한다고 말한다. 일 처리가 의도하는 대로 진행되지 않을 때, 대부분의 사람들이 초기에는 문제해결에 적극적이고 능동적이나, 이러한 상황이 빈번히 발생하면 쉽게 포기하거나 어려움에서 도망치려고 한다. 창업도 이와 같아서, 인력과 경험, 자본이 부족한 상황에서의 창업은 쉽지 않아 창업자들이 초기에는 열정과 희망을 가지고 사업화에 적극적이지만, 계획하고 의도한 방향과 다르게 일이 지연되거나 좌절되면 쉽게 사업화를 포기하고 안정적인 수입원을 찾아 재취업한다.

누구에게나 어려움이 오고 실패가 존재한다. 다만, 성공과 실패를 결정짓는 요인은 어떻게 어려움에 대처하는가에 있다. 간절한 마음으로 집요하게 노력하면 성공은 자연스레 다가온다. 그래서 신념은 '간절함'과 '집요함'을 기반으로 하고, '신념'이 없으면 간절함과 집요함도 존재할 수 없다. 간절함과 집요함이 성공적인 창업을 유도하고, 세상을 놀라게 하는 제품을 만든다. 그러므로 창업자는 간절함과 집요함을 무기 삼아 창업하고 사업화해야 한다.

심리학에서는 꿈을 이루기 위한 전제조건으로 '3P'를 제시하는데, ①모든 현상을 좋고 유리하게 바라보는 긍정적(Positive) 사고 ②'어떤 존재가 될 것이다' 등의 미래형 사고가 아니라, '나는 성공한 기업가다' 또는 '나는 자산 규모 100억 원의 기업가다' 등의 현재형(Present) 사고 ③'그 일은 성공한다'가 아니라, '내가 그 일을 성공시킨다' 등과 같은 자기주도(Personal)적 사고가 그것이다. 신념을 구체적이고 계량화할수록 목표 달성의 가능성이 높다는 것이다. 그리고 긍정적 사고는 신념에서 출발하고, 현재형 사고는 집요함을 기반하며, 자기주도적 사고는 간절함에 근거한다. 그러므로 창업과정의 어려움을 긍정적으로 인식하고, 중석몰촉(中石沒鏃 : 간절한 마음으로 정신을 집중하면 돌에도 화살촉이 박힐 수 있다.)의 열정과 우보천리의 신념으로 창업과 사업화 성공의 길을 걸어가야 한다.

세상이 인정해주는 기쁨

모든 사람에게는 인정받으려는 욕구가 있다. 그것은 사업가도 마찬가지로 사업으로 회사를 성장시키고 이윤을 극대화함으로써 사업가로서의 존재감을 인정받으려고 한다. 그래서 규모가 크고 수익률이 높은 회사의 경영자는 존중받고 선망의 대상이 된다. 다만, 거대기업의 유명한 경영자가 '돈과 명예는 열심히 일한 사람에게 주어지는 부가적인 열매에 불과하다'라고 말했던 것과 같이 목표를 오로지 '돈'에 맞추는 성공만이 전부는 아니다. 기업의 존재 가치와 최고 목표는 이윤추구에 있기 때문에 사업자로서 '돈'을 포기해서는 안 된다. 다만, '돈' 이외의 수단으로도 인정받을 수 있는 방법은 많다. 즉, 희망하는 제품사양을 충족하는 제품을 개발했을 때의 기쁨, 사업자가 전달하려는 메시지가 소비자에게 전달되는 기쁨, 출시한 제품이 소비자에게 선택되는 기쁨, 브랜드가 사람들에게 회자되는 기쁨 등은 '돈'을 통한 인정방식과 다른 형태의 인정방식이다. 말 그대로 세상이 사업자의 의도대로 반응하고, 사업자의 존재 가치를 인정해주는 것이다. 동시대를 살아가는 수많은 사람들 중에서, 자신의 아이디어와 브랜드가 제품으로 만들어지고, 만들어진 제품과 브랜드가 소비자에게 선택되어 사용되는 경험을 하는 사람은 많지 않다. 그래서 사업자는 선택받은 사람이고, 창업은 새로운 인정수단이 된다.

스스로를 칭찬하라

모든 일에는 독려도 필요하지만 칭찬도 반드시 필요하다. 칭찬은 활력과 생산성을 제고하는 원동력이 된다. 그러므로 창업자도 스스로를 칭찬해야 하며, 큰 성공보다 작은 성공에 주목해야 한다. 작은 성공이 큰 성공을 만들고, 잦은 칭찬이 큰 성공을 유도하기 때문이다. 창업자 스스로를 칭찬하고 격려하는 노력이 필요하다. 특히, 모든 것이 어색하고 오류가 많은 창업 초기의 격려와 칭찬은 창업자의 의지를 북돋우는 중요한 덕목이 된다.

칭찬은 횟수를 제한하지 않아야 하고, 칭찬의 형태는 휴식/선물/위로 등 방식에 구분이 없어야 한다. 즉, 매우 작은 성과와 성취라도 수시로 칭찬하고, 금전적 보상을 포함해서 다양한 형태로 칭찬해야 한다. 긍정적인 사고방식을 갖도록 유도하고, 성공에 따른 보상의 즐거움을 스스로 만끽하도록 만들어야 한다. 예를 들면, 평소 갖고 싶었던 물품을 구매하거나, 먹고 싶었던 메뉴의 음식을 주문하고, 감사의 마음을 전하고 싶은 지인들에게 작은 선물을 보내는 방법 등이다. 이와 같은 작은 이벤트는 긍정적인 영향력으로 피드백(feedback)되어 창업자를 자극한다.

내 안의 분노를 다스려라

창업 후 손익분기점에 미달하여 손실 기간이 장기화되면, 창업자는 심리적으로 지친다. 그러므로 창업 후 최소 4개월 이내에 수익구조가 개선되어야 한다. 그리고 창업 후 3개월 동안에는 손실을 예정하고, 추가적인 운영자금을 확보하고 있어야 한다. 시장 진입과 제품 홍보 등으로 기대수익을 얻을 수 있는 최소 기간으로 3개월 이상을 상정하는 것이다.

    수입단절로 야기되는 심리·경제적 고통은 매우 크다. 특히, 사무실·점포 임대료와 직원 월급 등의 고정비용 지출부담은 창업자를 초조하게 하고, 다양한 감정 기복 현상을 겪게 만든다. 매사에 예민해지고 원인 모를 분노감을 갖거나 좌절감에 사로잡히게 된다. 사소한 일에도 격하게 반응하고, 마음속의 분노를 가족에게 표출하기도 한다. 그래서 창업자에게는 적절한 자기 감정관리(mind control)가 필요하다. 즉, 내재된 분노의 원인을 찾아 감정을 해소시킬 방법을 찾아야 하며, 창업자 내부의 다양한 감정을 스스로 조절할 줄 알아야 한다.

    가족을 포함한 제3자는 창업자의 위치에 있지 않아서 창업자의 복잡한 심리상태를 이해하지 못한다. 그러므로 주변인이 창업자의 심리상태를 이해할 것이라고 예단하지 말고, 스스로의 심리상태를 객관적으로 확인하는 작업이 필요하다. 폭증하는 감정의 원인과 해소방법을 찾아야 한다. 즉, 감추고 싶은 감정의 찌꺼기를 기탄없이 토로할 수 있는 사람을 찾거나, 운동과 여행, 취미활동 등으로 분노를 조절하고 초조감을 해소시켜야 한다. 특히, 다른 사람에게 표현하지 못한 감정의 응어리를 가족에게 표출하는 것을 가장 경계해야 한다. 왜냐하면 공동운명체로서 옆에서 지켜보는 가족들은 더욱 불안하고 걱정되기 때문에 가족을 향한 감정 표출은 창업자의 최후 안식처를 파괴하는 것과 같다.

    인간에게는 망각이라는 유용한 도구가 있다. 과거에 겪은 고통의 강도가 현재에는 약해지듯이 현재의 절박한 불안과 분노도 시간이 경과되면 약화된다. 그러므로 분노의 원인이 되는 무기력감과 좌절감의 극복방법을 고민하고, 현재 상황에서 강구할 수 있는 최적의 대안방법을 강구해야 한다. 그리고 욕심을 줄여야 한다.

'실패'를 위하여

살아가면서 실패를 겪지 않는 사람은 없다. 단지 실패의 크기와 성격만 다를 뿐이다. 그래서 실패는 일상적인 경험이고, 누구나 극복할 수 있는 상황이다. 역사 속의 유명 인사가 아니더라도 실패를 극복하고 성공적인 삶을 살아가는 사람은 수없이 많다.

    일주일에 한 번, 월요일에 열리는 경기도 안성의 모 아파트 시장상인들의 90% 정도가 개인 사업을 하다가 실패한 사람들이라고 한다. 한때는 모두가 번듯한 사업체의 대표로서, 사장님으로 불리며 대우받던 사람들이 사업 실패로 신용불량자가 되어 모든 인간관계를 끊어야 했고, 가족이 뿔뿔이 흩어져 지내야 했으며, 노숙자로 전락하여 파지(破紙)와 빈 병을 모아 하루를 연명하는 생활을 한 경험이 있다고 한다. 그리고 실패를 극복하고 재기하여 월요시장의 상인으로 거듭났다고 한다. 또한, 제과점을 운영하다 부도 후, 보험·백과사전 외판, 자동차 영업, 포장마차 운영, 건축일용 노동, 노점상 등의 일을 하면서 종잣돈을 모아 다시 제과점을 개점한 사람도 있고, 어려운 가정형편에 따른 초등학교 졸업 학력으로 검찰 사무관이 된 사람도 있다. 유명한 스포츠 스타가 처음부터 주목받은 것은 아니다. 그들도 처음에는 벤치를 지키며 주전선수를 부러워하는 후보선수였고, 경기에 출전하여 수없이 많은 시행착오와 오류를 범한 사람들이다.

　　실패는 어느 한 사람만의 독점물이 아니며, 실패하면 재기할 수 없는 것도 아니다. 실패를 어떻게 관리하고 어떤 마음으로 수긍하느냐에 따라 재기할 수 있는 소중한 자산이 되기도 하고, 위기를 극복할 수 있는 원동력이 되기도 한다. 그러므로 실패에 좌절하지 말아야 한다. 실패와 불행은 모든 사람이 갖는 공유물이며, 극복할 수 없는 절대적인 상황도 아니다. 창업자 스스로가 포기하지 않으면 아직 실패한 것은 아니다.

사업화 순서

사업화에도 순서가 있다. 아이템을 보유하고 자금력이 충분하다고 하여 사업화가 순조롭게 진행되는 것은 아니다. 돌발변수와 사업화 단계별 실행과제들이 존재하고, 세밀한 계획이 수립되지 않으면 사업 방향성을 잃거나 최초 계획대로 진행되지 않게 된다. 따라서 사업화 단계별 실행과제에 대한 이해와 숙지는 오류를 줄이고 진행 상황을 점검하는 데 유용하다.

　　제품 개발자로서의 사업화 순서는 ①아이디어(아이템) 구상 ②시장조사 ③특허출원 ④시제품 제작 ⑤판로 개척 ⑥제품 생산 ⑦사무실 임대 ⑧직원채용 ⑨홍보/수출 ⑩후속제품 개발 순서로, 아이디어에서 출발하여 제품 생산까지 일련의 과정을 포함한다. 사업화를 위한 첫 단계로서 경쟁력 있는 아이디어를 보유하고 있으면, 사업화는 절반의 성공을 거두었다고 할 수 있다. 경쟁력 있는 아이디어는 경쟁자를 타파하고 단기간에 시장을 점유할 수 있는 파급력을 가진다. 다만, 경쟁력 있는 아이디어라도 숙성(재점검과 개선, 보완)과정이 필요하며, 아이디어의 숙성을 위해서는 소비 트렌드와 표면적·잠재적 경쟁자를 확인할 수 있는 '시장조사'가 필요하다. 그리고 시장조사를 통해 확인된 경쟁자를 견제하고 경쟁우위를 확보하기 위해 차별화된 특성을 보호받을 수 있는 '특허출원'이 필요하다. 특허출원은 경쟁자의 시장 진입을 지연하고, 모방·복제를 예방하는 효과가 있다.

특허를 출원한 뒤에는 아이디어의 구현 여부를 확인할 수 있는 '시제품 제작'이 필요하며, 시제품 제작과정에는 디자인·진행 모크업 제작과정이 포함된다. 머릿속 아이디어의 구현 가능 여부를 확인하는 과정으로 시각과 촉각을 통해 실제로 형상화된 제품을 검증하는 것이다. 그리고 제작된 시제품을 가지고 '판로 개척'을 시도해야 한다. 왜냐하면 생산 시점부터 판로를 개척하면, 생산된 제품을 재고로 보유해야 하는 부담이 있고, 판매 채널에 위치한 판매상과 소비자의 요구사항을 반영하기 어렵기 때문이다. 이와 반대로 시제품 영업은 납품 수량을 예측할 수 있어 생산량을 조절할 수 있고, 투자 비용 회수 부담을 해소할 수 있는 장점이 있다.

판로가 개척되어 판매 수량이 확정되면, '제품 생산'과 함께 판로를 다변화하고 시장 상황에 맞게 생산량을 조절해야 한다. 그리고 효율적인 생산·판매 활동을 위해 '사무실 임대'와 '직원채용'을 진행한다. 다만, 사무실을 임대하고, 직원을 채용하는 일은 진행 상황에 따라 조정이 가능하나 진행 시기는 비용 대비 업무의 효율성을 고려하여 결정해야 한다. 사무공간이 확보되고 직원채용 등으로 업무 인프라가 구축되면, 본격적으로 '제품 홍보'와 판매에 주력해야 하고, 국내 시장 규모와 소비 트렌드를 분석한 뒤, '해외 수출과 후속 제품 개발'을 결정한다. 해외 수출은 매출 규모를 확대할 수 있는 기회가 되고, 후속 모델 개발은 시장 우위를 지속 가능하게 한다.

[G. 사업 진행 시 고려사항]

창업자의 마음자세

우연은 없다

세상의 모든 일에 우연은 없다. 나무 밑에서 열매가 떨어지기를 바라며 현재를 살기에는 미래가 너무 불확실하다. 미래의 운명이 확정적이지 않다고 현재 시간을 무위도식(無爲徒食)하며 보낼 수는 없다. 창업도 노력이 요구되는 세상일과 다르지 않아 운(運)과 요행으로 성공할 수는 없다. 철저한 사전 준비와 계획수립이 필요하고, 지속적이고 일관된 노력이 실행되어야 한다.

통계와 같이 대한민국은 자영업 창업 중 식음료 분야의 창업 비율이 매우 높다. 전문지식과 기술이 필요 없고, 경기불황에도 일정 매출액을 기대할 수 있으며, 수익률이 높은 이유로 창업자가 몰리기 때문이다. 그래서 2014년 말 기준 음식점(한식집)의 경우, 유동인구 대비 밀집도가 가장 높아 호프집, 커피음료 점포와 분식집보다 경쟁이 치열한 것으로 조사되었으며, 창업 시점 기준 5년 후 생존율은 17.7%로 매우 낮은 것으로 분석되었다. 이는 생계수단 확보에 대한 절박함에 소자본 창업이 가능하다는 장점이 더해져 창업하지만, 타 업종 대비 경쟁력은 매우 열악하다는 사실을 통계수치가 증명하고 있다. 그래서 40~50대의 퇴직자 등이 음식점을 창업하여 5년 이내에 폐업하는 상황이 반복되는 것이다.

따라서, 창업자는 체계적인 사업계획을 수립해야 하고, 창업 분야에 대한 사전 시장조사를 통해 경쟁자와 시장 규모 등을 분석하는 작업을 선행해야 한다. 더불어 돌발변수와 상황변화에 대처하기 위한 차선대책의 수립도 필요하다. 차선대책이 존

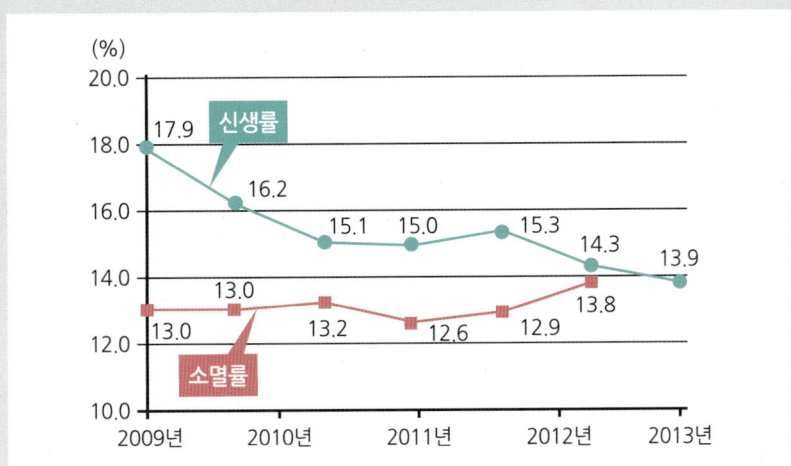

|통계청 자료를 기반으로 재정리/ 신생률 대 소멸률|

(2014년 11월 기준)

구분	30세 미만	30세 이상	40세 이상	50세 이상	60세 이상	기타	총계
사업자 수	60,697	246,114	429,614	415,945	176,597	45	1,329,012
비중	4.6%	18.5%	32.3%	31.3%	13.3%		100%

|통계청 자료를 기반으로 재구성/ 자영업자 연령별 비율|

재하면 상황변화에 쉽게 동요되지 않는다. 그리고 '창업은 자기 주도적'이어야 한다. 즉, 창업 주체가 창업컨설팅회사와 주변인이 아니라 창업자임을 자각해야 한다. 또한 제3자와 주변인에게 의존하는 창업이 아니라, 스스로 준비하고 설계하며 진행하는 창업이 되어야 한다. 주변인의 도움과 지원을 기대하는 마음으로 창업하면, 간절함과 절박함이 없어 나태하고 긴장감이 사라진다. '운(運)'도 실력이어서 노력하지 않고 준비하지 않는 사람에게는 다가오지 않는다.

	사업자 수		인구 천 명당 사업자 수
	2013년	증감율	2013년
슈퍼마켓	24,370	0.8%	0.48
편의점	22,842	56.5%	0.45
정육점	19,117	△9.2%	0.38
과일 가게	9,158	30.2%	0.18

[G. 사업 진행 시 고려사항]

	사업자 수		인구 천 명당 사업자 수
	2013년	증감율	2013년
화장품 가게	33,611	23.7%	0.66
옷 가게	88,825	6.1%	1.75
가구점	6,812	△4.1%	0.13
서점	7,409	△17.5%	0.15
안경점	8,065	10.2%	0.16
문구점	11,219	△21.4%	0.22
철물점	9,630	△5.3%	0.19
꽃 가게	18,995	2.6%	0.37
여관	26,689	7.6%	0.53
일반음식점	462,839	5.4%	9.14
패스트푸드점	24,173	64.1%	0.48

|국세청 자료를 기반으로 재구성/ 일반음식점 비율|

긍정적 마인드(mind) 유지하기

퇴직자들의 대부분은 '조바심'에 사로잡혀 있다. 하루빨리 수입원을 만들어야 한다는 절박한 심정에 허술한 계획서를 만들고 진행과정을 생략하며 점검사항을 간과한다. 여기에 주변인들의 염려 어린 시선이 더해지면 조급증은 최고조에 달하여 단시일 내에 결과물을 도출하려고 서둘러 실패를 자초한다. 조바심은 실패 가능성을 높이는 주요 원인이다. 그러므로 창업자는 스스로의 조바심과 싸워야 하고, 주변인의 시선에서 자유로워야 한다. 즉, '터널이 굽어 있어 출구가 보이지 않을 뿐이다'라는 격언의 의미를 되새기는 긍정적인 마음가짐을 유지해야 한다. 당장의 일자리와 수입이 없다는 이유만으로 낙심하고 자신감을 상실하면 결코 미래를 보장할 수 없다. 단지 굽어 있어 출구가 보이지 않을 뿐이지, 출구는 바로 가까이 있음을 확신해야 한다. 삶과 사업의 주체는 항상 주변인이 아니라 창업자이다.

주위 평가에 민감하게 반응하지 마라

'그것 하면 실패할 거야', '안 될 것 같은데', '별로예요'

사업 아이템을 주변인들에게 자문하면 되돌아오는 답변들이다. 창업자는 아이템과 성공 가능성을 확신하고 자문하지만, 주변인들의 반응은 대부분 시큰둥하거나 부정적이다. 즉, 주변인들은 항상 부정적이다. 그들에게는 피해를 회피하려는 방어기제가 숨어 있기 때문이다. 긍정적인 자문과 평가로 인하여, 향후 발생할지 모르는 실패에 대한 원망과 책임 논쟁에 휘말리는 것을 회피하려는 심리가 있기 때문에 주변인들은 최대한 보수적으로 얘기할 수밖에 없다. 획기적인 아이디어와 아이템도 실패위험은 상존하기 때문에 그들은 성공 확률보다 실패 확률에 집중하여 조언할 수밖에 없다. 그러므로 이와 같은 주변인들의 심리상태를 이해해야 하며, 부정적인 반응에 민감하게 반응하지 말아야 한다. 주변인들의 조언과 자문은 단지 참고사항이며, 실행 주체는 언제나 창업자라는 사실을 자각해야 한다. 사업 성공을 확신한다면 주변인들의 의견에 일희일비하지 말아야 한다. 100% 긍정적으로 동의하는 아이템과 100% 비관적으로 평가하는 아이템은 없다. 다만 의견과 충고를 긍정적으로 수용하는 자세는 유지해야 하는데, 이는 주변인들의 조언과 충고 속에는 그들의 지식과 경험이 내포되어 있어 작업자가 활용하기 유용한 노하우와 힌트가 풍부하다. 주변인의 의견과 충고는 진실성이 높다.

조급해하지 마라
'요즘 뭐 하고 살아요?'

주변인으로부터 퇴직자가 자주 듣는 말이다. 주변인은 안부 인사 또는 관심을 표명하는 의도로 질문하지만, 당사자는 관심이 오히려 부담스럽다. 퇴직과 동시에 새로운 직업과 직장을 구하면 관계없지만, 현실은 그렇게 만만찮다. 퇴직으로 인해 변화된 출퇴근 시간에 몸이 적응하지 못하여 변화된 기상 시간과 귀가 시간이 낯설고 어색하게 느껴진다. 그리고 출근할 곳이 없다는 사실에서 오는 무기력감과 직장생활 중 누렸던 권력과 지위 상실에 따른 상실감이 크게 느껴진다. 그래서 창업과 재취업을 준비하는 기간이 길게 느껴지고, 작은 실패에도 쉽게 좌절감을 갖는다. 여기에 주변인들의 관심과 걱정은 불에 기름을 붓는 형국이 된다.

심리적으로 쫓기게 되면 이성적인 판단이 어려워져 객관적으로 스스로의 장단점을 평가하고 주변 상황을 관찰할 수 없다. 그러므로 경제적·심리적 압박감을 받더라도 의도적으로 압박감에서 벗어나려고 노력해야 한다. 조급증을 버리고 한 걸음 물러서서 관찰하면, 변화할 수 있는 새로운 돌파구와 스스로의 경쟁력이 보인다. 조급해할수록 하나의 생각에 고정되고, 하나의 길밖에 보이지 않아 주변 상황과 자신의 장단점을 파악하지 못하게 된다.

생산적인 삶을 지향하라

경제적인 여유가 생기면 자연스레 지출이 많아질 수밖에 없다. 지출 규모는 경제력과 비례하기 때문이다. 그래서 누구나 부자가 되려고 하고 풍요로운 삶을 꿈꾼다. 창업하고 취업하는 가장 큰 이유도 여기에 있다. 다만, 경제력이 소모적인 생활을 유도하는 수단이 되면 안 된다. 즉, 윤택한 생활을 즐기는 정도를 넘어서 돈이 삶을 지배하는 주체가 되어서는 안 된다.

자수성가하여 성공한 사람일수록 소모적인 지출에 인색하다. 돈의 가치를 명확히 인식하고 있기 때문이다. 역설적이게도 창업자는 성공을 가장 경계해야 한다. 성공에 따른 부와 명예에 자만하여 초심을 잃으면 실패 가능성도 비례하여 증가하기 때문이다. 그러므로 성공을 지향해야 하지만 도취되면 안 되고, 성공을 즐겨야 하지만 지속될 것이라고 낙관하면 안 된다.

성공에 도취되면 창업 초기의 초심은 사라지고, 심리적으로 나태해지고 긴장감이 사라진다. 그래서 출퇴근 시간이 자유로워지고, 근무 시간에 개인적인 관심사에 집중하게 된다. 주중 골프가 어색하지 않고, 업무를 빙자한 음주가무의 기회를 스스로 만들어 즐긴다. 그리고 자연스럽게 시장 상황의 변화에 둔감해지고, 경쟁자 분석에 소홀해져서 수익률이 낮아지며, 경쟁력을 상실하고 있음을 체감하지 못한다.

거대기업을 만든 기업인들의 공통점은 사업 성공과 무관하게 사고방식과 생활방식에 큰 변화가 없다는 점이다. 오랫동안 입고 신었던 차림새에 변화가 없고, 출퇴근 시간에 엄격하며, 불필요한 지출을 불편해한다. 자기중심을 유지하고 생산적인 목표에 집중하기 때문에 외부의 환경 변화에 둔감하여 재력을 과시하지 않으며, 소모적인 생활에 관심이 없다. 기업성장과 무관하게 다른 사람보다 일찍 출근하고 늦게 퇴근하며, 목표 달성에 집중하는 생활을 한다. 개인의 경제적 풍요로움보다 사회 전체에 미치는 긍정적인 영향력 행사를 중요하게 생각한다.

당연히 현재의 삶과 경제적 풍요로움은 즐겨야 한다. 다만, 소모적인 생활을 삶의 목표로 지향하면 안 된다. 목표가 큰 사람일수록 현재의 성공에 만족하지 않으며, 조직 규모가 큰 기업일수록 내부 시스템이 엄격하고 공정하다. 스스로에게 엄격한 사람만이 다른 사람을 관리할 수 있고, 현재의 안락함에 안주하지 않는 사람만이 미래를 개척할 수 있다.

준비하라

'모사재인 성사재천(謀事在人 成事在天)'의 격언처럼 일은 사람이 계획한다. 준비 없는 창업은 돌발변수에 취약하고, 진행 과정이 수시로 변경되어 목표 달성이 어렵다. 그래서 창업하려는 분야에 대한 지식과 경험을 갖추지 못한 창업은 실패 가능성이 높기 때문에 창업을 위한 사전 준비가 중요하다. 사업 아이템 선정부터 최종 생산, 서비스 제공까지 일련의 사업화 과정이 계획되어야 하며, 단계별 자금 소요 계획과 예비 자금 계획이 수립되어야 한다. 더불어 관련 분야에 대한 사전조사가 선행되어야 하고, 보유한 아이디어의 경쟁력을 객관적으로 검증해야 한다. 막연하고 낙관적인 사업구상과 치밀하지 못한 사업계획으로는 기존 사업자와의 경쟁에서 생존할 수 없다. 그러므로 창업자는 아이디어와 아이템, 현실과의 괴리감을 확인하고, 관련 분야에 대한 지식과 경험을 창업 전에 체득해야 한다. 현재의 트렌드와 기술 수준에 부합하지 않는 아이디어와 아이템은 실현 가능성이 낮고, 관련 분야의 지식과 경험이 부족하면 경쟁력이 낮아지기 때문이다. 강자만이 살아남는 정글과도 같은 창업환경에서 기존 사업자와 경쟁해야 하는 창업자는 준비하고 점검해야 할 경쟁 도구와 무기들이 많다. 창업자의 경쟁력은 치밀한 사전 준비와 반복적인 자기 검증을 근거로 한다.

경험하지 못한 산업 분야에 접근하는 방법

창업을 준비하다 보면, 경험하지 못한 산업 분야의 지식과 경험이 필요한 경우가 있다. 즉, 창업과 관련된 주력산업 분야의 지식과 경험은 아니지만, 창업에 필요한 다른 산업 분야의 지식과 정보가 있다. 따라서 효율적인 지식과 정보 취득 방법이 필요하며, 취득 방법으로 ①관련 분야 종사자를 통해 전달받는 방법 ②서적을 통해 이해하는 방법 ③인터넷상의 정보를 검색하는 방법이 있다.

①관련 분야 종사자를 통해 전달받는 방법의 장점은 현장 분위기를 직접 체감하고 작업과정을 실시간으로 체험할 수 있으며, 인맥을 형성할 수 있다는 점이다. 즉, 지식과 경험이 일치되는 효과와 관련 종사자와의 인간적인 유대감 형성으로 현장 노하우를 전수할 수 있다. ②서적을 통해 이해하는 방법은 관련 분야를 거시적으로 파악할 수 있지만, 현장과 괴리되어 현실감각이 낮다는 단점이 있다. 즉, 산업 분야 전체를

심층적이고 거시적으로 파악할 수 있으나, 현장 분위기와 작업과정을 파악하지 못해 탁상공론식으로 업무를 진행할 가능성이 높다. ③인터넷상의 정보를 검색하는 방법은 다양한 지식을 얻고 현장 경험을 간접 체험할 수 있지만, 심층적인 전문지식을 습득하기 어렵고, 현장의 간접 체험 한계를 벗어날 수 없다는 단점이 있다. 즉, 현장 종사자의 경험과 지식은 실시간으로 취득할 수 있어 서적을 통한 이해보다 실제적이지만, 현장에서 체감할 수 있는 무형의 경험과 지식을 습득할 수는 없다.

그러므로 경험하지 못한 산업 분야의 지식과 경험이 필요하면 ①관련 분야의 서적과 논문을 숙독하여 산업 전체의 흐름을 이해하고 ②인터넷을 활용하여 현장 관계자의 체험사례를 공유한 뒤 ③현장을 방문하여 현장 종사자로부터 노하우와 지식을 전달받는 순서로 다른 산업 분야의 지식과 경험을 습득하여 창업에 적용하면 효율적이다.

장사꾼이 되지 마라

"내게 옷을 팔려 하지 말고, 매혹적인 외모에 대한 기대를 팔아주세요. 내게 장난감을 팔려 하지 말고, 내 아이들이 즐거워하는 모습을 팔아주세요. 내게 물건을 팔려 하지 마세요. 대신 꿈과 느낌, 자부심과 일상의 행복을 팔아주세요. 제발 내게 물건을 팔려고 하지 마세요."

— 마이클 뢰뵈프 교수 《평생의 고객으로 만드는 방법》 중에서

눈앞의 이익을 위해 양심과 진정성을 저버리는 장사꾼이 되지 말라는 격언이다. 진정한 사업자는 경영자가 되어야 한다. 즉, 고객이 신뢰하는 제품을 만들고 판매하는 사업자가 되어야 한다. 장사꾼은 재물축적의 수단으로 장사를 하지만, 경영자는 사업을 통해 이익 추구 이상의 목표를 추구한다. 놀랍게도 소비자들은 단순히 제품을 구매하는 것에 그치지 않고, 제품 구매를 통해서 참으로 미묘한 판매자의 감성적인 부분까지 잘 집어내고 알아내어 판매자의 마음가짐과 생각을 읽어낸다. 판매자가 단순히 돈을 벌기 위해서 제품을 판매하고 있는지, 진정으로 일을 사랑하고 제품 판매를 통해서 상대방에게 기쁨과 만족을 주려고 하는지를 말하지 않고 행동하지 않아도 절묘하게 읽어낸다.

오랜 세월 대를 이어가며 공방과 점포를 운영하는 장인들은 고객에 대한 생각이 남다르다. 그들은 단순히 제품을 팔지 않고, 고객의 신뢰를 얻기 위해 노력하고, 제품을 통해 고객이 얻을 수 있는 이익을 생각한다. 그래서 그들은 판매제품에 대한 자부심이 매우 강하며, 제품에 자신들의 가치관과 자존심을 투영시킨다. TV에서 소개하는 대박 가게 경영자들에게는 하나의 공통점이 있는데, '최상의 재료를 아끼지 않는다'는 것이다. 그들에게는 제품이 단순히 돈을 벌기 위한 수단이 아니라, 자존심이고 자부심의 표상이기 때문이다.

치열한 경쟁에서 승리하는 사람들일수록 일견 보기에는 답답해 보일 정도로 정도(正道)를 걷는다. 한순간에 큰 수익을 얻으려고도 하지 않고, 제품의 제조과정을 중요시하며, 소비자를 두려워한다. 눈앞의 작은 이익을 바라보는 장사꾼은 실패할 수 있지만, 먼 장래를 바라보고 자신과 고객에게 최선을 다하는 사업가는 실패할 수 없다. 사업자의 진정한 경쟁자는 외부에 존재하는 것이 아니라, 조바심과 욕망이라는 이름으로 사업자 내면에 존재한다. 사업자 자신을 이기고 극복하는 방법이 경쟁자를 물리칠 수 있는 사업자의 진정한 무기이다.

사회적 책무에 관심을 가져라

노블레스 오블리주(Noblesse oblige)는 프랑스어로 '귀족성은 의무를 갖는다'를 뜻한다. 이는 일반적으로 부와 권력, 명성은 사회적 책임과 함께해야 한다는 의미로 쓰인다. 즉, 노블레스 오블리주는 사회 지도층에게 높은 도덕성을 바탕으로 사회적 책임과 모범적인 국민 의무의 실천을 요구하는 말이다. 이미 서양에는 사회·경제적 상위계층이 가져야 할 도덕적 의무에 대한 충분한 사회적 공감대가 형성되어 있다. 우리나라에서도 인삼 무역으로 축적한 재산을 빈민을 위해 사용한 임상옥과 평생에 걸쳐 모은 재산으로 흉년에 굶어 죽어가는 제주도민의 3분의 2를 구휼한 김만덕의 사례 처럼 이익의 사회 환원이라는 사회적 책무를 실천한 기록을 종종 확인할 수 있다. 그러므로 사업의 최종 목표는 기업 이윤의 사회 환원이 되어야 한다. 개인의 이익 추구를 목표로 장사하는 장사꾼이 아니라, 다른 사람과 공존하는 상생의 가치를 실천하는 경영자가 되어야 한다. 부와 명예는 다른 사람의 인정과 조력이 반드시 추가되어야 달성될 수 있다. 이것이 부와 명예를 추구하는 경영자로서의 사회적 지위를 자각하고, 이익의 재분배와 환원에 긍정적이어야 하는 이유이다.

신문을 읽어라

소비 변화를 예측하고 신규 정보를 획득하기 가장 쉬운 방법은 인터넷을 활용하는 방법이다. 인터넷은 매 순간 수많은 정보와 지식이 업데이트되는 정보의 바다이다. 그러나 인터넷상으로 제공되는 정보와 지식은 단편적으로 한계가 있고, 사용자가 제목과 관심 분야 위주로 검색하여 심화된 자료 획득과 정보의 심도 있는 분석과 재해석이 어렵다.

이에 반하여, 신문은 인터넷과 같이 실시간으로 정보를 취득할 수는 없지만, 자세한 기사 내용을 통해 정보의 재해석과 분석이 가능하고 기사 내용을 스크랩(scrap)하여 보관·재활용할 수 있다는 장점이 있다. 그러므로 시대의 흐름을 예측하고 시장 변화에 대응하려면 신문을 구독해야 한다. 수많은 기사 중에서 필요한 정보를 취사선택하고, 기사의 이면에 존재하는 메시지를 읽을 수 있는 능력은 신문 구독을 통해 얻어지기 때문이다.

책을 읽어라

독서는 과거의 경험을 간접 체험하고, 미래를 예측하는 통찰력을 배양할 수 있는 가장 용이한 방법이다. 그리고 관심 분야의 지식과 저자만의 노하우(Know-how)를 습득할 수 있는 부가적인 이익도 있다. 또한, 조급한 창업자가 잠시 숨 고르기를 할 수 있는 기회가 되기도 한다. 무엇보다 독서를 통해 얻는 단 하나의 영감이 책값 이상의 엄청난 경제적 가치를 발생시킬 수 있다.

책을 읽을 때는 하나의 범주와 키워드를 선정하고, 선정한 주제 위주로 3~5권의 책을 집중하여 속독하면 주제 파악에 효과적이다. 예를 들면, '영업'이라는 키워드를 선정하고, 영업과 관련된 책들만 읽는 방식이다. 이와 같은 '주제 중심 독서'는 동일한 주제를 다양한 관점에서 탐구하게 하여 관련 주제의 전문가로 자리매김할 수 있게 만든다. 또한 책은 관련 분야의 권위자로 인정받는 사람이 저술한 책을 읽어야 하는데, 이유는 권위자로 인정받는 사람의 책에는 다른 사람과 차별화되는 '그 무엇'이 담겨 있다. 즉, 여러 사람이 수긍하고 인정하는 사람의 주장과 사실에는 대체로 거짓이 없기 때문이다.

백척간두진일보(百尺竿頭進一步)

사업은 어렵다. 2013년 10월경 우리나라의 부모들을 대상으로 '만약 자녀가 창업을 한다고 하면 어떻게 할 것인가?'라는 질문이 포함된 설문조사를 실시했는데, 90% 이상의 부모들이 반대한다고 답하였다. 사업이 그만큼 어렵고 위험부담이 크다는 인식이 반영된 결과이다.

창업자들은 불투명한 미래에 대한 불안감과 성공에 대한 기대감을 동시에 가지는데, 대부분 기대감보다 불안감을 더 느낀다. 가보지 않은 길이고, 경험하지 못한 분야이기 때문에 철저히 사전 계획하고 준비해도 창업을 두려워하고 사업화에 불안감을 갖는다. 그리고 이러한 두려움과 불안감 때문에 과감히 실행해야 할 순간에 망설이고 결정을 유보한다. 즉, 창업에 실패해서 경제적으로 어려워지고, 사회로부터 소외되는 것을 두려워하여 계획의 실행을 망설이게 된다.

백척간두진일보는 불교의 《경덕전등록(景德傳燈錄)》이라는 책에 나오는 말로 직역하면 '백 척이나 되는 높은 장대 위에서 한 걸음 앞으로 더 나아간다'는 뜻이다. 즉, 깨달음의 경지에 도달했다 하더라도 그 깨달음의 경지조차 버려야만 비로소 온전히 깨달았다고 할 수 있다는 말이라고 한다. 창업도 이와 같아서 충분히 준비되었다면 두려움을 무릅쓰고 과감히 실행해야 한다. 두려움에 사로잡혀 현재에 머무르면 희망하는 성공도 없다. 불안하고 망설여지는 순간에 백 척의 장대 위에서 한 걸음 내딛듯이 창업을 위해 모든 역량을 집중해야 한다. 푸시킨의 시 구절처럼 마음을 미래에 두고 불안과 걱정을 떨쳐버린 뒤 앞으로 굳건히 나아가야 한다. 미래는 어느 누구도 알 수 없지만 결단하고 실천하는 사람은 항상 긍정적이다.

고민만 하지 마라

모든 일은 철저히 계획하고 준비해야 성공 가능성이 높아진다. 그러나 계획과 준비에 과도하게 집중하고 실천하지 않으면 결과물을 얻을 수 없다. 세밀히 검토하고 신중하게 결정했으면 과감하게 실행해야 한다. 반복해서 고민한다고 더 좋은 결론이 도출된다는 보장은 없다. 준비가 부족하고 미비한 점이 발견되더라도 결단하고 실행해야 할 순간이 도래하면 행동해야 한다. 행동해야 현실 상황을 체득할 수 있고, 돌발변수를 예측할 수 있다. 오류와 시행착오를 두려워하면서 완벽을 기대하면 미래는 없다. 항상 고민하는 현재가 있을 뿐이다. 그러므로 적극적으로 행동하고 능동적으로 실행해야 한다. 행동으로 옮겨지지 않는 생각과 아이디어는 공상과 망상에 불과하다. 미래는 확정되지 않았기 때문에 두렵고 불안한 것이다. 미래를 확정하는 완벽한 판단과 결정은 존재할 수 없다. 다만, 결정하고 실천하는 사람은 고민만 하지 않고, 두려움을 회피하지 않으려고 할 뿐이다.

'바닥'을 두려워하지 마라

사업부진 또는 체면을 핑계로 가족의 궁핍을 방관하면 안 된다. 사업의 1차 목표는 가족 구성원의 경제적 안정에 있다. 체면은 경제적으로 안정된 뒤에 생각해도 늦지 않다. 직장생활 후 퇴직한 사람들의 공통점은 바닥에 대한 두려움이 크다는 것이다. 즉, 경제·사회적으로 추락하는 것을 두려워한다. 그래서 주위 시선을 의식하여 보여주기 위한 창업을 하고, 현장에서 직접 노동하지 않으려고 하며, 품위를 유지할 수 있는 창업 아이템을 선호한다. 그러나 세상은 과거의 지위와 권위를 쉽게 인정하지 않는다. 모든 일이 기본을 모르면 성공할 수 없고, 기본은 관련 분야의 가장 낮은 밑바닥에서 배운다. 음식점은 주방에서 설거지부터 시작해야 하고, 제과점은 반죽 요령을 알아야 하며, 커피전문점은 커피콩을 구분할 수 있어야 한다. 그래서 바닥을 모르는 창업은 사상누각과 같다.

관련 분야에서 가장 빨리 성공하는 방법은 그 분야의 가장 밑바닥에서 배우고 시작하는 것이다. 사장의 체면은 사업이 안정화된 뒤에 챙겨도 늦지 않다. 창업자가 관리자의 위치만 고수하면 사업은 경쟁력을 잃고, 종국에는 가족을 경제적 궁핍으로 내모는 결과를 초래한다. 그러므로 창업자는 창업 초기의 고생을 경험과 자산이라고 생각하고, 관련 분야의 바닥으로 스스로 내려갈 필요가 있다. 몸으로 체득한 경험과 지식은 사업 실패를 막는 최후의 원동력이자 자산이 된다.

'돈'에 관대하지 마라

은행에서 대출신청을 하려면, 대출용도, 사용처, 수입내역, 업종, 직장재직 여부 등을 대출담당자에게 얘기해야 하는데, 담당자는 규정에 따라 질문하지만, 신청자는 신용을 의심받는 것 같아 불편함을 느낀다. 은행수입의 일정 비율이 대출이자 수입임을 고려하면, 일반고객보다 대출신청자를 더 우대해야 하지만, 실상은 고액의 자산가와 기업만이 우대받고, 소액대출자는 많은 제약을 받는다. 이것이 현실이고 '돈' 때문에 겪는 불편함이다. '돈'이 삶의 목표일 수는 없다. '돈'은 단지 목표 달성을 위한 수단이어야 한다. 그러나 '돈'은 삶의 목표를 성취하는 데 필수적인 요소이고, '돈'을 통해 세상의 흐름이 변화한다. 그래서 '돈'이 사람의 운명을 좌우하며 생사를 결정짓기도 한다. '돈' 때문에 겪는 불편함과 불공평한 대우는 사업자를 지치게 하고, 가족을 해체시키는 주요 원인이 되기도 한다. 그러므로 '돈'에 대해 관대해서는 안 된다. 소규모 금액이라도 특별한 가치를 부여해야 하며, 지출에 적정한 명분이 담겨야 한다. 다만, '돈'이 가지는 긍정적인 영향력을 고려하여 다른 사람을 위해 사용할 때는 관대하고 너그러워야 한다.

'절박함'은 가장 큰 경쟁력이다

직장생활 중에는 입출금 통지 서비스로 확인하는 돈의 입출금에 민감하지 않지만, 퇴직 후 수입이 중단되면 알림 서비스가 큰 스트레스로 작용한다. 수입이 없기 때문에 마음이 조급해지고 지출에 민감해진다. 그래서 불필요하다고 생각하는 지출은 최대한 줄이게 되는데, 그럼에도 불구하고 의지만으로 줄일 수 없는 비용이 있다. 즉, 자녀 교육비, 수도·광열비, 교통비, 공과금, 보험료는 축소하지 못한다. 그리고 '고정비용'은 퇴직자를 심적으로 압박하고 절박하게 만들고, '절박함'은 사람을 변화하게 한다. 수입창출을 위한 대응방안이 없다고 자각하면, 사업 아이디어가 부단히 창출되고, 휴일근로와 야근을 당연하게 생각하며, 직업에 대한 편견도 자연스레 사라지게 된다. '돈'에 대한 절박함이 가져오는 변화들이다.

사회·경제적으로 우월한 위치에서 근무했던 퇴직자일수록, 다른 사람에게 부탁하는 것을 부끄러워하고 어려워하는데, 그동안 누려왔던 지위로 인한 자존심이 도움을 요청하고 부탁하는 것을 용납하지 않기 때문이다. 그러나 자존심과 과거의 지위는 '밥'이 되지 않는다. 자녀가 공부할 수 있게 하고, 따뜻한 밥과 잠자리, 추위를 견디는 옷을 얻으려면 현재 상황에 절박해야 하며, 자존심과 과거의 권위를 내려놓아야 한다.

[G. 사업 진행 시 고려사항]

그래서 부탁하고 제안하는 사업적인 만남에 익숙해져야 한다. 사업적 만남은 친목 도모를 목적하지 않는 이익 추구를 위해 제안하고 부탁하는 만남이다. 그러므로 부탁하고 제안하는 것을 부끄러워하지 않아야 한다.

비록 시작은 미약하나 그 끝은 창대하리라

사업자금이 부족해서 소규모로 창업하면 수익률이 낮을 것이라고 예단하면 안 된다. 무일푼으로 창업해서 큰 수익을 거두는 사업자가 있고, 수억 대의 투자자금을 쏟아붓고도 실패하는 사업자도 많다. 그러므로 투자자금이 적다고 위축될 필요는 없다. 오히려 투자자금이 적기 때문에 창업에 부담이 없고, 단기간에 손익분기점을 넘어설 수도 있어 성공 확률이 높다는 점에 주목해야 한다.

창업자의 경쟁력은 '자본'이 아니라 '차별화와 창의력'에 있다. 대규모 자본을 투자하여 성공하는 사업은 누구나 할 수 있다. 전형적인 대기업방식이다. 자본 유동성이 풍부한 대기업의 경우, 사업 초기 적자가 발생해도 장기간에 걸쳐 손실을 만회할 수 있고, 대규모 자본을 풀어 단시일 내에 시장을 지배할 수도 있다. 이에 반하여, 자본과 조직, 시간이 부족한 창업자는 상황이 다르다. 가용자원의 한계로 인해 단기간에 손익분기점을 넘어서야 하고, 시장에 조기 정착해야 하며, 장기간 대기업과 경쟁하기 어렵다. 그러므로 사업 초기에 대규모 자금이 투자되는 아이템은 창업자에게 맞지 않는다. 또한, 시장에서 검증된 아이템이라는 이유로 기출시된 제품을 모방·변형하여 제품화하는 창업도 지양해야 한다. 소비자들은 '시장 1위 제품만을 기억'하기 때문이다. 선두업체를 모방·복제한 방식과 시스템으로는 소비자에게 차별화된 제품과 서비스로 기억되지 않는다. 그러므로 창업은 차별화된 기발한 아이디어를 기반으로 소자본/소규모로 시작하는 것이 유리하다. 주위 시선을 의식해서 거창할 필요는 없다. 주위 시선은 단지 시선일 뿐이며, 그들이 망하는 것이 아니라 내가 망하는 것이다. 애플·야후·구글·페이스북 등의 거대기업들도 처음에는 아이디어 하나만을 무기로 그 시작은 미약했다.

고개를 숙이지 못하면 발전도 없다

중소기업이 대기업과 계약할 때, 대기업이라는 배경에 위축되어 불리한 계약

조건을 무조건 수용하는 경우가 있다. 즉, 매출금액, 임직원 수, 건물 크기 등의 외적 요인에 스스로 압도되어 상대방에게 협상 주도권을 내어주고 이끌려가는 경우이다. 물론 대기업의 인프라를 활용할 수 있는 유용한 기회이지만, 협상은 대등한 관계에서 의견과 조건을 제시하며 조정하는 과정이지 결코 일방적인 '갑'과 '을'의 만남은 아니다. 따라서, 협상이 결렬되면 다른 대안을 찾겠다는 배포와 뚝심을 밑바탕에 깔고 협상에 임해야 한다. 스스로 자괴감과 열등감에 사로잡혀 주눅이 들 필요가 없다. 비록 상대방의 의지에 따라 계약체결이 결정되더라도 비굴하지 않은 자세와 언행을 유지하는 것이 중요하다. 비굴한 자세와 언행에 좌우되는 계약은 부실한 내용의 계약일 가능성이 높다. 반면 대등한 위치에서의 계약은 당사자가 계약 내용에 집중하기 때문에 부실한 내용의 계약일 가능성이 낮아지게 된다.

다만, 괜한 자존심과 피해의식에 사로잡혀 상대방을 불편하게 하거나, 신뢰감을 상실하게 만드는 언행은 반드시 경계해야 한다. 개인적인 자존심을 지키기 위해 계약을 성사시키지 못하는 사람은 진정한 사업자가 아니다. 상황에 따라 불합리한 조건을 수긍하고 감내할 수 있는 마음가짐과 상대방의 자존심을 치켜세워줄 수 있는 처세능력이 있는 사람이 사업자이다. 그리고 사업자의 단점을 보완할 수 있는 기회를 얻거나 매출과 이익에 도움이 되는 협상을 성사시키기 위해 스스로를 낮추는 태도는 열등감의 발로가 아니다. 오히려 상대방에게 단점을 가감 없이 보여주면서 진심을 담아 당당하게 협조를 요청하는 자세가 설득의 가장 큰 경쟁력이 될 수 있다. 세상에 독불장군은 없다. 서로 어울리며 도움을 주고받아야 '일'은 만들어진다. 더구나 '돈'이 오가는 경제활동에서는 두말할 나위가 없다. 그러므로 자존심을 내세워 일을 그르치지 말아야 한다.

청개구리가 되어라

다른 사람들과 생각과 시각이 동일하면, 다른 사람들과의 경쟁에서 우위를 점할 수 없다. 특히, 자본력과 인력 등이 부족한 후발주자로서 시장 선두주자를 따라잡아야 하는 창업자는 더욱 그러하다. 그러므로 다수와 동질화되는 것을 경계해야 한다. 후발주자의 가장 큰 경쟁력은 '차별화'에 있으며, 이미 다른 사람이 시도한 방법으로는 결코 차별화할 수 없다.

사람들은 자신의 생각과 행동양식 등을 다수의 사람들과 동질화시키려고 하는데, 이는 다수의 군중 속에서 심리적 안도감을 갖고 소외감을 느끼지 않으려는 이유에서이다. 즉, 소수로서 갖는 불안감 때문이다. 하지만 반드시 군중의 생각과 행동양식이 정의롭고 유리한 것은 아니다. 상황과 조건이 다르면 생각과 행동도 달라지는 것은 당연하다. 독창적이고 창의적인 제품과 서비스는 항상 다수의 의심과 회의적인 시선을 극복한 소수의 사람들이 만들어왔다. 그리고 청개구리가 되지 못하는 사람은 모방과 복제를 수단으로 평범한 제품과 서비스를 제공하는 방식에 만족해왔다. 그래서 다른 사람이 판매하는 메뉴와 아이템을 모방하고, 제품의 정체성을 희석하는 기능을 추가하여 제조한다.

소비자의 기호와 사회 흐름을 중시해야 하지만, 스스로의 독특한 장점을 부각하여 차별화하지 못하면 경쟁에서 우위를 점할 수 없다. 소비자는 항상 시장 1위 제품만을 기억하며, 이와 유사한 제품에는 관심이 없다. 1위 제품과 다른 독특함(차별성)이 없기 때문이다. 그러므로 경쟁자와 유사하다는 평가가 항상 좋거나 유리한 것은 아니다. 차별화된 제품과 서비스로 승부해야 하는 후발주자에게는 오히려 평범함이 '독'이 될 수 있다. 소비자는 이미 수없이 많은 동일한 이미지와 기능, 메뉴를 제공하는 1위 제품과 서비스에 길들여져 있고, 그것에 식상해하고 있기 때문이다. 그들은 항상 새로운 것을 추구하고 선호하여 새로운 이미지와 기능, 디자인에 목말라하고 있다. 그러므로 스스로의 독특한 색깔과 정체성을 부각하여 새로운 경쟁력과 고객을 창출해야 한다. 즉, 세상과 동질화되어 스스로의 정체성을 희석시킬 필요는 없다.

그리고 과거에 이미 검증된 방식과 시스템은 생존수단이 될 수 없다. 왜냐하면 세상의 흐름과 소비자의 기호는 과거에 머물러 있지 않고 변화하고 있기 때문이다. 현재 각광 받는 제품과 서비스는 과거에 없었던 제품과 서비스이고, 다수의 사람들과 동질화되지 않으려는 청개구리들의 결과물이다. 그러므로 후발주자로서 창업자는 청개구리가 되어 세상을 바라봐야 한다.

엉뚱함이 사업을 흥(興)하게 한다

역발상(逆發想)이 위대한 발명가를 만들고, 사업적 성공을 달성하는 데 기여한 사례는 무궁무진하다. 비아그라의 초기 용도는 심장혈관 치료제였고, 피부 마사지

용도로 만들어진 제품이 비염 치료기기로 사용되기도 하며, 자동차 블랙박스 용도로 제조된 제품이 휴대용 캠코더 대용으로 각광받기도 한다. 또한, 피자의 느끼함을 해소시키기 위해 매운 라면을 후식으로 제공해서 문전성시를 이루는 피자 가게도 있고, 쌀떡 대신 밀떡을 사용하고 매운맛 대신 순한 맛을 개발하여 대박 가게로 불리는 떡볶이집도 있으며, 김밥 재료로 진미오징어와 고추장 불고기를 사용하여 크게 소문난 점포도 있다. 심지어 나비넥타이 정장 차림으로 길거리 포장마차에서 호떡을 팔아 프랜차이즈화하고 강연자로 성공한 사람도 있다. 다른 사람과 같은 생각과 행동 안에서는 결코 발전이 있을 수 없다. 전혀 다른 엉뚱한 시각과 행동방식만이 차별화를 이끌어내고 사업을 흥하게 한다.

필자가 공동 개발한 비전기식 요구르트 발효기는 기존의 전기가열방식 요구르트 발효기와 비교하면 가열방식과 가열원이 차별화되었고, 특허등록한 택배 운송장 정보지우개는 택배 운송장상의 개인정보를 지우기 위한 용도로 발명하였으며, 자동차 타이어에 야광 페인트를 도포하여 야간주행의 안전성을 높인 아이디어와 넥타이에 호신부재를 부착하여 부적 기능을 겸하게 한 아이디어 그리고 여름철 복부냉증완화 목적의 복부냉증완화 와이셔츠 아이디어 등이 모두 발상을 전환한 역발상 아이디어에 기초하였다.

강물이 한쪽 방향으로 흐른다고 모든 물고기가 같은 방향으로만 움직이는 것은 아니다. 적은 숫자지만 다른 방향을 지향하는 물고기도 반드시 존재한다. 부화를 위해 달걀을 품은 에디슨의 엉뚱함이 그를 발명왕으로 만든 원동력이 되었다. 불가피하게 다른 사람과 동일한 제품을 판매하더라도 가격, 포장, 배송방식, 판매 후 서비스, 우대 점수, 적립방식 등의 다양한 요소에서 차별화할 수 있다. 차별화는 어렵지 않지만 경쟁자가 만든 기존방식에 길들여져 사고와 시각을 전환하지 않기 때문에 실행하지 못하는 것이다. 경쟁자와 다른 유통 라인을 개척하는 것, 경쟁자가 기능을 추가할 때 과감히 축소하는 것, 경쟁자가 사용하지 않는 재료를 사용하는 것 등이 모두 차별화이다. 차별화는 '엉뚱함'과 '도전정신'을 바탕으로 시도되고 가능하다.

[G. 사업 진행 시 고려사항]

지식산업사회의 도래(到來)

창의력이 성공의 열쇠이다

현대사회는 기술의 발달과 인터넷의 확산으로, 모든 생활환경이 디지털·정보화되고 있어 과거와 달리 지역 간의 정보소통이 매우 빠르고, 대량생산으로 공급이 소비를 추월하며, 물리적 거리의 한계가 축소되고 있는 상황이다. 그래서 과거에는 체격과 힘이 우월한 사람이 우대받았으나, 현대는 다른 사람이 생각하지 못한 분야를 개척하는 사람과 독점적인 고급 정보를 많이 보유하는 사람이 우대받는 사회로 변화되었다. 그래서 과거와 같이 힘이 우월한 사람들이 아닌 창의력을 바탕으로 새로운 기술과 시장을 만들어내는 사람들이 사회와 국가를 책임지게 되었으며, 그 결과 상업과 공업을 천대하던 '사농공상(士農工商)'의 가치관도 기업가와 과학자가 존경받는 분위기로 변화하였다. 따라서 과거의 가치관에 얽매이면 고도화되는 미래정보사회에 적응할 수 없고, 경제적 강자가 될 수도 없다.

눈여겨보면 창의력을 통한 성공 사례는 비일비재하다. '짬뽕을 전문 메뉴로 제공하는 중국집 프랜차이즈', '마사이족 신발 전문점 프랜차이즈' 등이 모두 시장을 다르게 보는 창의력의 결과물이다. 발상을 전환하여 메뉴를 확장하지 않고 오히려 하나의 메뉴를 전문화했고, 기능을 다르게 만든 신발로 틈새시장을 창출했다. 그리고 세상에 없는 기발한 아이디어만이 창의력의 산물이 아니라, 다른 사람과 다르게 제품과 서비스를 제공하고, 물품의 기능을 확장·축소하며, 기존 시장 이외의 새로운 시장을 발견해서 진출하는 전략도 창의력에 기인한다. 창의력은 기존방식의 관점과 사고체계를 의심하는 곳에서 배양된다.

사물을 비틀어 보라

세상의 모든 사물과 사회구조 속에는 법칙이 있다. 물건의 작용과 작동원리, 기능 등이 법칙 속에 있고, 시장 선두주자가 만든 논리와 구조 속에 후발주자가 종속되며, 국가와 회사 등이 만든 조직과 법률 등이 법칙의 틀을 만들기도 한다. 그리고 대부분의 사회 구성원들은 의심 없이 만들어진 법칙 안에서 생활하고 활동한다. 하지만 진정한 기회는 이미 구축되어 고착화된 기존의 틀 안에 존재하지 않는다. 새로운 기회는 항상 다른 사람과 다르게 사고(思考)하고, 다른 각도로 사물을 바라볼 때 생겨

난다. 세탁의 수고로움을 덜기 위해 세탁기가 만들어졌고, 신선한 음식물을 보관하기 위해 냉장고가 발명되었다. 이미 적용되고 있는 동일한 방식과 논리로 경쟁하면 성공보다 실패 확률이 높다. 위험부담을 감내하면서 기존의 사고체계와 시각에서 탈피하여 사물과 현상을 비틀어 바라볼 때 사업적 성공 가능성도 높아진다. 그러므로 사업자는 현재 판매 중인 제품과 서비스를 의심하는 자세로 검토할 필요가 있다.

끊임없이 의심하고 불편해하라

기존의 시스템(법칙, 사용방식, 관습, 관념 등)을 타파하고 자신만의 영역을 구축하려면, 기 구축된 시스템에 대해 끊임없이 의심하고 불편해해야 한다. 즉, 기존방식에 동화되어 차별성과 정체성을 상실하면 새로운 사고와 행동방식이 도출될 수 없다. 이미 검증된 효율적이고 우수한 방식과 구조라도 개선점을 찾고 불편함을 느껴야만 새로운 아이디어가 도출되고, 새로운 구조와 기술, 디자인 등이 만들어진다. 역사에 이름을 남긴 수많은 사람이 검증하고 확인한 방법이고, 향후 새로운 역사에 이름을 올리는 사람들이 선택하는 방법이다. 그러므로 현재의 제품과 서비스를 개선하려는 노력에 집중해야 한다. 즉, 선두주자가 구축한 법칙을 타파하고 극복해야 경쟁력을 얻는다. 완벽한 시스템과 법칙은 없고 개선해야 할 틈새는 항상 존재한다. 후발주자가 선두주자와 경쟁이 가능한 이유가 여기에 있다.

아이디어는 스스로를 지키는 최후의 보루이다

세상은 새로운 사고(思考)와 발상(發想)에 의해 변화한다. 그리고 사고와 발상의 바탕에는 새로운 아이디어가 존재한다. 아이디어의 힘은 외부로 표출될 때 그 빛을 발하지만, 아이디어를 보유한 사람이 아이디어 구현에 대한 자신감을 갖도록 만들기도 한다. 아이디어를 보유한 사람은 구현에 따른 보상을 기대하여 미래에 대한 두려움이 적고 낙관적이다. 그리고 아이디어를 통해 현재 상황을 개선시키려고 노력하기 때문에 소속된 조직과 모임 등에서 항상 선두 그룹에 위치한다. 또한, 메모하는 습관과 실행력은 삶을 변화시키는 중요한 요인이다. 현재 상황에 안주하지 않고 불만족하면, 순간적으로 스쳐 지나는 아이디어가 개선의 단서가 될 수 있다. 그러므로 사업자는 항상 현재의 매출과 성공에 안주하지 말아야 하며, 끊임없이 새로운 시장과 제품을 개발·발굴할 수 있는 아이디어에 관심을 가져야 한다.

평상시 아이디어 공책과 사업 아이템 공책을 만들어 수시로 필기하면, 일상생활 중 번뜩이는 생각과 아이디어를 놓치지 않고, 사업 아이템의 발굴에 도움이 되어 현재의 제품과 서비스를 개선할 수 있는 중요한 단서로 활용할 수 있다. 그러므로 아이디어의 기록과 활용에 관심과 노력을 집중해야 한다. 아이디어는 창업자의 중요한 경쟁력이다.

정보의 대칭과 비대칭성

현대는 흔히들 '정보의 홍수시대'라고 이야기한다. 통신기기의 발달로 가정에서 세계 곳곳의 사건사고를 확인할 수 있으며, 인터넷으로 새로운 지식과 정보를 쉽게 취득할 수 있게 되었다. 그러나 동일한 정보와 지식이라고 해도 취득한 정보와 지식을 어떻게 가공하고 활용하느냐에 따라 정보의 재산적 가치는 달라진다. 예를 들면, 미국에서 인플루엔자 시약이 출시되었다는 소식을 뉴스로 접했을 때 정보가치를 인식하고 있는 사람은 재빨리 인플루엔자 시약을 수입하거나, 인플루엔자 시약의 모방제품을 제조하려고 준비하며, 시약을 출시하는 제약회사의 주식을 매입하려고 한다. 이에 반하여 대다수의 일반인들은 단지 수많은 뉴스 기사 중 하나로 무의미하게 읽고 기억하지 않는다. 만약 인플루엔자 시약이 미국식품의약처에서 공인한 뛰어난 성능의 약품이면, 남보다 먼저 수입한 사람과 관련 회사의 주식을 매입한 사람은 큰 수익을 거둘 수 있을 것이다. 수많은 정보 중 하나의 의약 정보에 불과하지만, 어떻게 받아들이고 가공하느냐에 따라 부(富)의 크기가 달라지는 것이다.

증권시장은 정보에 민감하고 정보의 가공과 활용이 가장 활발하여 세계 곳곳의 전쟁·기근·파업·행사 등의 정보에 민감하게 반응하고, 이러한 정보의 내용에 따라 주식가격이 실시간으로 변동된다. 즉, 전쟁의 발발 유무에 따라 무기업체의 주가가 등락하고, 기근발생과 연동하여 곡물 관련 산업의 주식거래량이 증가하며, 대규모 파업 발생과 국제 행사 개최 등의 소식에 의해 이해 당사자의 주가가 급격히 변동한다. 이와 같이 정보는 가치를 인식하는 사람에게는 대칭적으로 작용하고, 인식하지 못하는 사람에게는 비대칭적으로 작용한다. 그래서 동일한 정보라도 어떻게 이해하고 가공하느냐에 따라 새로운 기회가 발생하고 사라지는 것이다. 그러므로 사업자는 실시간 취득하는 지식과 정보를 대상으로 '그래서 어떻다는 것이냐?'라는 의문을 부여하는 연습과 정보가 어디에 어떻게 반영될 것인가를 다각적으로 분석하는 노력을 지속해야 한다. 단순히 전달되는 정보의 앞면만을 바라보지 말고, 그 정보에 내재된 이면(裏面)의 가치와 의미를 파악하는 노력에 집중해야 한다. 돈은 정보의 이면에 숨어 있다.

만화책과 과학 영화로 상상력을 길러라

예전에는 자녀들이 만화방과 영화관을 자주 출입하면 부모들이 싫어했다. 공부를 소홀히 하고 불량 학생과 어울릴 것을 꺼렸기 때문이다. 하지만 당시는 인터넷이 발달하지 않았고, 청소년만의 전용 공간과 컴퓨터 등이 없었기 때문에 축구와 야구를 제외하면 만화와 영화는 최고의 오락거리였다. 그리고 과거의 만화와 영화 속에 등장했던 기술과 전자기기들은 현대에 유용하게 사용되고 있다. 즉, 이미 과거의 공상 과학 만화와 영화에는 시대를 앞서는 기술과 추세가 반영되고 있었다. 바닷속 깊은 곳과 우주의 다른 별에 도시를 건설하여 사람이 거주하고, 사람과 비슷한 인지 기능과 동작 기능을 가지는 로봇이 등장하며, 시간을 여행하는 타임머신의 개념이 그려졌다. 그리고 새로운 디자인과 소재의 의상이 소개되고, 사람의 장기(臟器)를 대체하는 인공장기로 수명을 연장하는 모습도 표현되었다. 기술적 제약의 한계에 부딪혀 실현되지 못했던 머릿속의 상상과 가설이 만화와 영화에서는 상상한 그대로 표현되고 그려진 것이다. 그리고 작가의 상상과 가설은 현대에서 점차 현실화되고 있다.

과거의 만화·영화 속 장면과 현대기술을 비교하면, 쉽게 만화와 영화 속의 상상들이 실현된 것을 확인할 수 있다. 휴대전화기의 영상통화, 외부에서 가정의 전자제품을 제어하는 사물 인터넷, 춤추고 일하는 로봇, 몸속을 돌아다니며 병원균을 제어하는 의료용 캡슐, 인체지도 제작 등이 이미 과거의 만화와 영화 속에서 구현된 기술들이다.

상상력은 창의력의 다른 이름이다. 새로운 생각과 공상이 상상하게 만들고, 사고의 한계를 의식하지 않게 한다. 그러므로 독창적인 아이디어 창업을 희망한다면, 생각과 공상이 현재의 기술과 방식에 머물러서는 안 된다. 그리고 미래의 기술과 시장은 현재 기술의 불편함과 단점을 개선하고 다른 기술을 혼합·변형하는 시도 중에 발견할 수 있다. 따라서 제품 개발방식도 이와 같은 범주 안에서 찾아야 한다. 더불어

|호스팅케이알 저자 도메인|

미래의 기술을 엿보고 새로운 아이디어의 단서를 얻고 싶으면, 공상과학 만화를 탐독하고 SF영화를 관람하면 도움이 될 수 있다.

지식재산의 중요성을 자각하라

주입식 교육과 정형화된 사고방식을 중시했던 대한민국의 교육정책이 창의적인 사고와 다양성을 중시하는 방향으로 변화하기 시작했다. 미래 사회의 동력원으로 창의성과 다양성이 강조되기 시작한 것이다. 창의는 역발상과 고정관념을 거부하는 엉뚱하고 기발한 생각에서 출발하며, 창의력이 표출된 결과물이 지식재산이다. 이에 따라, 지식재산의 중요성이 새롭게 강조되고 있다. 과거에는 현금, 보석류, 금, 주택, 토지 등이 재산평가의 주요 지표였으나, 현재는 '지식재산'의 중요성이 부각되어 평가지표에 포함되고 있는 추세이다.

지식재산의 장점은 독점적으로 기술과 디자인 등을 사용할 수 있다는 점으로 경쟁자와 후발주자를 견제할 수 있는 유용한 도구로 활용이 가능하다. 특히, 기술의 발달에 따른 기술 간의 격차가 줄어드는 상황에서의 특허권은 대등한 기술력을 보유한 경쟁자 간의 경쟁에서 경쟁자의 시장 진입을 제한하고 지연시키는 효과적인 수단으로 사용 가능하다. 그러므로 어떤 수단으로 어떻게 경쟁자와 차별화할 것인가에 관심을 가져야 하며, 차별화 수단의 하나로 지식재산권(특허/실용신안/디자인/상표) 획득에 관심과 노력을 기울여야 한다. 순간의 번뜩이는 한 생각이 자산 규모를 증가시키고, 선점한 도메인 주소가 부자의 대열로 이끌 수 있다.

사업 아이템 선정방법

향후 5년 뒤 무엇을 할 것인가를 생각하라

사업 아이템을 선정하는 방법으로 현재의 트렌드 제품과 연관된 아이템을 선정하는 방법도 유용하지만, 안정적인 수익창출과 시장 변화에 대처하기 위해서는 향후 5년 뒤 어떤 아이템이 소비자에게 주목받을 것인가를 검토하여 결정해야 한다. 이는 소비자의 기호와 관심은 항상 변화하기 때문이다. 특히, 하나의 아이템으로 중·장기적인 사업 기간을 필요로 한다면, 시장 동향과 추이에 더욱 관심을 가져야 하며, 현재의 아이템이 갖는 한계(제품 특성/목표 고객 규모/경쟁제품 출현 시기 등)를 사전에 점검하여 선제적으로 후속대책(후속제품 출시/판매 조건 변경/신규제품 개발 등)을 수립해야 한다.

예를 들면, 붕어빵에 들어가는 '단팥' 다음에는 어떤 재료의 '내용물'이 주목을 받을 것인가?, 피자 토핑은 어떻게 변화할 것인가?, 양복 디자인은 어떻게 바뀔 것인가? 등의 고민과 예측이 있어야만 미래를 대비할 수 있다. 다만, 10년 이상의 장기적인 소비자 기호 변화를 예측하려는 시도는 자제해야 한다. 왜냐하면, 현실성이 낮고 변동 가능성이 높아 예측에 한계가 있기 때문이다. 그러므로 예측 기간을 5년 이내로 한정하여 미래의 변화를 준비해야 실현 가능성이 높다.

사전 예측을 통해 얻을 수 있는 이익은 고객의 기호에 부합되는 제품과 서비스를 적기에 제공할 수 있다는 점과 현재 판매 중인 제품과 서비스의 장단점을 객관적으로 점검할 수 있다는 점이다. 더불어 시장 흐름을 예측할 수 있어 변화에 선제적으로 대응할 수 있다.

시간과 맞바꾸는 사업 고려하기

사업자가 일하지 않으면 수입이 단절되는 사업은 창업자가 쉽게 지친다. 따라서 사업체는 시스템에 의해 유지되고 운영되어야 한다. 그리고 회사는 경제적 생태계 구조상 상위에 위치해야 하고, 다른 사업자와 협력자는 이윤추구에 동참하는 업무체제 속에 존재해야 한다. 즉, 시간과 노력에 비례하여 수익을 거두는 사업은 지양해야 한다. 예를 들면, 변호사·의사·컨설턴트 등의 사업자는 사업자가 일하지 않으면 수입을 기대할 수 없다. 이는 사업자를 대체할 수 없기 때문이다. 이와 반대로 다단계 판매회사의 상위판매자·보험 판매 조직의 매니저·가맹사업본부 등은 시스템에 의해 조직이 운영되고, 하위조직에 위치한 사업자의 영업활동에 의해 수입이 결정되는 특징이 있다. 그러므로 창업자는 사업 아이템 선정 시 ①경제적 생태계 구조의 상위에 위치하는 사업 ②구축된 시스템에 의해 수익창출이 가능한 사업인지를 고려해야 한다.

초기에는 시스템 구축이 어렵고 힘들지만, 체제가 구축되면 쉽게 와해되지 않으며, 지속적이고 장기적으로 수익을 창출한다. 그러므로 창업자는 아이템 선정 전, 창업 분야의 생태계 구조를 확인해야 하고, 시스템 구축과 사업의 지속 가능 여부를 분석해야 한다. 그리고 조사된 정보를 근거로 창업자가 새로운 시스템을 구축하거나, 이미 구축된 시스템상의 상위에 위치(positioning)해야 한다. 시스템에 의해 운영되고 수익이 창출되는 사업은 위기에 쉽게 노출되지 않고 생존율이 높다.

아이템을 사랑하지 마라

집중과 선택은 사업자의 중요한 덕목이다. 이는 소비자의 기호와 시대 흐름을 읽어 소비자가 좋아하는 제품과 서비스를 선택해서 역량을 집중해야 하기 때문이다. 그러므로 소비자의 기호와 경향 변화에 민감해야 하고, 소비자가 환호하는 제품과 서비스에 지나치게 몰입해서는 안 된다. 유행과 소비자 기호는 수시로 변화하기 때문에 변화에 역행하면 생존하기 어렵다. 소비자에게 영속적으로 선택되는 제품과 서비스는 존재하지 않으며, 현재의 유행제품과 서비스를 개선하고 극복하여 나오는 신제품과 서비스는 계속 등장하기 때문이다. 따라서 사업자의 일방적이고 편집적인 아이템 사랑은 곤란하다. 아이템은 유행과 소비자 기호에 따라 변화함을 인식하고, 변화되는 환경에 적절히 대응할 수 있는 제품과 서비스를 개발·발굴해야 한다. 예를 들면, 1970년과 2017년의 부대찌개는 맛, 재료, 용량, 조리법 등에서 분명한 차이가 있다. 소비자의 식성과 음식 문화가 변화했기 때문이다. 이와 같이 제품과 서비스는 시대 흐름과 세대 교체에 연동하여 변화해왔다.

따라서 특정 분야의 1인자 또는 1위 기업을 지향해야 하지만, 개선과 발전이 없는 아이템 사랑은 지양해야 한다. 지나친 몰입은 사업자를 부도 위기로 이끈다. 1970~

1980년대 유행했던 제품과 디자인이 2017년 현재에는 진부하게 느껴지는 것과 같이 시간이 흐르고 세대가 바뀌면 유행과 가치관도 자연스럽게 변화한다. 그래서 사업자에게는 소비자가 무엇을 요구하고, 어떤 것을 좋아하는가를 알아차릴 수 있는 안목이 있어야 한다. 시대 흐름에 따라 다양한 아이템이 생성되고 소멸하였는데, 인터넷으로 영화 시청이 가능해져서 비디오 대여점이 도서 대여점으로 변경되었고, 이메일의 상용화로 우체통이 감소하고 있으며, 휴대전화로 인해 공중전화 부스가 줄어들고 있다. 또한, 인터넷을 이용한 영화 시청 인구의 증가로 비디오 대여점과 비디오테이프 제조자는 쇠락했으나, 인터넷으로 영화시청권을 판매하는 회사를 출현시켰다. 이와 같이, 사업 아이템과 유행은 유기적으로 연결되어 새로운 시장을 창출하고 변화를 주도한다. 그러므로 사업 아이템은 상황에 맞게 변화하는 카멜레온과 같아야 한다.

세상이 좋아하고 요구하는 아이템을 찾아라

사업은 사업자가 좋아하고 잘하는 분야에서 출발해야 성공 가능성이 높다. 세상이 좋아하고 요구하는 제품과 서비스를 주력 아이템으로 선정해도 나쁘지 않다. 다만, 자신의 제품과 서비스에 집착하면 안 된다. 일부 사업자는 자신의 제품과 서비스에 대한 자부심이 너무 강하여 유행과 소비자 기호 변화에 둔감하고, 부정적인 의견에 민감하게 반응한다. 그래서 식상한 디자인과 범용기술에 대한 개선과 극복이 없고, 오직 자신의 제품과 서비스만이 최고이고 경쟁력을 보유하고 있다고 착각한다. 사업자는 당연히 자신의 제품과 서비스를 사랑해야 하며, 제품력에 대한 확신을 가져야 한다. 왜냐하면, 사업자가 신뢰하지 못하는 제품과 서비스는 소비자도 선택하지 않기 때문이다. 다만, 사랑과 확신이 집착으로 변질되면 안 되며, 애정과 아집은 분명히 구분되어야 한다. 따라서 객관적인 입장에서의 아이템 선정이 어려우면, 차선책으로 '세상이 좋아하고 요구하는 아이템'을 찾는 방법을 활용하면 유용하다. 사업자가 좋아하는 아이템이 아니라 세상이 좋아하는 아이템은 다수의 소비자에 의해 객관적으로 검증되었기 때문에 실패 가능성이 낮다. 결국 제품과 서비스의 최종 사용자는 소비자이기 때문에 그들이 좋아하고 요구하는 아이템은 당연히 성공 가능성이 높다.

확신할 수 있는 사업을 하라

포커 게임을 하면서 보유 카드로 승리를 100% 확신하는 사람은 소수에 불과하다. 불확실성이 크기 때문에 사람마다 배팅을 결정하는 기준도 다를 수밖에 없다. 다만, 낮은 승률의 기준선은 대부분 대동소이하여 50% 이하의 승률에는 쉽게 승부하지 않는다. 대다수 사람들은 위험보다는 안전을 우선하기 때문이다. 그러므로 사업도 포커 게임과 같이 승률이 낮으면 승부하지 말아야 하며, 창업자가 확신하지 못하는 사업은 재고(再考)해야 한다. 스스로를 설득하지 못하는 아이템으로 다른 사람을 설득할 수는 없기 때문이다. 사업 아이템 선정은 신중해야 하고, 사업자가 사업 아이템의 성격과 특성을 명확히 이해하고 있어야 한다.

포커 게임의 최후 승자는 낮은 승률에 승부하는 사람이 아니라, 승리를 확신하는 카드에만 승부하는 사람이다. 따라서 상대방에게는 소심하고 계산적으로 보이더라도 포커 게임의 최종 목적인 게임머니(Game Money) 획득에 집중해야 하고, 승부와 관계없는 다른 사람의 생각과 평가를 의식하지 말아야 하며, 높은 승률을 확신하는 카드에만 집중해야 한다. 동일한 방식을 적용하여 사업 아이템을 선정할 때도 성공을 확신하는 아이템에 집중해야 한다. 포커 게임과 같이 사업의 최종 목적도 이윤 획득에 있기 때문이다.

기대수익이 낮은 사업은 재고(再考)하라

아이템 선정 시 창업자는 기대수익률이 낮은 아이템은 배제해야 한다. 특히, 선두주자의 시장점유율이 과도하게 높거나, 경쟁자가 많아 변별력이 없는 아이템은 기대수익률도 낮다. 그리고 가격 변동 구간이 좁아서 소비자의 인식 가격을 변경하기 어려운 아이템도 배제해야 하는데, 인식 가격 이상의 가격으로 판매하면 소비자가 외면하기 때문이다. 그러므로 창업 초기에는 ①초기 투자자금 대비 기대수익률이 낮은 사업 ②기대수익률은 높지만, 투자자금이 많은 사업 ③적은 투자자금과 낮은 기대수익률의 사업은 배제해야 한다. 사업의 성공 가능성이 낮기 때문이다.

그러므로 창업자의 아이템 선정은 적은 투자자금으로 높은 수익을 기대할 수 있는 아이템을 사업 초기에 선정하고, 사업이 안정화되어 자금력이 충분하면 수익률이 낮고 투자자금이 적은 아이템으로 시장 가능성을 확인한 뒤, 많은 투자자금으로 높은 수익을 기대할 수 있는 아이템으로 사업영역을 확대해야 한다. 예를 들면, 판매 수익률이 높다고 비행기를 만들고, 공중전화 부스용 전화기를 만들겠다는 생각은 가용자금과 인력, 시간이 부족한 창업자의 사업영역이 아니다. 조기안착에 조급해하지 말고, 창업자의 능력에 부합하며, 투자자금 대비 수익률이 높은 사업 아이템에 집중해야 한다. 투자자금이 적다고 수익률도 비례하여 낮은 것은 아니다. 시장 흐름과 소비자의 기호 변화를 세밀히 관찰하면, 다른 사람이 진출하지 않은 사업영역과 경쟁자가 적어 높은 수익을 기대할 수 있는 아이템을 발견할 수 있다.

차별화는 '발상의 전환'에서 출발한다

'차별화'해야 경쟁에서 승리할 수 있다고 많은 사람들이 말하는데, 정작 어떻게 '차별화'해야 하는 것인지를 모르는 사람이 많다. 차별화는 마치 새롭고, 전혀 엉뚱하며, 기발한 생각에서 출발하고, 결과물도 전혀 새로운 제품과 서비스여야 하는 것처럼 생각하지만, 차별화는 사업자가 잘 아는 분야에서 출발하고, 동일한 패턴의 일상생활 속에서 찾아야 하며, 사업자가 잘할 수 있는 분야에서 시도해야 한다. 즉, 차별화란 전혀 엉뚱하고 생뚱맞은 것이 아니라, 사업자의 지식과 유·무형의 능력 범위 안에서 기존의 생각과 행동의 틀을 다르게 하여 기존의 방식과 다르게 시도하고 새로운 것을 만드는 것이다.

예를 들면, 대부분의 취업희망자가 전공과목과 일반상식 공부에 매진할 때, 역발상하여 현장과 지식을 연결하는 방식으로 경쟁하는 방식이다. 즉, 전공지식을 입사 회사에 적용할 수 있는 시안을 만들어 발표하거나, 입사 회사의 장단점을 전공자 입장에서 분석하여 제출하는 방법 등이다. 국문학 전공자는 회사 홈페이지와 홍보자료 등의 오·탈자와 문법적 오류를 찾아내 수정 건의하고, 체육학 전공자는 회사 내 체육시설과 운영상황을 파악해 개선방안을 건의하며, 심리학 전공자는 제품구매자에 대한 현장 인터뷰를 진행하여 구매심리 리포트를 제출하고, 디자인 전공자는 제품 디자인에 대한 개선안을 만들어 건의하는 방식이다. 오·탈자와 문법적 오류의 교정, 업무향상 수단으로의 운동 활용방안 제안, 소비자 구매심리 파악, 제품 디자인 개선안 제출 등은 다른 취업희망자가 준비하지 않은 독특한 차별화 방법이 될 수 있다.

모두가 당연시하는 것을 당연하게 바라보지 않을 때, 모두가 불편해하는 것을 개선하려고 할 때부터 차별화는 시작된다. 차별화는 가깝고, 쉬우며, 작은 것에서 시작된다.

'차별화'는 단순하다

2012년 취업활성화방안 도출을 위한 취업담당 보직교수들과의 토론회에 참석하였는데, 토론 중 가장 많이 나온 단어가 '차별화'였다. 취업을 위해서는 취업희망자만의 차별화 전략이 필요하다는 결론에 참석자들의 의견이 합치되었는데, 어떻게 차별화해야 하는가에 대해서는 특출한 아이디어가 제시되지 않았다. 차별화의 필요성에는 공감하지만, '실행방법으로서의 차별화'에 대해서는 잘 모르는 것이었다. 그러나 차별화는 어렵지 않고 단순하며, 실생활에서 차별화 사례를 쉽게 발견할 수 있다. 경쟁 점포와 다른 모양으로 제품을 진열한 동네 슈퍼마켓, 생선 가게의 생선가시 제거 서비스, 한입 크기의 한과, 설탕 대신 꿀을 사용하는 과자, 모서리를 라운드 모양으로 마감 처리한 교탁 등이 모두 차별화가 반영된 결과이다. 차별화는 문자가 아니라 현재진행형의 살아있는 생물이다. 그래서 기존 경쟁자보다 열악한 자원(자금, 인력, 조직 등)으로 경쟁해야 하는 창업자에게 차별화는 더욱 중요하며, 학문적 연구영역 안에서의 추상적 차별화가 아니라, 현장에서 즉시 사용할 수 있는 '실용적 차별화 방법'으로 경쟁해야 한다.

차별화를 시도하는 방식과 활용 범위도 제한이 없어 단순하게는 기존의 방식이나 사고체계와 다르게 시도하거나 생각하면 되고, 심화하여 새로운 기술과 방식을 개발하거나 도출해도 된다. 예를 들면, 경쟁자가 많은 영어와 제2외국어 대신에 경쟁자가 적은 제3외국어를 공부하는 방법, 학문적 지식과 관련 분야의 경험을 동시에 습득하는 방법, 경쟁률이 낮은 해외에서 글로벌 기업 입사시험에 응시하는 방법 등이 모두 다르게 시도하는 차별화 방법들이다. 대한민국의 어학 선호도는 수출과 밀접한 관련이 있어 수출판로가 제3국으로 변경되면 제3외국어 가능자가 우대받을 수 있고, 여러 국가에서 직원을 채용하는 글로벌 기업의 채용방식을 활용하여 경쟁률이 낮은 국가에서 입사시험에 응시하면 합격률을 높일 수 있다.

또한, 건강을 중시하는 소비자를 겨냥한 현미 전문 곡물 가게, 당뇨 환자를 목표로 잡곡밥만 전문으로 판매하는 인터넷 사이트, 쑥을 첨가한 조청으로 만드는 한과,

원적외선으로 요리하는 주방용품, 전기를 사용하지 않는 요구르트 메이커 등도 차별화를 시도한 대표적 사례들로, 이와 같은 차별화 사례의 공통점은 '그 무엇이 경쟁자와 다르다'는 것이다. 다르기 때문에 소비자의 관심을 유도하고 구매와 사용으로 연결된다는 점이다. 그러므로 현재 제공하고 있는 제품과 서비스에 대한 새로운 관점에서의 고민과 검증이 필요하며, 소비자가 어떻게 인식할 것인가?, 소비자가 어떤 '욕망'으로 구매하는가? 등을 소비자 입장에서 검토해야 한다. 그리고 그들이 제품과 서비스를 긍정적으로 인식하게 하고, 욕망을 충족시키는 방향으로 제품과 서비스를 제공하면 된다. 구매자는 항상 기존과 다른 '그 무엇에' 호기심을 갖기 때문에 판매자가 구매자 입장에서 생각한다면 차별화는 복잡하지만은 않다.

사업 진행 전 선행과제

수입원의 다변화

세상의 모든 일처럼 사업도 성공과 실패가 공존하고, 결과에 따라 사업자와 주변인의 삶이 변화한다. 그래서 가용자금을 모두 투자하는 창업자는 성공과 실패에 더욱 절실할 수밖에 없다. 사업 성공은 경쟁력 확보를 전제로 하는데, 창업자에게는 경쟁력을 갖추기까지의 시간과 비용의 여유가 없다. 그래서 수익창출 시점까지의 공백 기간 중 발생하는 수입단절 문제를 해소할 수 있는 대책이 중요하다. 여가생활비 등의 간접비용은 감축 가능하지만, 생활비와 자녀 학비 등의 고정비용은 축소하기 어렵다. 그래서 창업자는 수입창출 시점까지 수입단절과 고정비용 지출에 따른 재정적인 압박에 시달리다 준비되지 않은 창업을 하고 종국에는 사업화에 실패한다.

그러므로 성공적인 창업을 위해서는 창업 아이템 이외의 수익창출 아이템을 준비하고, 가용 가능한 인적 네트워크와 지식 등을 활용하여 수입원을 다변화해야 한다. 이는 창업 준비 기간 중 수입단절을 해소하고, 심리적 안정감을 얻어 사업경쟁력을 확보하기 위함이며, 또 창업 직후에는 안정적인 수입 획득이 어렵고, 예상하지 못한 돌발비용의 발생이 많아 현금 흐름이 원활하지 않기 때문이다. 그래서 '수입의 다변화'는 창업 전 반드시 선행되어야 할 필수사항이다.

그러나 대부분의 창업자는, 창업 아이템 하나에 몰입하여 수입원을 다변화하지 못하고, 실패를 대비한 '플랜 B'를 수립하지 않는다. 수입의 다변화는 수익창출 시점까지의 수입단절 해소를 목적으로 하지만, 플랜 A(창업 아이템)의 실패에 따른 차선 아이템으로서의 '플랜 B'와 동일한 목적을 갖는다. 즉, 달걀을 한 바구니에 담지 않듯이 실패에 따른 재정적 위험을 최소화하고, 사업화 기간 중 고정비용 지출 압박을 회피하며, 재기자금을 확보하는 원천으로써 '수입의 다변화'가 필요하다. 그러므로 창업계획서 작성단계부터 주력 아이템 이외의 아이템 전개를 포함하는 계획서가 작성되어야 한다. 수입원을 다변화함으로써 얻을 수 있는 또 다른 효용은 다변화한 수입원이 속한 산업 분야에서 새로운 아이템과 시장을 발견하는 기회를 얻을 수도 있다는 점이다.

| 마이어스(Myers)와 브릭스(Briggs)의 성격유형 검사 도구 활용/ MBTI 분석을 통한 자가진단 |

따라서, 창업자는 창업 전 고정비용 지출을 해결할 수 있는 수입원을 만들어야 하며, 창업 아이템의 조기(早期) 수익 획득에 집중해야 한다. 그리고 단기간 내 수익 획득이 불가능하면, 한시적으로 고정수입원의 확보방안을 먼저 강구해야 한다. 창업자를 조급하게 만들고, 준비되지 않은 창업을 시도하도록 유도하는 주요 원인이 고정수입의 단절이기 때문이다.

아이템별 실행/해제주기(週期) 설정

아이템에는 고유 특성과 생명주기가 존재한다. 즉, 아이템마다 독특한 특징과 장단점을 내포하고 있고, 탄생부터 소멸까지의 생명주기를 갖는다. 이에 따라, 아이템은 소비자에게 주목받기도 하고, 기호(嗜好)와 유행이 변화하면 외면당하여 관심에서 멀어져간다. 그러므로 하나의 사업 아이템으로 장기간 높은 매출실적을 시현하기는 쉽지 않다. 이는 제품과 서비스의 정체성은 동일하지만, 시장환경이 변화하기 때문이다. 즉, 소비자 기호와 유행 등의 변화에 따라 소비자의 관심과 구매력도 연동하여 변화한다. 그러므로 사업계획을 수립할 때, 제품과 서비스의 실행시점(시장출시)과 해제시점(신제품/후속제품 개발)을 설정하는 작업은 중요하다.

사업 아이템은 실행/해제 주기와 투자금액과 사업 기간에 따라, 단기·중기·장기 아이템으로 구분할 수 있고, 단기(短期) 아이템은 트렌드 변화 주기가 1년 이내로 자금회전이 빠른 제품 위주로 구성하고, 중기(中期) 아이템은 트렌드 변화 주기가 3~5년이며, 2년 이내에 투자 금액의 절반 이상을 회수할 수 있는 제품으로, 장기(長期) 아이템은 제품과 서비스로 새로운 판매생태계를 구축할 수 있거나, 기존 생태계의 상위에 위치하기 용이한 제품을 주력 제품으로 결정해야 지속 가능한 수익창출이 가능하다. 다만, 단기 아이템은 트렌드 변화에 부합하는 신제품을 수시로 발굴해야 하고, 중기 아이템은 트렌드 변화 시점과 제품 개발과 출시 시기를 조율하기 어려우며, 장기 아이템은 신규 시장 구축과 생태계상의 상위에 위치하기에 많은 시간과 자금이 소요되는 단점이 있다.

그러므로 창업자는 사업계획서에 기간별 아이템의 실행과 해제 주기를 설정한 뒤, 시장 상황과 소비 흐름을 관찰하면서 선제적으로 아이템의 변화를 시도해야 한다. 즉, 단기·중기·장기 아이템의 순차적 실행과 해제를 통해 사업의 연속성을 추구해야 한다. 따라서 단기 아이템으로 창업 후 생활비 등의 고정 지출 부담을 해소하고, 중기 아이템으로 안정적인 수입원 확보와 가용자금을 조성하며, 장기 아이템으로 사업영역을 확대하고 신규 시장을 개척하는 방식으로 사업계획이 수립되고 진행되어야 한다. 특히, 사업계획서에 아이템의 실행과 해제 시점을 기간별로 도표화하여 관리하면, 기출시 제품의 퇴출과 신제품의 출시 시점을 조정할 수 있어 공급과 판매가 단절되지 않고 연속성을 담보할 수 있다.

우군(友軍)을 만들어라

창업은 창업자 자신과의 싸움이기도 하지만, 가족과 친구 등 주변인들의 염려 어린 시선과의 싸움이기도 하다. 창업자가 주변인들을 우호세력으로 확보하지 못하면 창업은 사상누각과 같고, 사업화 과정은 심리적으로 불편하고 험난한 길이 될 수밖에 없다. 주변인들은 창업자가 책임감을 갖도록 만드는 원천이며, 실패의 불안감을 해소시킬 수 있는 안식처이고, 사업의 방향성과 경쟁력을 검증할 수 있는 조언자이기 때문이다.

특히, 공동 운명체로서 가족 구성원의 지지와 성원은 절대적인 필수조건으로 가족과의 불화와 내분은 창업자의 심리상태를 불안정하게 만들어 창업자가 냉정하게 판단하고 이성적으로 결단하지 못하게 한다. 그래서 창업은 온전히 창업자만의 몫이 아니며, 주변인들의 유·무형의 지지와 성원이 더해져야 성공이 가능한 일이다. 그러므로 창업 전 반드시 주변인들에게 창업의 당위성과 성공 가능성을 설명하여 그들의 동의와 지지를 얻어내야 한다.

자기 과시욕을 70% 줄여라

창업은 다른 사람에게 창업자의 능력과 존재감을 과시하기 위한 수단이 아니다. 현실적으로는 물질적인 풍요를 확보하기 위한 수단이며, 형이상학적으로는 새로운 삶의 가치를 찾기 위한 과정이다. 그러므로 다른 사람의 시선과 평가를 의식하지 말고, 온전히 자신만의 이상과 목표에 집중하는 태도와 자세를 가져야 한다. 화려하게 장식된 사무실과 고가(高價)의 집기 비품에 관심을 갖는 이유는 다른 사람의 시선을 의식하고 평가를 두려워하기 때문이다. 창업자의 내면이 자신감과 긍정적인 마음으로 충만하면 다른 사람의 시선과 평가는 더 이상 두렵지 않게 된다. 창업자가 세상의 중심이기 때문이다.

사업이 정착되어 성공적인 결과를 시현하면, 의도하지 않아도 사람들이 창업자에게 모이고 칭찬할 것이며, 스스로 드러내지 않아도 존재감이 발현될 수밖에 없다. 그러므로 창업 초기부터 존재감을 과시하기 위해 노력하지 말아야 한다. 자기 과시욕의 70% 에너지를 사업화에 사용하는 것이 더 효율적이다. 창업자에게 필요한 덕목은 사업경쟁력을 어떻게 확보하고, 어떤 방식으로 매출을 극대화할 것인가에 대한 고민뿐이다.

여유자금을 만들어라

사업 중에는 수많은 위기와 돌발변수가 수시로 교차되어 발생하며, 위기와 돌발변수는 조직과 자금 부족, 정보와 지식 부족, 경쟁자 출현, 법규제정, 신기술 개발 등 다양한 모습으로 창업자를 위협한다. 더구나 인력과 자금 등이 풍부한 대기업과 달리 가용자원이 부족한 개인 창업자는 위기와 돌발변수의 발생에 더욱 대응하기 쉽지 않다. 특히, 자금 부족으로 발생하는 위기는 창업자가 대처하기 쉽지 않다. 개인에게는 자금을 조달할 수 있는 창구가 한정되어 있고, 조달 가능한 자금 규모에 한계가 있기 때문이다.

    40~50대 창업자의 대부분은 직장생활 중 받은 월급으로 생활비와 자녀 교육비를 충당해서 자금 사정이 넉넉하지 못한 경우가 많다. 그리고 학교 졸업 후 창업하는 청년창업자는 아예 여유자금마저 없는 경우가 많아 창업에 필요한 자금을 충당하기 쉽지 않다. 또한, 조달하는 자금의 대부분이 퇴직금과 대출금으로 사업 실패를 대비한 차선대책 실행과 재기를 위한 종잣돈으로서의 역할을 기대할 수 없다. '모 아니면 도'식의 도박과도 같은 창업이 성행하는 이유이다. 이에 따라, 개인 창업자의 성공 가능성이 낮을 수밖에 없고, 기존 사업자와의 경쟁에서 열세일 수밖에 없다. 그러므로 창업자는 창업자금을 최소화하는 '보수적인 창업'에 집중해야 하고, 최악의 경우를 상정한 '플랜 C'를 준비해야 한다. '플랜 C'(플랜 B : 주력 아이템의 실패를 가정한 차선책)의 핵심은 최소 6개월분의 생활비를 충당하는 여유자금을 조성하는 것으로 오직 창업자만이 인지하고 있어야 한다. 여유자금은 실패에 따른 채권추심으로부터 현재의 생활 수준을 유지하게 하고, 재정적 압박을 해소하여 재기를 위한 준비 기간을 부여하며, 안정적인 심리상태에서 채권·채무와 사무실·점포 등을 유리하게 정리할 수 있게 한다.

도피처를 만들어라

    사람은 누구나 힘들고 외로울 때 스스로를 위안하고 스트레스를 해소하는 각자의 방식과 도피처가 있다. 그리고 그 방식과 도피처를 통해 몸과 마음을 이완하고 재충전의 기회를 만든다. 팽팽한 긴장감 속에서는 창의적인 아이디어가 떠오르지 않는다. 적당한 휴식과 심리적 이완을 통해 사물과 현상을 객관적으로 직시해야 새로운 열정을 불러올 수 있다. 그러므로 창업자는 자신만의 도피처를 만들어야 한다. 사업 초보자가 치열한 경쟁 속에서 살아남기 위해서는 심리적 안정에 더하여 객관적 시각과 창의적 아이디어가 필요하기 때문이다. 삶과 현실에서 도망치는 회피처가 아니라, 소모된 심력과 기력을 재충전하고, 사업적 영감을 얻기 위한 긍정적 의미의 도피처가 필요하다. 또한, 그 도피처는 특정 장소가 아니어도 관계없고, 정형화된 방식일 필요도 없다. 단지 창업자가 편안히 쉬고 스스로 만족하면 된다.

[G. 사업 진행 시 고려사항]

생활 패턴을 단순화하고 정례화하라

창업의 성공 여부는 창업자의 가용자원 투입 정도에 좌우되므로 창업을 준비하는 창업자의 마음가짐과 태도가 매우 중요하다. 투자된 정성과 노력의 정도에 따라 사업경쟁력이 달라지기 때문이다. 그러므로 창업자는 생활 패턴을 단순화하고 일 처리 순서와 시간, 방법 등을 정례화해야 한다. 사업 성공을 좌우하는 요인 중의 하나가 선택과 집중이기 때문이다.

직장생활 중에는 담당 업무에 충실하면 되었지만, 창업자는 사업 전반의 모든 영역을 주도적으로 관장하고 수행해야 한다. 그래서 회사원은 정해진 회사의 규칙과 업무 한계만 준수하면 되지만, 창업자는 규칙과 업무 한계를 스스로 규정하고 준수해야 한다. 그리고 스스로를 어떻게 통제하고 규제하느냐에 따라 성공과 실패 확률이 변화한다. 이와 반대로, 간섭과 통제가 없는 생활 패턴은 창업자를 나태하고 무기력하게 만들어 소비적인 생활을 지향하게 하고, 나태하고 무기력한 삶을 긍정적으로 포장하여 자기합리화하게 만든다.

사업의 성공 여부와 관계없이 창업자의 삶도 다른 사람처럼 주체적이어야 하고, 창업자의 의지와 결정이 삶의 전부를 지배해야 하며, 스스로에게 더 엄격하고 통제적이어야 한다. 성공한 사업자들의 공통점은 소비적인 삶보다 생산적인 삶을 더 지향했다는 점이다. 그리고 당연히 그들은 소비적인 삶을 지향하는 사업자보다 성공 확률이 높았다.

사업 진행 전 실행과제

스스로를 진단(診斷)하라

'신(神)은 모든 사람에게 고유한 소질과 능력을 차별하여 주셨다'는 말이 있듯이 모든 사람은 다른 사람과 차별화된 각자의 타고난 재능(才能)이 있다. 그리고 재능에 따라 사업가, 과학자, 작가, 미용사, 예술가 등의 수많은 직업인이 생겨났다. 재능 발휘를 위한 최선의 방법은 재능과 부합하는 분야의 직업을 가지고 일하는 것이지만, 각자가 처한 환경과 조건에 의해 다른 분야에서 일해야 하는 경우도 많다. 그래서 저조한 성과를 시현하기도 하고 경영에 실패하기도 한다. 창업 분야도 마찬가지여서 사업가로서의 재능과 흥미가 없는 사람이 창업하여 실패하는 경우가 비일비재하다.

또한, 재능과 관계없이 보유역량을 사전 진단하고, 아이템을 검증하지 않은 상태에서 창업하여 실패하는 경우도 많다. 그러므로 창업 전에 스스로를 진단하는 일은 매우 중요하다.

    진단과 검증은 창업자의 경쟁력과 보유역량을 객관적으로 확인하는 과정으로 '적을 알고 나를 알면 백번을 싸워도 위태롭지 않다'는 말이 있듯이 창업 전에 제3자가 되어 냉정하게 스스로를 검증하고 진단해야 한다. 그래서 창업자의 재능과 창업 아이템의 부합 여부, 창업자의 성격과 사업 성격의 일치 여부 등을 확인하는 과정을 거쳐야 한다. 물리적 준비과정은 자금투자로 해결할 수 있지만, 스스로를 진단하는 과정은 창업자만이 수행할 수 있기 때문이다.

    그리고 스스로를 진단할 때, 주변인과 전문가를 자처하는 사람들의 의견에 몰입되어서는 안 되는데, 주변인과 전문가는 제3자로서 창업자의 외부 조건을 검증할 수 있지만, 창업자의 내부 조건을 가장 잘 아는 사람은 본인 자신이기 때문이다. 주변인과 전문가는 창업자의 내·외부를 심층적으로 관찰할 시간과 기회가 적기 때문에 사업 관련 정보와 지식 등의 조언과 전수는 가능하지만, 표현되지 않는 창업자의 생각과 심리상태 등은 알 수 없다. 때문에 피상적으로 관찰하고 검증한 결과물만을 제출할 수밖에 없다. 다만, 자가진단은 주관적 판단과 기준을 적용하여 자기합리화를 시도하는 경우가 많으므로 객관적인 외부 평가를 수검하는 방법을 겸해야 한다. 외부 평가의 가장 큰 장점은 창업자가 의식하지 못한 장·단점과 문제점을 발견할 수 있다는 점으로 경쟁력을 높이고 오류 가능성을 줄이는 목적으로 진단·평가받을 필요가 있다.

    창업자가 활용하기 용이한 자가진단 방법으로 '백지에 장·단점 적기'가 있는데, A4용지의 한가운데에 구분 선을 긋고, 좌우 빈칸에 장점과 단점을 생각나는 대로 적어가는 방법이다. 이 방법의 중요한 실행요건은 생각을 걸러내지(filtering) 말아야 한다는 것으로, 이렇게 무작위로 걸러내지 않고 종이에 기재하면 비교적 객관적으로 진단자의 장·단점을 파악할 수 있어 보유역량과 경쟁력 등의 확인과 활용이 용이하다.

시장분석

    시장 상황을 분석하고 소비 흐름을 예측하는 작업은 제품제조만큼 중요하다.

'과거와 같이 만들면 팔리는 시대가 아니라, 만들어진 물품 중에서 소비자가 선택하는 시대'로 소비환경이 변화했기 때문이다. 그래서 창업자는 제조만큼 시장조사와 분석에 많은 시간을 할애하고 관심을 집중해야 한다. 그리고 시장분석은 거시적 관점에서 전체 시장을 관찰하고, 미시적 관점으로 개별시장(관련 분야 시장)을 확인하는 순서로 진행해야 한다. 관련 분야 시장에 몰입하면 전체 시장의 흐름에 둔감해져, 투자와 출시 시점을 놓칠 수 있고, 예상치 못한 다른 분야에서의 경쟁자 출현에 대비할 수 없기 때문이다.

시장조사를 전문기관에 위탁하여 실시하면, 비교적 정확하고 광범위한 자료를 얻을 수 있지만, 가용자금이 충분치 못한 창업자는 재정적으로 부담된다. 따라서 위탁조사의 차선책으로 창업자가 직접조사하는 방법이 있으며, 직접조사도 방법에 따라 유의미한 결과를 획득할 수 있다. 그리고 직접조사방법 중 관련 검색어를 키워드(key word)로 설정하여 조사하는 방법이 있다. 즉, 특정 단어를 키워드로 설정한 뒤, 인터넷에서 ①포털사이트에서 관련 키워드 검색 ②관계자 인터뷰 검색 ③통계청 등 정부기관 자료 검색 ④대학·국회도서관 자료 검색 ⑤진입예정 분야의 선두주자 자료 검색(예 : 기업·브랜드 홈페이지) ⑥산업별 전문정보 매체 검색(예 : IT뉴스, 화장품 뉴스 등) ⑦관련 모임·그룹 소식 검색(예 : 카페, 블로그 등)의 순서로 조사하는 방법이다.

정보통신의 발달에 따라, 인터넷에 다양한 부류의 사용자가 접속하여 수많은 최신 정보와 지식이 갱신되어 공유되고 있다. 따라서 인터넷은 창업자에게 매우 유용한 정보 수집 도구이다. 조사방법은 '키워드 검색방법'의 순서에 따라 ①관련 키워드를 검색하여 개괄적인 정보와 지식을 습득한 뒤 ②관련 분야 관계자 인터뷰 자료를 통해 현장 분위기와 진행 개요를 간접 경험하고 ③정부기관 자료와 비교 대조하여 정보의 신뢰성을 높이며(통계청은 자료와 정보를 취합하고 체계적으로 분석하여 정리하는 기관인 만큼 관련 정보를 범주와 기간별로 일시에 획득할 수 있는 장점이 있다.) ④대학과 국회도서관 등의 심층적인 전문자료로 이해도를 높인다(논문과 학술지 등의 대학·도서관 자료는 전문지식을 습득하고 산업계의 발전방향까지 예측할 수 있는 장점이 있다.). ⑤관련 시장 선두주자가 제공하는 자료로 개별시장 환경을 분석한 후(시장 1위 기업과 브랜드의 홈페이지 자료는 현재의 시장 상황과 흐름이 실시간 반영되어 시장 전체 흐름과 트렌드 변화를 확인할 수 있고, 경쟁자의 실체와 장·단점을 파악하는 데 효율적이다.) ⑥해당 산업 분야의 전문 정보 매체의 실시간 뉴스와 기사를 확인하고

(산업 분야에 특화된 신문과 잡지기사는 관련 시장의 주요 관심사와 논쟁을 실시간 확인할 수 있고, 기사 내용을 통해 산업 분야 전체 흐름을 읽을 수 있는 장점이 있다.) ⑦사용자의 체험담과 사용 후기 등으로 소비자 반응을 확인하여 반영한다(인터넷 카페·블로그 등에서 사용자의 생생한 의견과 불만사항을 확인할 수 있어, 제조자와 판매자 입장에서 제품과 서비스를 관찰하는 오류를 예방할 수 있다).

그리고 시장분석을 위한 선행 조건으로 제품의 가치와 가격 특성을 이해하는 노력이 필요한데, 이는 소비자가 서비스 품질이 높고 성능이 우수한 제품만을 선택하지는 않기 때문이다. 즉, 만년필은 사용자가 매번 잉크를 주입해야 하는 필기 도구에 불과하지만, 희귀성과 제품이 갖는 특성이 가격에 반영되어 고가(高價)에 판매되고, 유명 인사가 사용하던 물건과 소장품이 경매에서 엄청난 가격으로 낙찰되는 현상 등을 이해할 수 있어야 한다.

용어 숙지

창업자 중에 관련 분야의 지식과 용어를 숙지하고 있는 사람이 드물다. 빵집을 개점하면서 빵의 종류와 재료배합 비율, 숙성시간, 가열온도 등을 모르고, 커피전문점을 시작하면서 커피의 종류, 볶는 방법, 원두의 품질 차이 등을 모르는 것이다. 창업자라면 관련 분야 지식과 용어에 익숙해야 하며, 최소한의 전문지식은 보유해야 경영에 애로사항이 없다. 사업대표자로서 전문 분야를 전문가에게 일임하는 방법이 효율적일 수 있지만 사업자가 업무에 무지하면 방만하게 운영될 수밖에 없고, 고용인에게 매달려야 하는 사태를 초래할 수 있다. 전문지식과 세부업무에는 무지하더라도 거래처와 직원에게 무시당하지 않을 정도의 지식과 업무사항은 습득해야 한다. 사업자가 사업 분야에 무지(無知)하면, 직원이 무시하고 거래처가 외면하며 고객이 선택하지 않는다. 그러므로 창업자는 창업 준비과정부터 관련 분야의 전문지식과 용어를 공부하고 현장 경험을 체득하는 노력을 선행해야 한다.

그리고 전문지식과 노하우 등을 취득하기 가장 좋은 방법은 책을 읽는 것이다. 책을 통해 현장에서 발생하는 돌발변수를 간접경험할 수 있고, 관련 분야 전문가의 생각과 의견을 확인할 수 있으며, 경쟁자의 특별한 경영기법을 배울 수가 있다. 더불어, 신규 시장 발굴, 신제품 정보 획득, 신기술 습득이 가능하며, 부가적으로 정서적 안정과 심리적 여유를 얻을 수 있다. 창업자의 책 읽기는 경쟁에서의 승리를 목적하지만, 전쟁과도 같은 생존현장에서 얻을 수 있는 창업자만의 시간이고, 사업경쟁력을 갖추는 유용한 기회라는 사실도 인식해야 한다.

사업 방향성 확립

창업을 계획한다면 어떤 방법으로 경쟁력을 확보하고, 어떻게 경쟁자와 차별화할 것인가를 고민해야 한다. 그래서 사업계획서에는 사업목표와 사업 정체성이 포함되어야 하며, 소비자를 유인하기 위한 홍보 활동과 마케팅 방법이 계획되어야 한다. 제과점 창업의 예를 들면, 어떤 빵과 과자를 주력 제품으로 선정하고, 주력 제품의 종류와 가격도 결정해야 한다. 그리고 진열대와 진열 제품의 배치, 정산 책상 위치와 구매자 동선(動線)도 고려해야 하며, 사용재료 표기방식과 가격표의 조화도 고민해야 한다. 즉, 빵이라는 하나의 아이템으로도 재료, 제조방식, 모양, 크기 등에 따라 다양한 차별화가 가능하고 새로운 경쟁력을 부여할 수 있다. 예를 들어, 식빵을 주력 아이템으로 선정했다고 가정하면, 옥수수식빵, 밀크식빵, 잡곡식빵 등의 메뉴 구성이 가능하고, 추가재료에 따라 감자식빵, 밤식빵, 쌀식빵 등으로 세분화가 가능하며, 빵의 두께와 모양을 근거로 가격을 분류하고, 화덕·오븐 구이 등의 제조방식에 따라 메뉴를 다양화할 수 있다.

그러므로 창업 초기 사업의 정체성을 명확하게 설정하여 '어느 아이템을 어떻게 제조하여 누구에게 어떤 방식으로 판매할 것이다'라는 구체적인 계획이 수립되어야 한다. 즉, 가장 먼저 식빵 전문점, 초콜릿 전문 제과점, 오븐구이 제빵 전문점과 같은 사업 정체성을 설정한 뒤, 재료와 제조방식 등의 세부 실행 요인으로 경쟁자와 차별화하여 제품을 알리고 판매를 촉진하는 홍보·마케팅 수단으로 목표 고객층을 공략한다.

그리고 차별화는 생각과 관점을 달리하면 누구나 가능하지만, 사업의 정체성을 결정하고 방향성을 확립하는 일은 사업 주체인 창업자가 아니면 시도할 수 없다. 즉, 칼국수에 돼지고기를 넣어 두루치기 방식으로 조리하는 요리법도 차별화이고, 샤브샤브 고기 육수에 칼국수 면을 추가하여 조리하는 방식도 차별화 방법 중의 하나로 세부조건을 다르게 하는 차별화는 누구나 가능하지만, 어떤 아이템으로 어떻게 경영하겠다는 사업의 방향 설정은 사업자만이 가능하다. 사업방향을 결정하는 작업은

'사업목표 설정-사업 정체성 확립-차별화 작업-홍보·마케팅 작업-판매'의 순서로 진행되는 일련의 창업과정 중 1순위 작업이다.

아이템 발굴
• 다른 분야 시장제품을 내 시장에 접목하라

경쟁자가 없는 신규 시장을 창출하고, 판매자가 가격 주도권을 갖는 아이템을 찾는 방법으로 다른 분야 시장 제품과 방식을 원용하는 방식이 있다. 즉, 다른 시장에서 사용하는 방식을 도입하여 경쟁자와 경쟁하거나, 다른 시장제품의 기능과 장점을 차용한 제품을 출시하는 방식으로 시장을 이동하여 판매하는 대표적인 사례를 들면 ①안경 전문점을 방문하는 낮은 시력의 소비자에게 추가 아이템으로 시력보완용 영양제 판매 ②은행·보험회사의 고객센터에서 무료로 제공하는 커피 수요를 겨냥한 원두커피 자판기 입점 ③등산용품매장에서 간편 식사용으로 군대 전투식량 판매 ④미용실에서 두발·두피용 영양제 판매 등이 있다. 이와 같이 시장을 이동하여 판매하는 방식은 이미 현장에서 널리 적용되고 있다.

• 주변 시장 제품을 찾아라

커피 전문점을 운영하려면, 다양한 커피 재료 이외에도 제조기계와 다양한 품목의 소모품이 필요하다. 로스팅(roasting) 기계와 블렌딩(blending) 기계는 물론이고, 시럽, 숟가락, 일회용 티슈, 컵, 테이크아웃 캐리어 등의 잡다한 소모품이 비치되어야 운영이 가능하다. 즉, 커피 전문점 매장을 개점하는 점주에게 커피 기계만 판매할 수 있는 것이 아니라, 커피 매장 관련 제품들을 판매할 수 있다는 의미이다. 그러므로 커피 전문점의 대표적인 비품으로 경쟁자가 주목하는 커피 기계에 집중하지 말고, 경쟁이 치열하지 않은 주변 제품을 판매하는 데 주목해야 한다. 시장과 제품을 보는 관점을 달리하면 다른 사람이 발견하지 못한 틈새시장과 제품이 보인다.

그러나 대부분의 제조자와 판매자는 다른 경쟁자가 관심을 갖는 제품과 서비스에 집중한다. 관심을 갖는 제품과 서비스가 관련 시장의 주력 제품이기도 하지만, 다른 사람의 선택과 판단을 무비판적으로 수용하기 때문이기도 하다. 즉, 다른 사람이 잘 판매하면 무조건 따라 하는 것이다. 이와 같이 관련 시장의 대표 제품(예 : 커피 전문점의 커피, 아이스크림 전문점의 아이스크림, 냉면 전문점의 육수 등)은 모두가 관심을 갖지만, 주변 제품(예 : 커피, 아이스크림 용기, 용기 캐리어(carrier), 일회용품, 향신료 등)에는 관심을 갖지 않아 경쟁자가 적다. 주변 제품 위주로 시장을 면밀히 관찰하면, 주력 제품의 그늘에서 주력 제품을 능가하는 매출과 이익을 시현하는 주변 제품이 매우 많다. 대표적인 사례로 영화상영관 내 팝콘·커피 매장과 놀이동산 내 간식 코너·기념품 매장, 야구경기장 출입구에서의 치킨 판매자 등은 주변시장 제품이 주력 제품과 결합되어 경쟁자의 무관심 속에서 실속 있는 수익을 거두고 있다.

• 동일한 콘셉트(Concept)를 피하라

시장 선두주자가 닭을 튀기는 방식으로 영업하면, 후발주자는 굽는 방식으로 경쟁해야 성공할 수 있다. 즉, 소비자들은 선두주자 제품에 익숙해져 있어 시장을 선점하고 있는 제품은 이미 그 자체로 경쟁력을 갖기 때문이다. 그러므로 선두주자와 동일한 방식이나 제품으로 경쟁하면 반드시 실패한다. 그래서 후발주자의 제품과 서비스는 소비자가 선두주자와 다르다고 인식하게 제공되어야 한다. 후발주자가 소스(sauce)를 바꾸고, 굽고, 중량을 증가해도 소비자는 익숙한 맛과 서비스를 쉽게 버리지 않는다. 후발주자가 시장 진입하기 어려운 이유와 동일한 콘셉트를 회피해야 할 이유가 여기에 있다.

• 다른 시장에서 성공한 제품으로 시장을 바꿔서 판매하라

강력한 선두주자가 존재하는 시장에 후발주자가 신규 진입하는 방법 중의 하나로 다른 시장에서 성공한 제품을 진입하려는 시장에서 판매하는 방법이 있다. 즉, 전혀 다른 재료와 기능 등으로 경쟁의 패러다임(paradigm)을 바꿔버리는 것이다. 경쟁자가 주목하는 재료와 기능, 효능 등으로 경쟁하지 않고, 전혀 다른 경쟁의 틀을 만들어 시장에 진입하는 방법이다.

예를 들면, 건강기능식품인 홍삼에서 피부에 유용한 성분을 추출하여 화장품에 첨가하는 방식이다. 홍삼의 효능을 신뢰하는 소비자의 긍정적 인식과 화장품이 결합하여 제품 가격과 효능에 대한 저항과 의구심을 해소하는 것이다. 기존의 시장 선두주자가 사용하지 않는 재료의 차별화로 신규 시장 개척이 용이하고, 홍삼이 갖는 재

료의 신뢰성을 무기로 차별화된 경쟁력을 확보할 수 있다. 소비자가 각각의 개별시장에서 1위 제품으로 인식하는 제품은 본래의 긍정적인 이미지 때문에 시장을 바꿔서 판매해도 소비자들의 거부감이 적다.

• 제품 본래의 용도를 찾아줘라

초기투자자금을 최소화할 수 있는 사업 아이디어를 찾는 방법으로 제품의 본래 용도에 맞는 제품을 개발하는 방법이 있다. 즉, 제품이 최초 개발될 때 목표했던 용도 이외의 목적으로 사용되는 대체품의 용도를 찾아주는 방법이다. 예를 들면, 종이컵의 본래 용도는 음료수를 담는 용도지만, 호떡과 떡볶이를 담는 용도의 대체품으로 사용되고 있다. 이에 따라, 종이컵을 대체하는 호떡과 떡볶이 전용 용기를 개발하는, 즉 기존 시장에 존재하지 않는 본래 용도의 제품으로 새로운 틈새시장을 개척하는 것이다. 초기투자자금이 적은 창업자와 아이디어 창업을 희망하는 창업자가 경쟁력 있는 창업을 시도할 수 있는 방법이다. 그러므로 아이디어 창업을 희망한다면, 기존 사업자가 관심을 갖지 않는 틈새시장과 제품에 관심을 가져야 한다. 이는 자본과 인력이 부족한 창업자가 기존 사업자와 대등하게 경쟁할 수 있는 유일한 방법이기 때문이다. 관심과 집중을 위해서 자금이 투자되는 것은 아니다.

• 규모에 맞는 아이템과 아이디어를 실현하라

창업자가 재정적으로 감당할 수 없는 규모의 창업은 실패를 재촉하는 중요한 요인이 될 수 있다. 실패 가능성을 고려하지 않는 창업자는 심리적으로 쫓기기 때문에 동원 가능한 모든 자산을 투자하는 창업은 실패하면 재기할 수 없다는 심리상태로 창업자를 내몰아, 창업자가 성공에 대한 절박감과 초조감을 갖게 만들고, 계획을 서두르거나 이성적인 판단을 가로막는 장애 요인으로 작용한다. 그러므로 창업자는 가용한 자금 규모와 자원(인력, 기술, 장비, 장소 등) 한도 내에서 아이템과 아이디어를 선정하여 사업화해야 한다.

예를 들면, 1인 창업자의 역량이 탁월해도 비행기나 컴퓨터를 제조할 수는 없다. 왜냐하면, 1인이 동원할 수 있는 가용자원(자금, 인력, 기술, 시간 등)이 한정적이기 때문이다. 그러므로 창업자의 역량을 고려한 사업 아이템 선정과 아이디어 채택이 요구되며, 실패 가능성을 고려한 재기(재창업)용 예비자원을 별도로 보유해야 한다. 세상의 모든 아이템과 아이디어가 자금 규모와 이익률에 비례하는 것은 아니기 때문에 소액 투자가 반드시 소규모 이익만을 창출하는 것은 아니다.

• 낮은 학력을 가진 사람들이 진행해온 산업을 현대화하라

사업 아이템을 선정하는 또 다른 방법 중의 하나로, 산업 분야 종사자들의 사회적 위치와 학력을 기준으로 선정하는 방법이 있다. 즉, 일반적으로 학력 수준이 낮은 사람들이 운영해온 사업 아이템은 사업화 기회가 많다. 1960~1980년대 대표적인 길거리 음식인 떡볶이와 호떡, 장터에서 먹던 국수가 프랜차이즈화된 사례가 대표적이다. 이와 같은 아이템들은 낮은 학력의 개인들이 특별한 기술 없이 소자본으로 창업하여 운영하였는데, 틈새시장으로서의 가능성을 발견한 사람은 현대화하여 프랜차이즈를 전개하였다. 또한, 고객의 불편함을 개선하고 목표고객을 한정하여 프랜차이즈화한 사례로 남성 이발 전문점이 있다. 천편일률적인 헤어디자인과 이발 이외의 서비스가 제공되지 않는 기존 이발관의 불편함을 개선하여 현대적이고 깨끗한 인테리어 시설과 고객의 다양한 요구사항을 반영한 서비스로 남성 이발 시장을 단시간에 장악하였다.

창업자는 산업 분야 전체를 거시적 관점에서 관찰해야 하며, 현대화되지 않은 산업 분야와 고객의 불편함을 개선하지 못하는 사업 아이템에 관심을 가져야 한다. 현대화와 개선 가능한 기회를 발견하는 순간이 새로운 사업전개의 시발점이 될 수 있기 때문이다.

• 아날로그는 고급스럽게 인식된다

산업기술의 발달로 균일한 품질의 제품을 대량생산할 수 있게 되었다. 이에 따라, 소비자의 제품 선택 기회는 증가하고, 제품 간의 차별화는 감소하여 제조자 간 가격 인하 경쟁이 심화되는 결과를 초래하게 되었다. 그리고 대량생산과 품질 동질화의 효과로 소비자는 품질과 가격에는 만족하지만, 유사한 성능과 기능을 보유한 제품들에 식상함을 느낀다. 그래서 다른 사람이 갖지 못하는 제품과 기능·성능이 상이한 제품에 열광한다. 즉, 제품과 서비스를 통해서 그들 스스로를 차별화하려고 한다.

그래서 소비자들은 장시간의 노력이 투자되어야 하는 아날로그방식을 선호하고, 아날로그방식으로 제작된 제품에 특별한 의미를 부여하며, 대량생산방식으로 제조된 제품보다 가치를 높게 평가한다.

이에 따라, 아날로그방식으로 제작된 제품은 높은 가격으로 판매해도 소비자들의 거부감이 적다. 예를 들면, 소비자가 프랜차이즈 회사의 피자를 구매할 때는 동일한 맛과 품질, 가격을 기대하지만, 전통방식으로 반죽하고 장작불 화덕에 굽는 피자가게의 수제피자를 구매할 때는 형태와 맛, 가격이 상이해도 수긍하고 인정한다. 기성양복보다 수제양복이 더 높은 가격에 판매되고, 의류 디자이너의 수제 웨딩드레스가 더 선호되는 현상 등이 모두 이와 같은 심리에 의해 발생한다.

• 노동 집약적인 산업을 현대화하라

노동 집약적 산업에는 현대화 기회가 많다. 장시간의 노동력이 소요되는 산업 아이템은 개선할 불편함이 많기 때문이다. 즉, 수작업 제조공정이 기계화 공정으로 바뀌고, 사람이 분류하던 선별과정이 자동화 선별과정으로 대체되는 것처럼, 시대의 흐름과 과학기술의 발전이 연동하여 현대화되는 산업 분야가 존재하기 때문이다. 예를 들면, 대장간을 대체하는 인터넷 철물점에서 농기구를 구매하고, 사람이 저울로 과일 무게를 측정하던 방식이 컨베이어 자동화 선별방식으로 개선된 변화가 대표적인 사례이다. 그러므로 노동력과 시간이 많이 투자되는 분야를 현대화하려는 시도 중에서 새로운 창업 아이템을 발견할 수 있다.

• 소비자가 가격 부담을 갖는 업종 가격을 개선하라

소비자가 가격 부담감을 느끼면서도 명품을 구매하는 이유는 명품이 구축한 이미지(고품질, 고가격, 한정 수량)로 인해 구매자가 다른 사람과 차별화된다는 만족감을 갖기 때문이다. 그래서 동일 브랜드 제품이라도 한정 수량의 최고가 제품이 제일 먼저 소진되는데, 이는 동일 브랜드 제품 중에서도 조금 더 차별화된 대우를 희망하기 때문이다. 따라서 명품 브랜드는 가격 부담을 느끼는 소비자가 수긍할 수 있는 할인율만 적용해도 매출 확대가 용이하다. 명품제품 구매를 망설이는 가장 큰 이유는 가격이 높기 때문이다.

그리고 명품제품과 같이 소비자가 가격 부담감을 갖는 품목들로 안경, 한약, 수제 기호품, 자연산 희귀 기호품 등의 품목들이 있다. 안경과 한약은 생산원가·성분·투입재료·기능정보 등을 소비자가 정확히 모르고, 수제 기호품은 한정 수량 때문에, 자연산 희귀 기호품은 인위적인 제조가 불가능하여 가격 결정권과 거래 주도권을 판매자가 갖게 됨으로써 판매자와 매장마다 가격이 상이하다. 따라서 소비자가 가격부담감을 갖지 않도록 판매가격을 균일화하고 제품정보를 자세히 제공하면, 소비자가 구매가격을 예측할 수 있어 매출 목표는 어렵지 않게 달성할 수 있다.

예를 들면, 안경 가격을 성인 안경 59,900원, 학생 안경 29,900원으로 통일하여 판매하거나, 일반 보약 20만 원, 특제 보약 30만 원으로 균일화하며, 수제 기호품의 크기와 종류에 관계없이 재질에 따라 동일가격을 적용하면, 소비자의 가격 부담감과 제품정보에 대한 의구심이 해소되어 구매가 촉진될 수 있다.

• 전화번호부는 정보의 바다

정보통신기술이 발전하지 않은 1960~1970년대에는 전화번호부를 제외하고 개인이 각 분야별 사업장 정보를 획득할 수 있는 수단이 거의 없었고, 전화번호부에 등재되는 사업장 정보도 전화번호와 업종, 주력 제품에 한정되어, 추가적인 정보를 획득하기 위해서는 직접 사업장에 전화를 걸어 확인하는 수밖에 없었다. 그럼에도 불구하고, 전화번호부는 소비자가 비교적 용이하게 사업장 정보를 획득할 수 있는 매개체였기 때문에 상호, 전화번호, 업종을 홍보하기 위해서는 전화번호부 등재가 필수적이었다.

현대에 들어서는 인터넷 등의 다양한 정보제공수단이 개발되어 정보 획득 창구로서의 기능이 많이 축소되었지만, 여전히 전화번호부는 다양한 업종 정보와 새로운 시장정보를 획득할 수 있는 정보제공 매개체로서의 기능을 유지하고 있다. 정보 매개체로서 전화번호부의 가장 큰 장점은 업종의 신규등재와 누락 추이로 간접적이나마 경제 흐름을 읽을 수 있다는 점과 변화하는 다양한 업종 경향을 파악할 수 있다는 점이다. 따라서 과거의 전화번호부와 현재의 전화번호부를 비교하면, 변화하는 경제·업종의 흐름을 확인할 수 있고, 각국의 전화번호부를 비교하여 각 나라만의 독특한 업종을 발견하면, 새로운 사업 아이템으로 활용할 수도 있다. 그러므로 다양한 정보를 획득하기 희망하는 창업자라면, 부가적인 정보 획득 수단으로 전화번호부를 활용하는 방법도 고려해볼 필요가 있다.

• 지속적인 납품이 가능한 제품을 찾아라

식음료 업종으로 창업하는 대부분의 이유는 식음료 업종이 경기의 영향을 많이 받지 않는다고 판단하기 때문이다. 즉, 경기가 나쁘더라도 밥은 먹는다는 낙관적인 생각에 기인한다. 경쟁력 있는 사업 아이템의 조건 중의 하나가 납품과 판매가 지속 가능한 아이템 여부이다. 판매 기간과 목표 고객이 한정적이고, 유행에 영향을 받아 한시적 판매만 가능한 아이템이라면, 주력 아이템으로 선정하는 것을 신중히 고려해야 한다. 예를 들면, 희소성이 매우 높은 보석과 동식물의 유통, 채취·생산이 시·공간적 제약을 받는 임산물과 수산물 등을 주력 아이템으로 선정하는 것에 신중해야 한다는 것이다. 단기간의 고수익은 가능할지 모르나, 지속적인 수익창출이 어려울 수 있는 아이템이기 때문이다.

• 실생활과 직결되는 제품을 주목하라

실생활과 직결된 생활용품 분야 제품은 지속적인 수익창출과 판매가 가능하다. 생활용품은 소비자의 삶과 밀착되어 있어, 지속적인 수요가 발생할 수밖에 없기 때문이다. 그러므로 소비자의 삶과 생활에 직접적인 영향을 미치는 제품을 찾아서 판매해야 한다. 사람은 살아가면서 입고(衣), 먹고(食), 거주(住)하며, 꾸미고(美), 휴식(休)하기 때문에 이와 연관된 산업 분야의 소비수요는 항상 존재할 수밖에 없다. 그러므로 사업 아이템을 의(衣)·식(食)·주(住)·미(美)·휴(休) 분야에서 발굴하면, 새로운 틈새시장을 발견하거나 아이템을 선정하는 데 어려움이 적다.

사업 진행 전 모의실험(simulation)

창업자가 종종 간과하는 과정이 사전 예행연습과정으로, 사전 예행연습은 머릿속의 계획을 실행계획서와 진도표를 근거로 전체 창업과정을 간접 체험하는 과정을 말한다. 머릿속의 계획을 문서화하고 도표화하면서 창업과정을 축소·간접체험하면, 예상치 못한 돌발변수와 위험요소를 예측할 수 있고, 최초 계획과 현실 상황과의 괴리감을 최소화할 수 있으며, 아이디어의 보완과 개선사항이 도출되어 무경험에 따른 실패위험을 최소화할 수 있다. 그리고 진행순서를 도표화하려면, 사업화 전 과정의 계획표(일명·'A~Z까지')를 작성하고, 계획표를 근거로 단계별 진도표(Time Table)를 작성한 뒤, 진도표에 맞춰 실행과정을 점검하는 방식을 사용하면 유용하다.

예행연습은 규모를 줄여 진행하는 '축소창업과정'과 관련 분야 사업체에 근무하면서 경험하는 '간접체험과정'으로 구분할 수 있는데, '축소창업과정'은 창업예정 아이템을 최소의 자본으로 직접 실행해보는 과정으로 사업자 입장에서 사업화 전 과정을 관찰할 수 있다는 장점과 향후 사업 규모의 확장이 용이하다는 장점이 있다. 다만, 축소된 규모라도 실패에 따른 금전적 손해와 기회비용의 손실이 발생하는 단점이 있다. 그리고 '간접체험과정'은 자본투자와 실패위험 없이 관련 분야의 경험과 지식을 얻을 수 있지만, 피고용인으로서 사업화 과정 중 일부 과정만을 체험하는 한계가 있어 사업자로서의 경험과 지식을 습득하기 어렵다는 단점이 있다.

예행연습은 실패 가능성을 감소시키는 장점도 있지만, 가장 큰 장점은 창업자에게 사업의 방향성을 결정하는 기회를 제공한다는 점이다. 즉, 정식 창업 전에 축소·간접체험으로 창업에 대한 두려움을 해소하고, 사업 방향성을 확신하는 계기가 될 수 있다는 점이다. 그럼으로써 창업자는 무지(無知)에 따른 위험 회피와 확신에 기인한 사업화의 원동력을 얻을 수 있다.

감성적인 비전(Vision)계획서 작성도 필요하다

대다수의 창업자가 사업계획서와 별개로 비전계획서를 작성하지는 않는다. 즉, 이성적 판단에 기인한 사업계획서는 작성하지만, 신념과 열정을 확인하는 비전계획서는 작성하지 않는다. 그러나 창업자에게 있어 마음가짐은 체계화된 사업계획서만큼 중요하다. 이는 도표화·수치화할 수 없기 때문에 검증하기 어렵고, 심리적 변화를 예측하기 힘들기 때문이다. 그리고 신념과 열정이 누락된 사업계획서는 무용지물과 같은데, 스스로도 설득하지 못하면서 다른 사람을 설득할 수는 없기 때문이다. 그러므로 창업자는 비전계획서를 작성해서 스스로의 신념과 열정을 재확인해야 한다.

비전계획서 작성방법 중 미래 모습을 상상하는 '연상기법'이 있다. 미래에 어떤 사회적 위치에 도달해 있고, 부의 규모는 어느 정도이며, 성취하려고 했던 목표치를 얼마만큼 달성했는가를 연상하는 방법으로 동기부여와 열정을 유지하는 데 많은 도움이 된다. '연상기법'이 유용한 이유는 대부분의 사람들이 자신의 미래 모습을 연상하지만, 구체적이지 않고 모호하게 연상하기 때문이다. 연상하는 모습이 구체적이고 치밀해야만 계획과 목표도 구체적이고 치밀해진다. 예를 들면, 5년 후 매출 50억 달성, 3년 후 전문가 수준 클라리넷 연주, 1년 후 가맹점포 5개 개설 등을 연상하는 방식이다. 즉, 연상 정도에 따라 계획과 목표는 연동한다.

희망은 말하고 생각한 대로 이루어진다는 말처럼, 생각하고 의도하는 방향으로 삶은 흘러간다. 수많은 생각의 밑그림과 희망들이 모두 성취되지는 않지만, 달성과 성취를 위한 밑거름으로 작용했음을 알 수 있다. 다만, 실현 불가능한 목표가 아니라, 실현 가능한 목표를 지향해야 한다. '생각은 행동을, 행동은 습관을, 습관은 성품을, 성품은 운명을 낳는다'는 사무엘 스마일스(Samuel Smiles)의 명언을 교훈 삼아 창업자는 앞으로 나아가야 한다.

정보의 웅덩이를 만들어라

현대에서 부의 크기는 정보의 양과 질에 비례한다. 그러므로 창업자는 정보 획득에 관심을 집중해야 하고, 필요 정보의 취사선택 능력을 배양하여, 세상의 흐름과 유행에 민감해야 한다. 그래서 필요한 정보가 집중되도록 시스템을 구축할 필요가 있다. 즉, 필요 정보가 구조적으로 모이는 '정보의 웅덩이'를 만들어야 한다. 정보의 웅덩이를 만드는 방법으로는 '사업과 관련된 큰 범주를 정하고, 정해진 범주 안에서 해당되는 정보 제공자를 공유'하는 방식을 사용하면 유용하다. 그리고 정보 제공자를 공유하는 방식과 정보 제공자의 종류에는 한계가 없어 신문과 방송 등의 언론기관, 정부기관과 지자체, 협회와 관련 분야 회사, 동호회와 인터넷 카페 등이 모두 포함되고, 인터넷 메일 서비스, 뉴스레터 신청, SNS 가입, 구독신청 등의 방법이 모두 가능하다.

공유방법은 ①관련 산업 분야 선택 ②관련 기관과 매체 선정 ③정보 제공 신청의 순서로 진행하면 된다. 즉, 식자재 관련 사업을 준비하면, 식품의약청·보건복지부·통계청·구청 등의 공공기관과 관련 식품회사, 식자재회사, 식품전문유통회사 등의 홈페이지에서 회원가입하고, 제공하는 정보를 실시간 획득하는 방법이다. 각각의 정보매체 정보가 창업자에게 흘러 고이게 만드는 것이다. 이 방법의 장점은 정보 제공자의 확대가 용이하고, 분야가 한정되어 있지 않다는 점으로 의도치 않은 분야의 정보가 사업에 도움이 될 수도 있다. 예를 들면, 관할관청의 소재지 사업자에 대한 저금리 대출정보 등은 사업자가 의도하지 않으면 얻기 어려운 정보로 정보의 웅덩이에 정보가 모이기 때문에 가능하다.

사업자등록증 발급 시 주의사항

창업은 사업자등록증 발급에서 시작된다. 사업자등록이 됨으로써 비로소 사업자 자격을 취득하기 때문이다. 사업자등록은 관할세무서에서 등록 가능하며, 업태와 종목 선정에 주의해야 한다. 의도치 않게 영업하지 않는 아이템을 등록하거나, 사업 욕심에 세금부과율이 높은 종목을 선택할 수 있기 때문이다. 그러므로 주력 사업과 관련 없으면, 업태와 종목을 욕심내어 추가하지 말아야 한다. 업태와 종목은 필요할 경우 언제든지 추가할 수 있다.

또한, '제조' 항목을 추가하려면 사전에 관련 서류(위탁생산계약서, 생산시설서류 등)를 준비해야 한다. 제조업은 생산설비를 기초하기 때문에 등록희망자와의 사업 연관성을 확인하는 용도로 사용된다. 그리고 창업 후 업태와 종목을 추가하거나, 사업장을 이전하는 등의 변경사항이 발생하면, 반드시 사업자등록증을 관할세무서에서 갱신해야 유리하다. 미갱신에 따른 불이익은 없으나, 서류송달 미수신 등의 불편함이 발생할 수 있기 때문이다.

재무(財務)적 관점에서 위험을 회피하라

창업자가 사업계획서를 수립하면서 쉽게 간과하는 부분이 재무적 관점에서 위험 회피 방법을 강구하지 않는 것이다. 즉, 대차대조표, 손익계산서, 현금 흐름표로 대변되는 '추정재무제표'를 작성하지 않는 것이다. 사업의 성공과 실패를 결정짓는 중요 요인이 이익률, 경비율, 성장률, 생존 가능성임을 고려하면, 재무적 관점에서의 손익계산과 성장·생존 가능성을 계산하는 추정재무제표 작성은 매우 중요하다. 따라서 창업자는 매출·영업 이익률 등의 이익률, 총지출비용과 생산단가 등의 비용, 그리고 순이익률과 단계별 수익률 등을 추정 산출하여 계획서 수립에 반영해야 한다. 따라서 창업자는 예측되는 자금의 투입과 지출내역을 근거로 자세하고 설득력 있는 추정손익을 산출해야 하고, 산출된 추정손익에 근거하여 생산비용 절감, 판매가격 조정, 제품기능 추가·축소, 재고 수량 조정 등의 재무적 판단을 해야 한다.

사업 진행 전략

나만의 무기(武器)를 만들어라

경쟁자와의 경쟁에서 승리하기 위한 경쟁력은 '나만의 무기(武器)'에서 비롯된다. 즉, 차별화, 독점화, 시스템화된 고유의 우위 요인이 있어야 한다. '차별화'는 가격·품질·기능·디자인·보유가치 등의 우위를 바탕으로 경쟁하는 것이고, '독점화'는 기술·정보·제조·유통라인 독점 등을 통해 시장점유율을 확대하는 것이며, '시스템화'는 프랜차이즈·방문판매 영업망·협력업체 라인 등을 구축하는 방식으로 사업구조를 만들어 경쟁하는 것을 의미한다.

경쟁에서 승리하려면 경쟁제품보다 가격은 낮고 품질은 높아야 하며, 제품 이미지와 브랜드가 소비자에게 친근감 있고 익숙해야 한다. 그리고 후발주자는 선두주자가 갖지 못한 '나만의 그 무엇'이 있어야 한다. 즉, 기능, 디자인, 브랜드 등의 비교에서 선두주자 제품과 명확히 구분되는 차별성을 갖고 있어야 한다. 예를 들면, '박카스'와 '대일밴드'는 소비자에게 자양강장 음료와 일회용 밴드의 대명사로 인식되어 소비자가 자양강장 음료와 일회용 밴드를 구매할 때, '박카스'와 '대일밴드'를 주문하는 현상이 대표적이다. 시장구조가 선두주자 제품으로 점유·고착화되어, 후발주자 제품이 '박카스'와 '대일밴드'의 벽을 넘지 못하는 상황이다. 그리고 이와 같이 고착화된 시장구조를 타파한 제품이 '비타500'이다. '비타500'은 '박카스'의 자양강장 기능에서 비타민의 함량과 효능만을 강조함으로써, 소비자가 '박카스'와 다른 제품으로 인식하도록 유도하는 데 성공하였다. 그리고 약국, 편의점, 할인마트, 일반소매점으로 판매 채널을 다변화하여 출시함으로써, 단기간에 시장점유율을 높일 수 있었다. 즉, 경쟁자가 강조하는 자양강장 기능 프레임을 버리고, '나만의 무기'로 비타민 함량과 효능에 집중하고, 약국 이외의 판매 채널로 판로를 확대함으로써, 기존 강자와 다른 프레임을 구축하는 데 성공하였다.

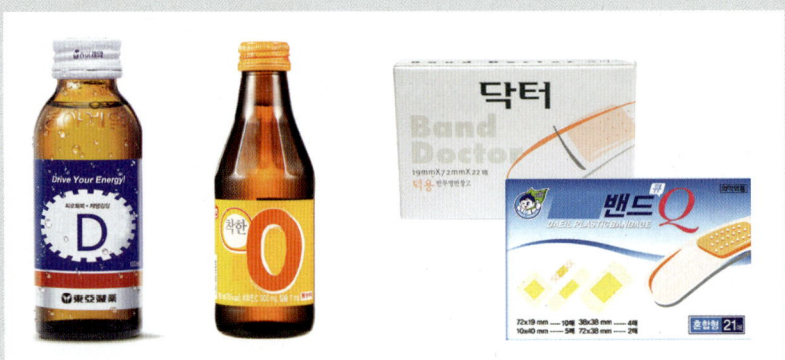

|제품의 차별화|

시장을 선점하라

　시장을 지배하려면 새로운 시장을 발견하여 선점하거나, 기존 시장에서 새로운 부가가치를 찾아야 한다. 즉, 경쟁이 치열한 기존 시장에서 탈피하여 경쟁자가 없는 시장으로 진입하거나, 기존 시장 제품의 불편함과 단점을 개선하거나 새로운 기능을 추가하여 경쟁자와 차별화해야 생존할 수 있다. 신규 시장에서는 시장 개척자가 가격결정권자가 되므로 의지에 따라 수익률을 조정할 수 있고, 기존 시장에서는 기존 제품과 차별화하면 가격경쟁에서 우위를 점할 수 있다.

　예를 들면, '자이글'은 원적외선 가열방식이라는 새로운 기능으로 틈새시장을 개척했고, 압력밥솥은 일반전기 밥솥에 압력 기능을 부가한 전기압력 밥솥으로 기존 제품과의 차별화에 성공함으로써 새로운 제품의 판매가격은 제조자가 조정·결정하였다. 이와 같이 시장을 선점하거나 기존 제품의 불편함을 개선하면, 시장을 통제하고 가격을 결정할 수 있는 권한을 가질 수 있다. 그리고 후발주자와 경쟁자는 선점·개선한 회사가 구축한 경쟁논리 속에서 경쟁해야 하는 불리함을 갖는다. 그러므로 창업자는 신규 시장 개척에 집중해야 하며, 기존 시장에서 경쟁해야 한다면, 선두주자의 경쟁논리에서 벗어나, 보유기술과 서비스를 선두주자와 차별화하는 데 집중해야 한다.

이익을 독점하지 마라

　대부분의 기술 정보가 공개되어 기술력이 비슷한 현대에는 이익을 독점하기 쉽지 않아 과거와 같이 제조자와 판매자가 이익을 독식할 수 없다. 이익은 역할과 기여도에 따라 적정히 분배할 때 가장 크게 얻을 수 있다. 상대방의 영역과 역할을 인정하고 이익을 보장하는 계약이 성공하는 이유이다. 거래 당사자 중 일방만 이익을 독식하는 사업은 일방의 비협조와 불만에 의해 실패할 수밖에 없다. 그러므로 '상대방에게 이익을 주고 손해를 입히지 않는 사업 제의'를 해야 한다. 거래의 성사 여부는 상대방의 이익 획득에 대한 '욕망의 정도'에 따라 결정되기 때문이다. 그리고 욕망을 자극하려면 적정 이윤을 보장하고, 이익 추구에 대한 동기를 부여하면 된다. 사업 실패의 여러 요인 중 가장 큰 요인이 스스로의 욕심을 통제하지 못하기 때문이다. 이익을 독식하면 상대방은 우호세력에서 적대세력으로 변신한다. '상대방의 떡이 더 커 보이는 욕심'을 줄이고 기대수익률을 낮추면 사업의 실패 확률도 같이 낮아진다.

샘플 비용을 받아라

시장출시를 준비하는 제품의 시장 반응을 확인하는 방법 중의 하나가 샘플 제품을 제공하는 방법이다. 제품의 효능과 성능 및 디자인 등을 직관적으로 확인할 수 있기 때문에 호불호에 대한 답변을 비교적 단시간에 확보할 수 있다. 그래서 대다수 제조자들이 샘플 제품으로 시장 테스트를 진행하고, 테스트방식은 무상으로 제공하는 경우가 많다. 그러나 단기간에 적정 수량의 샘플 제공을 통해 시장 반응을 명확히 확인할 수 있으면 관계없지만, 제공하는 수량과 비용에 대한 효율성이 의심될 때가 문제이다. 즉, 무상으로 제공되는 샘플 제품 비용이 과다하여, 공급자가 부담감을 갖게 되는 경우이다. 특히, 유통라인의 상위에 위치한 거대유통기업과의 거래에서 문제가 많이 발생하는데, 다양한 공급자로부터 수많은 샘플 제품을 제공받는 유통기업에게는 다수의 샘플 중 하나지만, 공급자에게는 모두 재정적 부담 요인이 되는 비용이기 때문이다. 그러므로 공급자는 판매를 보장하는 유통자를 선별하여 샘플을 제공하고, 유통자는 판매를 확신하면 샘플을 유상(有償) 구입하여, 공급자에게 신뢰감을 주어야 한다. 특히, 자본이 부족한 창업자는 유상 제공과 유상 구매원칙을 고수하여 재정적인 부담을 해소하면서 상대방에게 신뢰감을 부여해야 한다.

샘플 비용을 지불한다는 의미는 구매자가 제품력을 인정한다는 의미로 상대방에게 인식되어 계약 단계에서 유리한 조건과 우호적인 관계로 계약할 수 있다. 다만,

유통업을 주력 사업으로 삼는 창업자는 샘플을 구매할 때 수량 조절에 유의해야 하는데, 고가 제품은 물론이고 저가 제품도 수량에 따라 재정적 압박 요인이 될 수 있기 때문이다. 그러므로 '다품종 다량 구매' 방식은 지양하고, 고가 제품은 '소품종 소량 구매' 방식으로, 저가 제품은 '다품종 소량 구매' 방식으로 구매하여, 시장 반응을 확인하는 방법을 사용해야 한다. 초기 투자비용을 최소화하면서 다양한 제품에 대한 시장 반응을 확인할 수 있는 장점이 있어 효율적이다. 시장 반응을 예단하여 구매가격의 할인을 위해 대량 구매하거나, 저가라는 이유로 '다품종 대량 구매'하는 방법은 위험 부담이 크다.

최후의 목표는 성공이 아닌 생존이다

기업도 생명체와 같이 살아있다. 그래서 법적으로 '법인'이라는 생명력을 부여받아 '자연인'으로서의 사람과 동격으로 평가되며, 사람처럼 생로병사의 과정을 겪는다. 즉, 창업으로 탄생하고 폐업으로 사라진다. 기업의 최우선 목표는 이익창출이지만, 최종 목표는 생존이라고 할 수 있다. 최후에 살아남는 자가 승리자라는 말이 있듯이 결국은 오랫동안 생존하는 기업만이 존재가치를 인정받을 수 있다. 따라서 생존을 위한 노력은 생명체로서 기업의 책무이다.

그러므로 창업자는 주변인의 시선과 평가에 민감하게 반응하지 말아야 한다. 주변인의 시선과 평가를 의식하여 사무공간과 집기 비품에 과도한 비용을 지출하거나, 계획하지 않은 사업 분야에 돌발적으로 진출하는 행동을 지양해야 한다. 사업 실패와 사업체 생존에 대한 책임은 창업자에게 있기 때문이다. 창업자의 최우선 과제는 시장에서 살아남는 것으로 외부 평가, 비난과 질책 등은 생존에 영향을 미치는 중요 요소가 아니다. 그러므로 창업자는 어떤 정당한 방법과 방식으로 살아남을 것인가에 대해서만 고민해야 한다.

차별화하라

2013년 2월 4일 SBS TV 〈생활의 달인〉이라는 프로그램에서 '자영업 성공의 달인들'이라는 제목으로 소개한 대박 가게들의 성공 노하우를 살펴보면, 사업 성패의 키워드는 결국 '차별화'라는 것을 알 수 있다. 하루에 3만 개의 납작만두를 판매하는 가게의 차별화는 납작만두 내의 공기를 제거해서 높인 식감과 대를 이어가며 개발한 비법육수에 있고, 일 매출액이 200~300만 원의 30년 전통 콩국 가게의 차별화는 100% 국내산 콩 재료와 이중구조의 튀김옷을 자체 개발한 기술에 있으며, 골목 상권 살리는 즉석 잡채 떡볶이 가게는 떡볶이에 잡채를 넣음으로써 다른 떡볶이 가게와 차별화하였다. 이와 같이 남과 다른 '그 무엇'을 보유해야 살아남을 수 있는, 다른 사람이 시도하지 않은 방식과 개념을 도입하지 않으면, 생존할 수 없는 치열한 정글의 삶을 살고 있는 것이다.

과학 기술의 진보와 운송 수단의 발달로 시장 환경은 공급자 우위에서 수요자 우위로 변화하였다. 즉, 과거와 달리 소비자는 인터넷 몰, 대형할인마트, 백화점, 홈쇼핑 등의 다양한 판매 채널에서, 다양한 제품을 비교하여 취사선택할 수 있게 되었다. 그래서 생산자와 판매자는 소비자가 희망하는 품질·가격·제공 방식 등으로 경쟁할 수밖에 없게 되었고, 경쟁자와 다르게 차별화하지 못한 기업은 생존할 수 없게 되었다. 그러므로 시장에서 생존하려면, 과거의 방식을 과감히 타파하는 용기와 발상의 전환이 필요하고, 신규 시장을 개척하려는 의지와 노력이 부가되어야 한다. 그리고 경쟁자가 모방할 수 없는 '독특함'을 보유해야 한다.

그러나 대부분의 창업자가 차별화에 소홀하여 이미 시장에서 성공한 아이템과 방식을 모방하거나, 다른 사람이 구축한 시스템 안에서 가맹사업자로서 사업하려고 한다. 그래서 운영과 판매방식, 인테리어, 메뉴, 서비스 등에 대한 '자기검증'을 소홀히 하며, 제3자 입장에서 냉정히 자신의 제품과 서비스를 평가하고 검증하지 못하고, 제조·판매자 입장에서 소비자를 바라보는 실수를 되풀이한다. 예를 들면, 판매되는 김치의 대표모델은 대부분 유명한 요리연구가인데, 소비자가 요리연구가의 지명도에 의지하여 구매하도록 유도하는 판매전략 때문이다. 요리연구가가 전달하는 배경 이미지(장인정신, 탁월한 맛, 전통제조비법, 철저한 검증, 연륜, 전문가 등)가 무의식중에 소비자로 하여금 제품(김치)에 신뢰를 갖게 한다는 이유로 많은 김치 제조회사가 요리연구가를 모델로 활용하는 것이다.

다만, 후발주자가 김치 시장에 진입하기 위해, 요리연구가를 모델로 활용하는 방식은 차별성이 낮다. 선두주자가 구축한 이미지와 맛이 시장을 점유한 상태에서 소비자는 후발주자의 요리연구가 모델방식에 차별성을 느끼지 못하기 때문이다. 그러므로 후발주자는 선두주자와 다른 방식으로 소비자에게 접근해야 한다. 즉, 요리연구가가 전달하는 배경 이미지와 동일한 배경 이미지(장인정신, 전통비법, 연륜, 철저한 검증, 친근함 등)를 전달하면서 요리연구가처럼 신뢰할 수 있는 인물을 활용하는 방식이다. 예를 들면, 유명한 김치 요리 전문점의 주방장이나, 오랫동안 김치를 담아온 시골 할머니를 활용하는 방식이다. 즉, 선두주자가 시도하지 않는 방식으로 선두주자가 전달하고자 하는 메시지와 동일한 메시지를 전달하는 것이다.

그리고 차별화의 성패는 사업 규모와 업종에 제약받는 것이 아니라, 사업자의 의지와 실행력에 따라 결정된다. 실제로 4평의 호떡 가게에서 1일 매출액 100만 원을 달성하는 사업자도 있고, 2평의 매장에서 수제도장으로 1일 100만 원의 매출성과를 거두는 사업자도 있다. 이들의 공통점은 경쟁자와 다르게 자신들의 제품을 차별화하였다는 데 있다. 즉, 일반 호떡에 잡채와 채소, 갈비를 넣어 '잡채 호떡'과 '고기 호떡'이라는 새로운 신메뉴를 개발하여 판매하였고, 천편일률적으로 기계 제조하는 일반 도장과 다르게 도장의 형태와 무늬를 소비자가 선택한 뒤 수제로 제작하여 세상에 하나밖에 없는 '나만의 도장이라는 제품가치'를 소비자가 스스로 부여하게 하였다. '차별화'란 어떻게 다른 사람과 다르게 할 것인가의 질문에서 출발한다.

뚜렷한 경영이념을 가져라

- '어떤 장사라도 주인이 8~9배 일하지 않으면 성공할 수 없다.' —콩국수 가게 사장
- '요즘 사람들은 끈기가 없다.
  끝까지 물고 늘어지면 성공할 수밖에 없다.' —잡채 떡볶이 가게 사장
- '열정을 가진 노력은 배신하지 않는다.' —납작만두 가게 사장

2013년 2월 4일 SBS TV 〈생활의 달인〉에 소개된 대박 가게의 사장들이 얘기한 내용이다. 한 분야에만 집중하여 노력한 사람도 있고, 성실함을 무기로 삼은 사람도 있으며, 열정을 경영의 원동력으로 활용한 사람도 있다. 이들의 공통점은 '분야는 달라도 각자 뚜렷한 경영이념을 가지고 있다'는 것이다. 즉, 다른 사람의 시선과 평가에 민감하게 반응하지 않고, 확고한 자기 주관을 바탕으로 자신의 생각을 실천했기 때문에 성공할 수 있었다. 그리고 공통적으로 '제품 평가는 결국 소비자의 몫이며, 관련

분야 종사자와 경쟁자의 몫이 아니다'라는 확고한 신념을 가졌다. 오직 소비자에게만 집중한 것이다.

시류 변화에 흔들리고 주변인의 우려와 평가에 민감하면 성공할 수 없다. 경영의 주체는 사업자이고, 성공과 실패의 공과(功過)도 온전히 사업자의 몫이다. 주변인은 단지 번외자일 뿐이다. 그러므로 주변인의 참견과 염려에 흔들리지 말고, 창업자만의 시각으로 세상의 변화를 읽어 수용해야 하며, 오직 소비자의 기호와 관심에 집중해야 한다. 그리고 객관적 근거에 기초한 결정과 원칙을 주변인의 조언과 충고에 따라 자주 변경하면 안 된다.

정보수집과 홍보방법
• 해외 무역전문 잡지를 구독하라

운송수단과 정보기술의 발달로 현대인들이 새로운 정보를 접하고 획득할 수 있는 방법과 통로는 다양화되었다. 하지만 수많은 정보 속에서 필요한 정보만을 획득하기란 쉽지 않고, 특별한 전문정보를 습득하기는 더욱 힘들다. 이는 정보 제공자와 정보의 양이 너무 많기 때문이다. 대부분의 제품발굴(Sourcing)방식은 관련 분야의 인적 네트워크를 통하거나 관련 정보매체를 활용하는 방법이 대부분으로 인적 네트워크를 통하면 비교적 상세한 제품정보와 거래조건 등을 단시간 내에 확인할 수 있는 장점이 있으나, 인적 한계와 인원수의 제약에 따라 정보 취득 범위가 제한되는 단점이 있고, 정보매체를 활용하면 시·공간적 제약에서 자유롭지만, 상세한 정보 취득과 거래조건 등을 확정하기 어렵다는 단점이 있다. 그러므로 인적 네트워크와 정보매체를 적절히 배합·조절하는 자신만의 정보 수집 루트를 만들어 활용해야 한다.

특히, 해외 신제품 정보 취득에는 무역전문 잡지 구독이 유용하다. 무역전문 잡지에는 물류·산업·기획·전시 등 각 분야별 관련 기사뿐만 아니라, '해외 신제품 소개와 해외 트렌드 동향' 등을 확인할 수 있는 해외기사 모음이 있어 쉽고 편리하게 제품정보와 해외 시장 동향 등을 파악할 수 있다. 그리고 기발한 아이디어 제품의 발굴을 희망한다면 일본의 통신판매 잡지 구독이 유용하다. 통신판매 잡지에서 소개되는 제품의 특징은 '아이디어 제품과 핸디캡 제품'이 많다.

즉, 실생활에서 즉시 활용 가능한 기발한 아이디어를 응용한 제품과 사람과 동물 등의 신체·정신적 핸디캡을 극복하거나 보완하는 제품을 많이 소개한다. 예를 들면, 핸디캡 극복 제품으로 머리숱이 적은 여성용 부분 가발, 아이디어 제품으로 가정 욕실용 얼굴 사우나 기기 등이 있다. 해외 전시회에 참석하여 제품을 직접 체험하는 방법이 효율적이지만 시간과 비용을 최소화하면서 해외 신제품을 발굴하는 방법도 고려해볼 만한 방법이다.

- **신문기사를 활용하라**

때와 장소를 가리지 않고 실시간으로 원하는 정보를 취득할 수 있는 인터넷망의 발달로 과거와 달리 신문의 정보 전달자로서의 위치는 매우 낮아졌고, 이에 따라 신문구독자 수가 급격히 감소하고 있다. 그러나 아직도 신문의 정보창구로서의 가치는 유효하여 홍보와 마케팅 활동을 위한 수단으로 유용하게 활용할 수 있다. 따라서 신문의 속성을 정확히 파악하려는 노력이 필요하다. 즉, 신문기사는 인터넷 기사와 다르게 기사 내용이 심층적이고, 다양한 분야의 기사와 정보를 한눈에 확인할 수 있는 장점이 있다. 그러므로 이러한 신문만의 특성을 활용하여, 소비자에게 제품정보를 전달할 수 있는 효과적인 방법을 찾아야 한다. 예를 들면, 정기적으로 자사의 제품정보와 업계 동향 등을 관련 분야 담당기자에게 이메일(e-mail)로 전달하여 기자가 제품 관련 기사를 작성할 때 취재자료로 활용하도록 유도하는 방식이다.

| 한국무역신문·일본통판통신 中 일부 |

• 언론의 속성을 이해하라

[특이한 기사 예/파이낸셜 뉴스 2013. 01. 21.]

언론은 새로운 사건과 특이하고 특별한 내용에 관심이 높다. 즉, '언론은 이미 공개되고 확인된 사실과 정보보다 새롭고 공개되지 않은 사실에 주목하는 속성을 가진다.' 따라서 언론을 통한 제품 홍보 전략을 구사할 경우, 언론이 주목하도록 제품을 새롭고 특이하게 포장하여 광고해야 한다. 또한 '언론은 일반적인 가치 기준과 평범한 과정을 통해 획득되는 결과물에는 관심이 없으며, 평범하지 않은 독특한 결과물을 좋아한다.' 그러므로 다른 사람이 시도하지 않은 방식과 방법을 활용하고, 언론이 좋아하는 특별한 이야기로 제품을 포장·광고하면 언론의 주목을 받을 수 있다.

• 트렌드 기사는 기사화될 가능성이 높다.

[트렌드 기사 예/서울신문 2011. 01. 05.]

각 산업 분야의 트렌드 기사는 언론에서 빈번히 다루는 주요 주제로, 이는 각 분야의 트렌드 변화 추이를 통해 사회 구성원의 가치관과 생활 패턴 변화를 확인할 수 있다. 그러므로 제품을 홍보할 때, '제품이 속한 산업 분야의 흐름을 언급하면서 홍보하는 제품과 시장 1위 제품을 비교'하면, 언론은 반드시 주목하고 기사화할 가능성이 높다. 즉, 관련 분야의 트렌드 변화를 언급하면서 시장 1위 제품과 홍보하는 제품을 비교하면, 자연스럽게 1위 제품과 홍보하는 제품이 동일한 수준에서 비교되어

[G. 사업 진행 시 고려사항]

소비자들에게 인상적으로 인식될 수 있다. 이와 같이 언론의 속성을 잘 이용하면, 제품 홍보 비용을 지불하지 않고도 극대화된 홍보 효과를 거둘 수 있는 기회를 만들 수 있다.

· 광고에도 발상의 전환이 필요하다

'출판사의 책, 문구회사의 문구, 은행의 금융상품 광고는 어떻게 진행할까?'라는 물음에 기초하여 광고 수단을 생각해보면, 의외로 가용수단이 제한적임을 알 수 있다. 상품 종류와 신상품의 출시가 많고, 목표 고객이 한정되어 있어 지출비용 대비 기대효과를 고려할 수밖에 없기 때문이다. 즉, 출간되는 모든 책과 출시되는 금융상품과 문구용품 전체를 TV·잡지·신문 등을 통해 광고하는 방법은 비효율적이다. 상품이 소비자에게 가장 잘 노출될 수 있는 장소와 수단을 선택하여 책과 문구는 회사 홈페이지와 서점·문구점의 진열을 통해서, 금융상품은 은행창구에 카탈로그를 비치하거나 플래카드를 걸어 소비자에게 노출시킨다. 그러나 이와 같은 광고는 소비자가 매장과 홈페이지 방문객으로 한정되고, 시·공간의 한계를 뛰어넘어 광고하기 어렵다는 단점이 있다. 따라서 이러한 한계를 극복할 수 있는 광고기법이 필요하며, 그 기법 중의 하나가 '발상의 전환을 통한 광고기법'이다.

'발상의 전환을 통한 광고기법'이란, 다른 사람이 주목하거나 사용하지 않는 차별화된 도구와 방식을 사용하고, 일반적인 가치 기준을 초월하는 조건을 제시하는 방법을 말한다. '차별화된 도구와 방식'의 예로, 사용 후 폐기되는 커피 용기에 광고 용지를 부착한 뒤, 추출 후 남는 커피 찌꺼기를 넣어 화분과 방향제 용도로 무상 제공하는 방식이 있고, 일반적인 가치 기준을 초월하는 예는 '신의 아르바이트'로 불리며 전 세계적으로 화제가 되었던 '몰디브 리조트 아르바이트' 광고가 대표적이다. 2009년 6개월 근무에 월 2,300만 원의 급료 지급 조건으로 6명의 아르바이트 직원 모집을 공고하여 전 세계인의 이목을 집중하게 만든 광고로, 월 1억 3,800만 원의 아르바이트 직원 비용으로 전 세계인에게 몰디브 리조트를 홍보하는 데 필요한 천문학적인 비용을 대체하는 최고의 광고 효과를 거두었다. 생각과 시각을 바꾸면 다른 시장과 차별화 방법이 보이고 떠오른다. 자본과 조직이 부족한 창업자의 경쟁력은 차별화에 있고, 차별화는 발상의 전환을 통해야만 도출할 수 있다.

정부지원제도를 최대한 활용하라

초기 자본이 부족한 창업자에게 정부지원금은 가뭄의 단비와 같다. 그러므로 창업자는 정부지원제도를 정확히 숙지하고 최대한 활용해야 한다. 정부지원정책의 대부분은 판매단계의 지원에 집중되어 있는데, 제품 개발과 제조는 사업자 비용으로 진행하고, 지원금으로 제품 홍보를 활성화하여 실적을 시현하라는 의도인 것 같다. 따라서 제품 개발이 완료된 사업자라면 정부지원금을 활용하여 판매망 구축과 제품 홍보를 무상으로 시도해볼 만하다.

대표적인 지원기관인 중소기업청의 'K Startup(www.startup.go.kr)' 사이트에서는 창업자를 위한 '창업교육', '시설/공간정보 제공', '멘토링/컨설팅', '창업지원정책공고', '사업화 자금지원', '연구/개발지원', '판로개척지원', '창업 관련 행사공지' 등의 맞춤형 정보들을 제공하고 있어 창업자가 조건에 맞는 지원정책을 활용하여 창업 비용을 최소화하면서 사업화할 수 있다.

회사 이미지를 개선하여 차별화하라

현재 많은 분야에서 기술력은 평준화되어 있다. 특히, 생활용품 분야의 제품에 적용되는 기술정보와 지식은 대부분 노출되고 공유되어 기술적 차별성이 많이 희석된 상태이다. 과거에는 생산자와 정보독점자가 시장을 지배했지만, 정보통신기술의 발달로 기술과 정보는 평준화·공유되고 있다. 그래서 독특한 디자인과 독점적인 기술력을 보유하고 있지 않은 이상 경쟁자와 회사 이미지를 차별화하기 쉽지 않다. 이는 보편화된 기술로 보편적인 제품을 제조하는 회사를 소비자가 인상적으로 기억하지 않기 때문이다. 이와 반대로, 소비자에게 차별화된 이미지로 인식된 회사는 차별화 이미지가 제품에도 전이되어 소비자가 경쟁제품과 다르게 인식한다. 이에 따라, 소비자에게 회사와 브랜드를 어떻게 인식시킬 것인가가 중요해졌다. 즉, 제품과 서비스 판매를 통한 수익창출에 주목하는 영리(營利) 마케팅과 별개로 사회공헌사업 등의 공익활동을 통해 긍정적인 브랜드와 회사 이미지를 구축하려는 비영리 마케팅의 중요성이 강조되고 있다.

그러므로 창업자와 같은 후발주자는 시장 진입 초기에 소비자에게 어떻게 회사 이미지를 전달할 것인가를 고민해야 하고, 전달방식은 선두주자가 사용했거나 사용

[G. 사업 진행 시 고려사항]

중인 방식을 철저하게 배제하는 방식이어야 한다. 즉, 소비자들이 경험하지 못한 전달방식으로 그들을 자극해야 한다. 예를 들면, '자선·공익단체에 일정 수량의 주식지분을 조건 없이 배분'하여 주주로 참여하는 자선·공익단체의 긍정적 이미지와 회사 이미지를 소비자가 동일시하도록 유도하거나, '소비자의 구매행위가 공익활동에 기여하는 판매방식'을 도입하는 것이다. 즉, 소비자의 구매 수량과 동일한 수량의 동일 제품을 기부하는 방식으로 소비자가 구매를 통해 기부한다는 인식을 갖도록 함으로써 궁극적으로는 기업 이미지를 긍정적으로 개선하는 것이다. 실제로 미국의 신발회사가 적용하고 있는 판매 기법으로 제품을 통해 직접적이고 긍정적인 기업 이미지를 전달하고 있다.

긍정적인 이미지 전달이 중요한 이유는, 향후의 소비시장은 기술과 정보의 평준화에 따라, 반드시 '착한 기업'이 각광 받는 환경으로 변화할 것이며, '착한 기업' 이미지는 회사의 지속적인 성장 동력으로 작용할 것이 분명하기 때문이다.

제품 개발은 1위 제품을 생산하는 회사를 활용하라

창업자 단독으로 직접 제품 개발을 하는 방법은 비효율적이다. 시간, 비용, 인적 한계라는 장애 요인 때문이다. 관련 분야 전문가가 아니면 제품 개발 전 과정을 주관하여 진행하기 쉽지 않고, 시장을 지배하는 1위 제품의 제조 가능성은 희박하다. 그래서 전문가가 필요하고 존재하는 이유이다. 그러므로 창업자는 전체 개발 과정을 주도하려고 하지 말고, 각 분야의 1위 제품 제조자 또는 전문가와 협업하여 최대 효율을 거두는 방안을 강구해야 한다.

전문가와 1위 제품 제조자의 제품은 우월한 경쟁력(품질, 기능, 디자인 등)을 바탕으로 시장점유율과 소비자 만족도가 높아서 그들과의 협업은 실패 가능성이 낮다. 시장 1위 제품에 투여된 노하우와 경험이 제품 개발에도 반영되기 때문이다. 예를 들면, '팥빵'을 개발하여 판매할 계획이라면, 팥죽으로 1위 하는 회사에 팥소(팥을 삶아서 으깨거나 갈아서 만든 것) 개발을 의뢰하고, 시장 1위의 빵 제조업체로부터 생지상태의 빵을 납품 받아 '팥빵'이라는 제품을 완성하는 방식이다. 관련 분야 선두주자들의 노하우와 기술이 집약된 제품은 당연히 1위 제품이 될 수밖에 없는 원리이다. 다만, 동일 분야에서 경쟁하는 1위 제품회사와의 협업이 아니라, 다른 분야에서 1위 하는 제품의 장점을 집약하는 협업이 되어야 한다. 동일 분야 1위 제품회사와의 협업은 1위 제품회사가 구축한 논리와 기술한계를 극복하지 못하고, 1위 제품과의 차별성이 현저히 낮기 때문이다.

대비하라, 제품도 수명주기(Life Cycle)가 있다

태어나서 성장하고 활동하다 자연으로 돌아가는 인간의 수명주기(壽命週期)와 같이 제품도 도입기, 성장기, 성수기, 쇠퇴기의 과정을 겪는 수명주기(Life cycle)가 있다. 따라서 마케팅·판매계획도 제품 수명주기에 따라 변화해야 한다. 현재의 주력 제품 수명주기를 정확히 진단하여 단계별 대응전략을 수립하는 작업은 매우 중요하다. 즉, 매출추이에 따라 판매 조건과 마케팅·홍보전략을 세분화하여 소비자의 관심과 시선이 제품에서 이탈되지 않도록 유도해야 한다.

TV에서 방영되는 인기 드라마가 결말과 함께 막을 내리듯이 제품도 드라마처럼 소비자에게 인기를 얻어 주목과 사랑을 받고, 경쟁·모방제품의 출시와 소비자 트렌드 변화로 관심에서 벗어나, 종국에는 시장에서 퇴출된다. 그래서 수명주기상의 쇠퇴기를 대비한 전략 수립은 이전 단계에서의 전략 수립보다 더욱 중요하다. 소비자의 관심과 매출 상승곡선에 열광하면 퇴출 이후의 위험에 대비할 수 없기 때문이다. 현재 잘 팔리는 제품이 미래에도 잘 팔린다는 보장이 없고, 잘 팔리는 현재의 제품에만 집중하면 현재 제품 이후의 추가제품과 신규제품의 준비와 출시가 늦어져 매출과 이익이 동시에 감소하는 위기상황에 직면할 수 있다.

그러므로 현재의 높은 매출과 이익률에 안주하면 안 된다. 현재의 상승곡선 그래프는 미래를 대비한 전략 수립의 장애 요인이다. 그러므로 경영자는 현재의 성공을 위기로 인식해야 하며, 항상 '다음'을 준비해서 회사의 생명력을 유지시켜야 한다. 현재의 성과는 구성원의 몫이고, 경영자의 몫은 미래를 준비하는 계획안에 있다.

틈새시장을 공략하라

다른 사람이 진입하지 않은 분야를 최초로 개척하는 사람은 그 분야의 전문가로 대접받을 수 있다. 최초 개척자를 제외하면, 관련 분야의 전문지식과 정보를 제공할 수 있는 사람이 없기 때문이다. 그래서 최초 개척자가 사용하고 만드는 용어와 기준이 그 분야의 전문용어와 검증 기준이 된다. 제품도 이와 같아서, 경쟁자가 없는 시장을 개척·선점한 제품은 비교 대상이 없어 그 시장의 대표제품으로 소비자에게 각인되고, 대표제품의 기능과 디자인, 가격 등이 시장의 기준이 된다. 즉, 가격결정권이 판매자에게 있게 된다. 그러므로 사업자는 현재 진입해 있는 시장에 70%의 역량을 투여하고, 틈새시장 발견과 신규시장 개척에 30%의 역량을 집중하여, '내일'을 준비해야 한다.

'시장 확장' 전략을 수립하라

시장점유율과 매출을 확장하기 위해서는 현재 시장의 가격, 품질, 서비스 등을 차별화해서 다른 시장으로 판로를 확대하는 '시장 확장' 전략을 수립해야 한다. 즉, 현재 시장의 매출 규모를 유지·확대하면서, 현재 시장(기진입 시장)과는 다른 개념(Concept), 가격, 품질, 서비스 등을 무기로 다른 시장에 진출하는 전략이다.

이와 반대로, '시장 이동'은 현재 시장에서 제공하는 제품, 가격, 서비스 등을 진출하려는 다른 시장에도 동일하게 적용·제공하는 전략이다. 즉, 단순히 시장만을 확대하는 방법으로 개별 시장에 위치한 고객의 특성(소득 수준, 구매 성향, 인구밀집도, 남녀 비율 등)을 고려하지 않아 실패 가능성이 높다. 예를 들면, 월수입 1천만 원 이상인 소비자의 1만 원과 월수입 100만 원 이하인 소비자의 1만 원은 금전적 가치가 달라서 구매 의사결정의 중요한 요인으로 작용한다. 그러므로 시장점유율과 매출 확대를 계획한다면, 고객 특성을 무시하는 '시장 이동' 전략이 아닌, 고객의 특성을 반영하는 '시장 확장' 전략에 초점을 맞춰서 확장 전략을 구사해야 한다.

최초 계획했던 목표에서 10%를 줄여라

창업자는 항상 '무엇인가'를 조급해한다. 단기간에 안정적인 사업화를 희망하고, 폭발적인 매출 신장과 이익 획득을 기대한다. 그래서 아이템 선정에 많은 시간을 투자하지 않고, 시장조사를 생략하거나 간략하게 진행한다. 그러나 창업은 조급해하면 할수록 실패 확률이 높다. 긍정적인 결과에만 집중해서 돌발변수와 위험요소 등을 간과하기 때문이다. 목표 설정과 단기간의 성과 시현도 중요하지만, 실현 가능한 목표 설정과 실행 단계별 점검은 더욱 중요하다. 작은 실수가 실패의 원인이 될 수

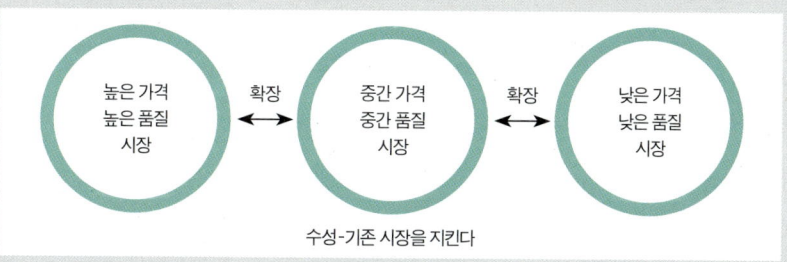

|가격대/고객별 시장 확장전략|

있다. 그래서 목표와 창업 규모를 현실적으로 조절하는 '자제력'이 중요하다. 사업화 과정 중 발생하는 오류와 실수를 최소화하기만 해도 설정 목표의 절반은 달성했다고 할 수 있다. 목표 달성에 대한 압박감은 조급증을 유발하고, 능력 이상의 사업 규모는 재정적 부담감으로 판단력을 상실하게 한다. 따라서 최초 계획했던 목표에서 10%를 낮추는 지혜가 필요하다. 기대 수준이 낮아지면 목표 달성 가능성은 높아지고 실패 가능성은 낮아진다.

옷차림을 단정하게 하라

직장생활의 구속된 삶에서 벗어났다는 해방감에 사로잡혀 반바지와 원색의 화려한 의류 착용을 선호하는 창업자가 있다. 외관보다 내면의 경쟁력이 중요한 것은 사실이나 창업은 이성이 지배하는 사업의 영역이고, 창업자의 옷차림은 거래 상대방의 의사결정에 영향을 미치는 중요변수가 될 수 있다. 특별한 경우와 분야를 제외하고, 사업관계로 만나면서 간편 복장과 원색 의류를 착용하는 사람은 많지 않다. 옷차림은 상대방에 대한 예의이며, 옷차림이 편안해지면 착용자의 긴장감도 풀어져 무의식중에 태도와 자세가 흐트러진다.

과거 미국의 한 대학교에서 청바지 등의 간편복 차림과 정장 차림으로 실험 그룹을 나누어 근무하게 한 결과, 간편복 차림 그룹의 업무집중도가 정장 차림 그룹보다 낮았다고 한다. 하나의 단편적인 사례에 불과하지만, 옷차림과 마음가짐의 연관성을 증명하는 대표적인 사례라고 할 수 있다. 사업자의 옷차림은 전략이고 경쟁력이다.

[G. 사업 진행 시 고려사항]

비용 지출에 집중하라

창업자는 비용 지출이 부담스럽다. 고정비용의 지출과 별개로 거액의 창업자금을 투자해야 하기 때문에 창업자 중에는 무조건 비용 지출을 억제하기도 하는데, 무조건적인 지출억제로 얻는 이익과 부작용을 고려해서 지출의 효용성을 제고해본다.

창업자의 비용은 '필요비용'과 '불필요비용'으로 구분할 수 있는데, 생활비와 자녀 교육비 등은 '필요비용'에 속하고, 자동차 크기와 집의 평수를 늘리는 비용은 '불필요비용'에 속한다. '필요비용'은 지출하지 않아 얻는 손실이 이익보다 큰 비용을 의미하고, '불필요비용'은 지출해서 얻는 이익이 손실보다 적은 비용을 의미한다. 즉, 되돌릴 수 없는 상황의 보전을 위해 지출하는 비용이 '필요비용'이고, 언제든지 보전할 수 있는 상황에 지출하는 비용이 '불필요비용'이다. 예를 들어, 대형자동차를 구입하고 넓은 평수의 집을 장만하는 상황은 경제적으로 풍요로워지면 언제든지 가능하지만, 자녀 교육과 가족 구성원의 유대강화는 시기가 지나거나 기회를 놓치면 돈으로 되돌릴 수 없다. 그러므로 무조건 비용 지출을 억제할 것이 아니라, 지출 기준을 명확히 수립한 뒤 기준에 맞게 지출해야 하며, 지출 기준은 비용 지출로 향후 복구가 가능한가? 불가능한가?로 정하면 된다. 따라서 '필요비용'의 지출은 아끼지 말아야 한다. 특히, 자녀 교육은 시기가 중요하고, 가족의 지지와 성원은 위기극복의 원동력이 되기 때문이다.

특허출원

특허

특허(特許, patent)란, 지금까지 없었던 물건 또는 방법을 최초로 발명하였을 경우, 그 발명자에게 주어지는 권리를 말하는데, 산업재산권제도의 대표적인 권리라고 할 수 있으며, 그 중요성이 점차 부각되고 있는 중요한 무형의 독점적 권리이다. 특허는 특허청에 출원하여 심사관이 심사한 뒤 등록되는 일련의 과정을 통해 취득되며, 출원일로부터 20년간 특허권자 이외의 제3자의 실시를 배척할 수 있는 배타적인 권리이다. 특허출원의 대상은 '자연법칙을 이용한 기술적 사상의 창작'으로서 독창적이며 산업에 이용할 수 있는 것이어야 한다. 그러나 모든 새로운 기술이 특허를 받을 수 있는 것은 아니며, 일정한 특허요건을 갖추어야 한다. 출원 발명이 갖추어야 할 요건으로는 산업에의 이용 가능성, 신규성, 진보성 등의 특허요건에 부합되어야 하며, 미풍양속에 위배되지 않는 발명이어야 한다. 특허와 유사한 권리로 '실용신안'이 있으며, 실용신안은 배타적인 독점권을 갖는다는 점에서 특허와 동일하나, 권리 기간이 출원일로부터 10년인데 상대적으로 짧으며, 물건(약품, 제조방법 등은 해당되지 않음)에 한하여 권리 획득이 가능하다는 특징이 있다.

특허와 실용신안은 물건의 기능·작동 등 기술적인 부분에 대한 권리인 반면, 디자인(의장)은 물건의 외관·모양에 대한 권리이며, 권리 기간은 등록일로부터 15년이다. 이에 반하여, 물건에 이름을 붙이는 상표의 권리 기간은 등록일로부터 10년인데, 매 10년마다 갱신이 가능하므로 반영구적이다. 또, 특허·실용신안·디자인(의장)·상표를 총칭하여 '산업재산권'이라고 한다.

특허출원 방법

특허취득 절차는 '특허출원(신청) → 특허심사 → (의견제출통지에 대한 대응) → 특허등록'의 순서로 진행된다. ①특허출원 단계는 발명을 글과 그림(도면)으로 상세히 설명한 서류(명세서)를 특허출원신청서에 첨부하여 특허청에 제출하는 과정으로 제출방법은 서류 제출과 인터넷상의 온라인 제출 2가지 방법이 있다. 신청방법은 특허출원 전에 개인 식별을 위한 '출원인 코드'를 부여받은 뒤, 출원인 인적사항과 발명명칭 등을 기록한 '출원신청서'를 제출하고, 첨부하는 '발명설명서'에 발명의 상세한 설명과 특허청구 범위를 기재하면 된다. 그리고 발명설명서에는 기존기술의 문제점과 신규기술이 갖는 개선사항과 장점이 상세하게 기재되어야 한다. 특히, 보호받으려는 구체적인 권리 내용과 한계를 상세히 기재하는 청구항의 작성에 주의해야 하는데, 이는 청구항의 청구사항이 권리를 특정하기 때문이다. ②특허심사 단계에서는 특허출원된 발명을 특허청 담당심사관이 심사하며, 출원일로부터 등록심사결과 통보까지 약 10개월~1년의 기간이 소요된다. ③의견제출통지는 심사관의 등록거부 의견에 대해 발명 내용을 보완하는 과정을 말하며, 심사관의 개선·거부의견을 근거로 내용 제거, 회피 등의 보정활동을 진행하는 과정이다. ④특허등록 단계는 심사종료 후 특허결정서를 받은 뒤, 등록료를 납부하고 부여되는 등록번호와 등록증을 수령하는 과정으로 권리보호를 위한 특허출원과 등록절차의 마지막 단계이다.

[G. 사업 진행 시 고려사항]

종류	정의	출원 대상	존속 기간
특허 (원천·핵심 기술)	자연법칙을 이용한 기술적 사상의 창작으로서 발명의 수준이 고도한 것	물건 방법	설정등록일로부터 출원일 후 20년
실용 신안 (Life cycle이 짧은 주변 개량 기술)	자연법칙을 이용한 기술적 사상의 창작으로서 물품의 형상, 구조, 조합에 관한 실용성 있는 고안	물건	설정등록일로부터 출원일 후 10년(구법 적용분은 15년)
디자인 (물품의 외관)	물품의 형상, 모양, 색채 또는 이들을 결합한 것으로서 시각을 통하여 미감을 일으키게 하는 것	물품	설정등록일로부터 출원일 후 20년(구법 적용분은 설정등록일로부터 15년까지)
상표 (상품의 명칭)	타인의 상품(또는 서비스업)과 식별되도록 하기 위하여 사용하는 기호, 문자 도형, 입체적 형상, 색채 홀로그램, 동작 또는 이들을 결합한 것 및 시각적으로 인식할 수 있는 것	표장	설정등록일로부터 10년이며, 갱신 등록시 반영구적 사용 가능(10년마다 갱신 가능, 반영구적 권리)

|특허청 홈페이지 자료 기준으로 재구성/ 산업재산권의 종류|

심사청구

심사청구란, 특허권의 허락 여부를 전제로 특허출원된 발명이 소정의 특허요건을 구비하고 있는지를 일정 자격을 갖춘 심사관에게 판단해줄 것을 신청하는 것으로

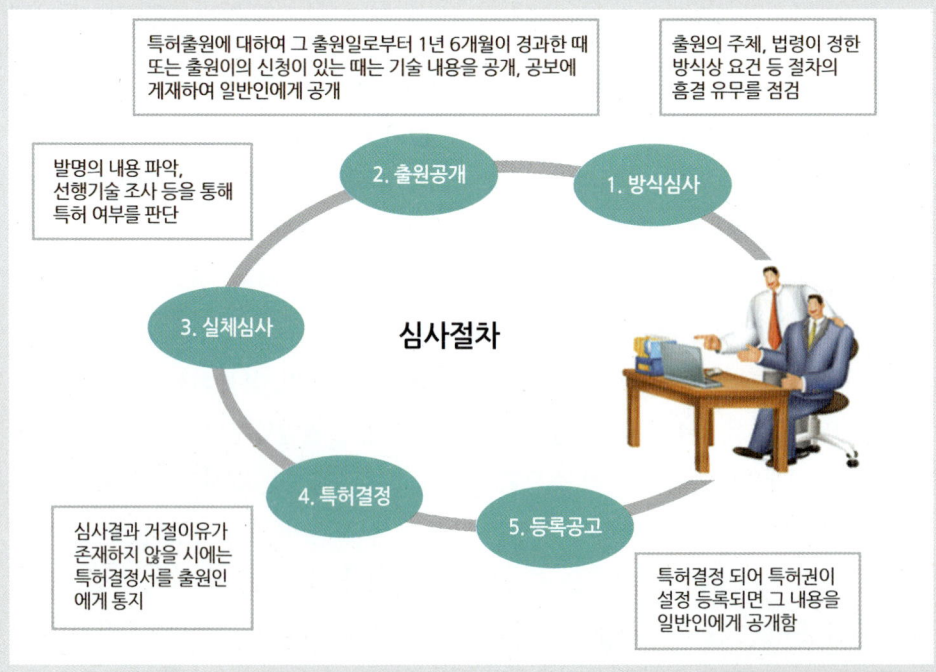

|특허청 특허/ 실용신안의 이해 中 심사절차 흐름도|

[새로운 창업을 위한 굿아이디어 창업]

심사청구가 없으면 특허출원되었다 하더라도 일정 기간(특허출원일로부터 5년 이내, 실용신안 출원일로부터 3년 이내) 심사하지 않고, 심사 미청구는 출원 취하로 간주한다. 그리고 특허심사 청구비용은 기본료 143,000원에, 청구 범위 1항마다 44,000원의 가산요금이 부과된다.

방식심사절차
방식심사는 출원의 주체와 법령이 정한 방식상의 요건(미성년자 등의 행위능력/대리인의 특별수권사항/법령에 정한 방식 등) 등 절차의 흠결 여부를 점검하는 것으로 심사결과 이상이 없으면 출원일을 인정하고, 하자가 있으면 보정요구서를 통해 보정 또는 보완할 것을 출원인에게 통지하며, 보정으로도 그 하자를 치유할 수 없으면 출원을 무효처분하는 심사절차이다.

실체심사절차
실체심사는 발명의 실질적인 내용을 파악하고, 선행기술조사 등을 통해 특허출원된 기술의 특허요건(산업상의 이용 가능성, 신규성, 진보성)을 판단하는 과정이다. 심사과정에서 거절이유가 발견되면 거절이유 통지를 통해 보정을 요구하며, 제출된 보정서를 재심사한 뒤 보정에 의해 발생한 거절이유가 발견되면 최종적으로 특허거절이유를 통지하거나 또는 거절이유가 발견되지 않으면 특허를 부여하는 절차이다.

우선심사절차
우선심사는 「특허법 시행규칙」 제38조 심사의 순위규정에도 불구하고, 특정출원을 심사의 청구순위와 관계없이 다른 출원보다 우선하여 심사하는 것으로 우선심사의 대상이 되는 경우(특허·실용신안 우선심사의 신청에 관한 고시 제4조)에는 일반 출원보다 우선적으로 심사를 받을 수가 있다. 다만, 국가나 지방자치단체의 직무에 대한 특허출원에 대해서는 국가나 해당 지방자치단체만이 우선심사신청을 할 수 있다.

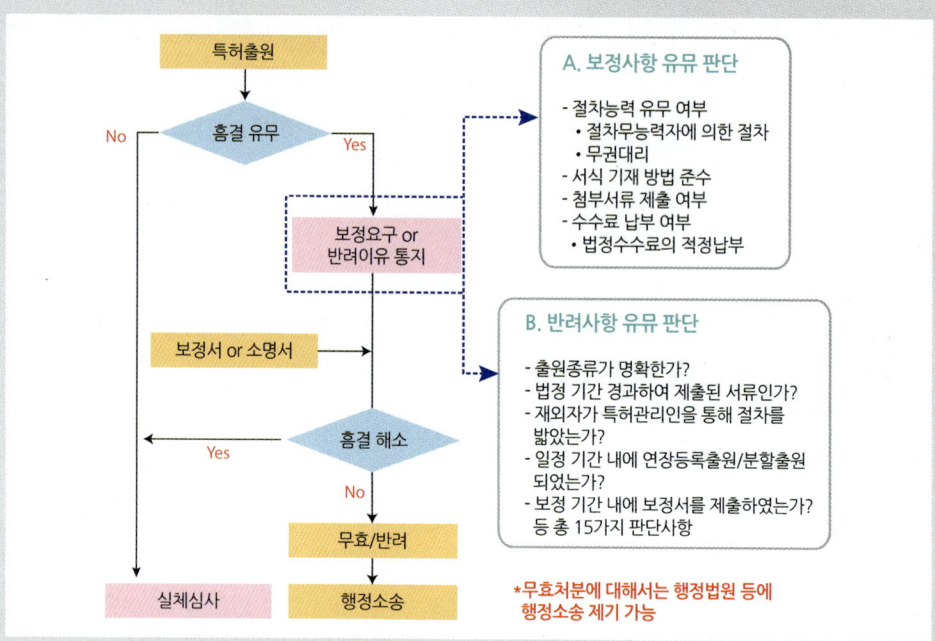

|특허청 특허/실용신안의 이해 中 방식심사 흐름도|

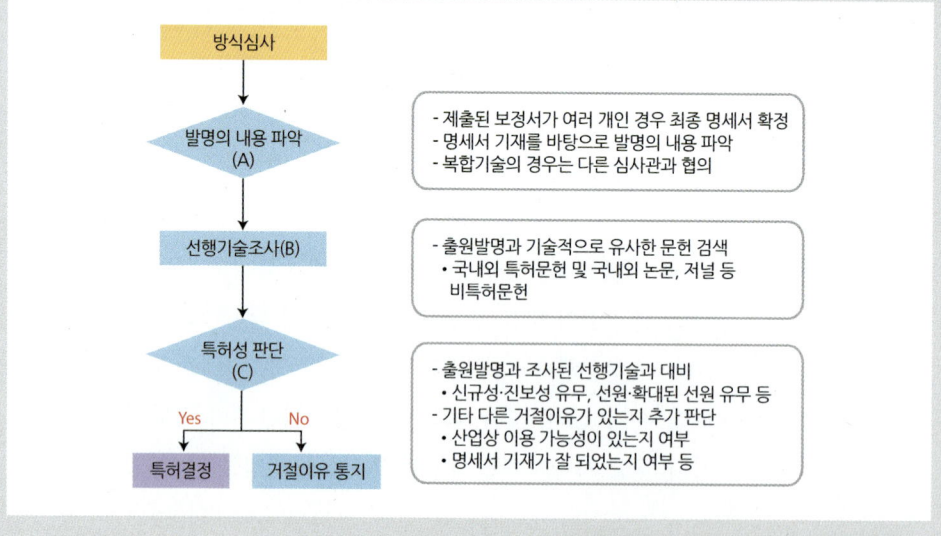

|특허청 특허/실용신안의 이해 中 실체심사 흐름도|

[새로운 창업을 위한 굿아이디어 창업]

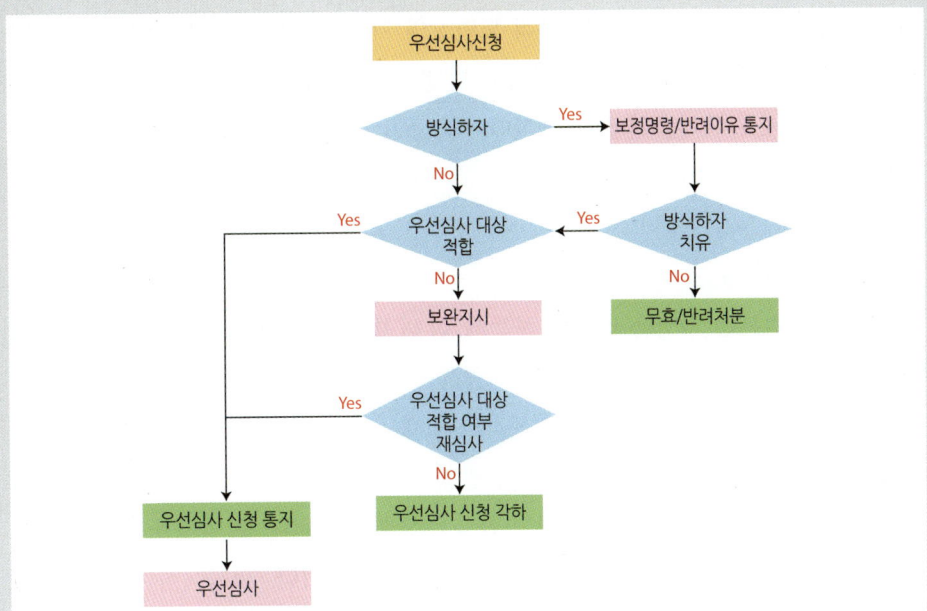

|특허청 특허/ 실용신안의 이해 中 우선심사 흐름도|

특허 아이디어의 제품화

특허출원하고 등록하는 사람들 대부분이 아이디어를 제품화하려고 하는데, 아이디어 단계와 제품화 단계에는 현실적으로 많은 괴리가 존재한다. 즉, 등록 아이디어가 참신하고 획기적이어도 제품화 과정에서 기존 제품 대비 제조비용이 매우 과다하여 경제성이 낮거나, 기술적 한계로 인해 아이디어의 변경이 불가피한 경우가 많다. 그러므로 기술력과 자본력이 미약한 개인 출원자는 '아이디어의 경제성 여부를 먼저 확인해야 한다.' 혁신적인 아이디어라도 경제성이 낮거나 기존 제품 대비 명확한 차별화가 없으면, 제품화를 포기하는 길이 더 현명할 수 있다. 또는, 역발상하여 자본과 기술을 보유한 대기업과 보완기술의 출시를 견제하는 시장 선두기업을 대상으로 판매하는 방법이 유리할 수 있다.

특허출원 시에는 아이디어에만 집중하여 실현 가능성을 고려하지 않지만, 개발단계에 접어들면 기술과 자본의 한계와 같은 현실적인 문제와 직면하는 경우가 많다. 즉, 제작공정이 매우 복잡하여 대규모 자금이 투자되어야 하거나, 현재의 기술력으로는 기능을 구현할 수 없는 경우가 발생한다. 특히, 아이디어를 금형·사출 단계에

[G. 사업 진행 시 고려사항]

서 구현할 수 없거나, 금형 틀에 맞춰 도면상의 기능과 형태를 수정해야 하며, 제품 내·외부 디자인 전체를 변경하는 상황이 발생하기도 한다. 그러므로 최초 아이디어의 수정을 전제로 특허출원 전에 아이디어의 구현 가능성을 현장 관계자에게 문의해야 오류를 줄일 수 있다.

발명의 원리

특허의 기본은 발명을 전제로 하는데, 흔히 발명은 특별한 사람만의 특별한 활동이라고 생각하고 관심을 갖지 않는 사람들이 많다. 그리고 발명에 관심을 갖지 않는 대부분의 이유는 발명을 어렵게 생각하기 때문이다. 즉, 세상을 변화시키는 것이 발명이라고 생각하기 때문이다. 그러나 발명은 생활 속에서 수없이 일어나고, 수없는 발명 중 소수의 발명만이 세상의 변화를 주도한다. 그러므로 발명을 어렵거나 특별한 활동이라고 생각할 필요는 없으며 외면할 필요도 없다. '마사이족 워킹화'는 마사이족의 걷는 모습을 관찰하고, 그 이유를 탐구한 사람의 산물이었다. 수많은 사람들이 지켜보았으나, 단 한 사람만이 운동화로 제품화하였다. 따라서 발명의 원리를 이해하고 사회현상과 주위사물을 관심 갖고 관찰하면 누구나 발명가가 될 수 있다.

그리고 적용 가능한 발명의 원리로는 ①생활하면서 느끼는 불편함을 개선하는 방법 ②자연현상에서 적용되고 있는 원리를 차용하는 방법 ③공장 등 산업시설에서 사용하고 있는 기계와 기술을 응용하는 방법 ④상용화되어 사용되고 있는 제품을 발전·변형하는 방법 등이 있다. 첫째, 생활 속 불편함을 개선하는 방법은 본래의 용도와 다르게 사용되고 있는 제품과 물건의 용도를 본래의 용도에 맞게 찾아주거나, 개발하는 방식과 제품이 시장에 출시되지 않았거나, 기술이 개발되지 않아서 생활하기 불편한 점을 개발·개선하는 방식을 말한다. 둘째, 자연현상의 원리를 차용하는 방법은 동물과 식물 등이 자연환경에 적응하기 위해 사용하는 방법을 인간세계에 적용하는 방식을 말하는데, 도마뱀이 유리창에서 미끄러지지 않는 이유를 연구하여 개발한 접착기계, 방울뱀이 꼬리로 열을 감지하는 방법을 적용한 열 감지 유도탄 등이 대표적이다. 셋째, 공장에서 사용하는 기계와 기술의 응용은 산업용 기계를 가정용 기계로 축소·변형하는 방식으로 두부공장의 대형 성형 틀을 축소한 가정용 두부 보관 용기와 기름 볶는 기계의 원리를 이용한 커피 볶는 기계 등이 대표제품이다. 넷째, 상용화되어 사용되고 있는 제품을 개선시키는 방법은 기존 제품의 주요 용도를 다른 시장에 적용하거나 변경하는 방식으로 전기밥솥 기능에 찜, 탕, 죽 등의 부가기능을 추가한 복합기능 밥솥이 대표적인 제품이다. 이와 같이 발명의 원리를 잘 이해하여 적용방법을 찾아낼 수 있다면, 발명을 통한 신규기회의 창출과 부의 축적이 가능하며, 발명자의 아이디어가 구현된 제품을 출시할 수도 있다.

적은 비용으로 특허출원하기

일반적으로 특허출원 후 등록까지 약 250만~300만 원의 비용이 발생하는데, 초기 지출이 많은 창업자에게는 특허출원과 등록비용이 부담될 수 있다. 따라서 창업자는 비용을 최소화하는 방법을 찾아야 하는데, 정부와 발명진흥회 등 유관기관의 지원을 이용하는 방법도 비용을 최소화하면서 특허출원과 등록할 수 있는 방법 중의 하나이다.

정부기관과 발명진흥회 등에서 지원하는 특허 관련 비용은 크게 2종류로 특허출원 등에 소요되는 비용지원과 특허분쟁 등에 소요되는 비용지원으로 구분할 수 있다. '특허출원 비용지원'은 변리사 경유 특허출원 시, 특허출원 비용의 70~80%에 해당하는 금액을 보조해주고, 등록된 특허에 대한 분쟁이 발생할 경우, 소송비용의 일정 금액을 지원(지원기관·소송 성격에 따라 상이)한다. 그리고 해외 특허출원 비용은 국제 단계(범세계적으로 특허가 출원되었음을 공시)와 국내 단계(해당 국가의 특허등록 진행)로 구분하여 지원한다. 그러므로 창업자는 각자의 조건(본점 소재지, 회사 형태 등)에 맞는 기관과 협회 등을 검색하여 지원받을 수 있는 방법 찾기에 노력을 기울여야 한다. 지식재산권은 미래의 중요한 경쟁력이다.

'연역적 사고' 대 '귀납적 사고'

사업 아이디어를 창출하는 사고(思考)방식으로 '귀납적 사고방식'과 '연역적 사고방식'이 있다. '귀납적 사고방식'은 과거의 경험을 통해 획득한 지식과 정보를 기반으로 상황과 문제를 바라보는 방식이고, '연역적 사고방식'은 상상을 통해 결론을 추론하는 방식을 말한다. 사고의 한계를 과거의 경험과 습득한 지식·정보로 국한시키는 '귀납적 사고방식'은 시간·지리적 제약에 의해 경험하고 습득하는 지식과 정보

| 서울지식재산센터
www.ipseoul.sba.kr |

| 한국발명진흥회 홈페이지 |

의 한계로 인해 사고의 한계를 무한대로 확장할 수 없어 창의력 발휘가 쉽지 않다. 즉, 경험에 기인한 아이디어 창출은 경험하지 못한 상황과 문제를 해결하는 데 도움이 되지 못한다. 이에 반하여, 상상(想像)함으로써 사고의 한계가 없는 '연역적 사고방식'은 사고의 한계를 무한대로 확장할 수 있어 창의력의 한계가 없다. 즉, 경험하지 못한 상황과 정보를 간접경험 하여 기존의 대응방식과 다른 새로운 방식으로 해결책이 도출된다.

　　예를 들면, 재벌그룹 총수의 관심 분야는 무엇일까?, 나이 60이 되었을 때 주요 관심사는 무엇일까?, 여행할 때 카메라가 없으면 어떤 불편함이 있고, 어떻게 해결할까?, 커피 시장은 3년 뒤 어떻게 변화할까?, 휴대전화는 3년 뒤 어떤 기능이 추가될까? 등의 상상을 통해 문제를 도출하고 결론을 추론하는 방식이다. 일례로, 재벌총수의 주요 관심사는 사업, 건강, 예술, 장수, 희귀품의 수집 등이다. 경제적 풍요로움은 건강하게 장수하는 삶을 희망하게 할 것이므로 건강 음식, 운동, 질병 예방 등에 관심을 집중할 것이다. 그리고 취미생활로 희귀한 골동품과 예술품을 수집·감상하려고 할 것이며, 사업과 관련된 첨단정보와 시류 변화에 민감하게 반응할 것이다. 따라서 재벌총수와 같은 재력가의 관심사에 집중하면, 그들의 욕구충족을 위한 제품, 서비스에서 사업기회를 발견할 수 있다. 노인 전용 맞춤형 비타민제, 카메라를 준비하지 못한 여행자를 위한 일회용 카메라, 휴대폰 카메라·MP3·신용카드를 결합한 휴대전화 등의 제품들이 '연역적 사고'를 통해 시장을 발견하고 개발된 결과물이다.

그러므로 새로운 시장과 사업기회의 발견을 희망한다면 의식적으로 사고체계를 '귀납적 사고방식'에서 '연역적 사고방식'으로 전환하려고 노력해야 하며, 기존의 가치관과 사고체계가 갖는 한계를 초월하려는 시도를 지속해야 한다. 사업기회는 항상 다른 사람이 가치를 인식하지 못하는 공간과 욕구 속에 존재한다.

아이디어 창출방법

기발한 아이디어일수록 공상적이고 비현실적인 경우가 많아 창출된 아이디어는 검증과 개선과정이 필요하다. 그래서 필자는 필자만의 아이디어 창출방법으로 '번개출 공식'을 활용한다. 번개같이 특허출원하여 등록받자는 의미도 있지만, '번개출 공식'의 핵심은 아이디어를 개선·검증하여 경쟁력 있는 특허출원과 등록을 시도하는 데 있다. 즉, 순간적으로 떠오른 기발한 아이디어에 '검증'이라는 심화과정을 추가하고, '개선'이라는 현실감을 더하여 등록 가능한 특허 아이디어를 출원하는 데 목적이 있다.

> [번개출 공식]
> 번 : 번뜩이는 아이디어를 메모하고,
> 개 : 개선하고 검증한 뒤,
> 출 : 출원하여 사업화한다.

공식의 적용방법은 ①순간적으로 번뜩이는 아이디어를 즉시 메모하고 ②메모한 아이디어를 요약하여 아이디어 공책에 기록한 뒤 ③기록한 아이디어를 주 1회 재검토·보완하여 ④특허출원으로 권리 획득과 사업화하는 순서로 진행된다.

아이디어 개발자의 흔한 오류가 '아이디어의 무한사랑'으로, 스스로 혁신적·독창적이라고 생각하는 아이디어일수록 객관적인 검증을 실시하지 않는다. 즉, 최초라는 확신에 사로잡혀 선행기술조사를 생략하거나, 기술적 한계와 과다한 개발비용 문제를 외면한다. 그러므로 아이디어를 제품화하려면 ①아이디어에 대한 철저한 사전 검증이 선행되어야 하고 ②시장 수요의 존재 여부를 확인해야 하며 ③제조·유통 관계자와의 의사소통을 통해 개발 효용성을 점검함으로써 불필요한 시간과 금전적 낭비 없이 아이디어를 제품화할 수 있다.

시제품 제작

완성품을 생산하기 전 시제품을 제작하는데, 이는 제품의 성능과 품질 등을 확인하기 위한 목적이다. 즉, 생산 단계에서 불량과 오류가 발견되면 수정과 변경이 어려우므로 시제품을 통해 목표한 품질상태를 최종 확인하는 방법이다. 시제품은 모크업(디자인/진행Mockup)을 만들어 1차 검증한 뒤, 모크업에서 발견한 오류와 불량을 수정·보완하여 제작하는 것이 일반적이다. 시제품은 생산 직전 단계에서 제작하고, 특이사항이 없는 한 생산제품의 품질과 기능 면에서 큰 차이가 없는 경우가 대부분이다.

제조공장을 확보하지 못한 창업자라면, 시제품 전문제작업체에게 모크업·시제품 제작을 의뢰하는 방법이 유리하다. 아이디어의 수정과 변경이 빈번하고, 제조공장에서 시제품을 제작하려면 사전에 생산계약이 선행되어야 하기 때문이다. 다만, 작업 난이도와 기술 숙련도에 따라 업체별 제작비용의 편차가 크고, 의뢰자가 기술적으로 무지하여 적정한 제작비용을 산정하기 어렵다는 단점이 있다. 그러므로 기획에서 사출까지 생산과정 전체를 관리하는 제조공장과 협업하는 방법이 가장 효율적이지만, 제조공장을 선정하지 못했거나, 시제품 제작만을 희망한다면 정부기관 등에서 운영하는 시제품 제작공간을 활용하는 방법도 있다.

정부기관과 창업 관련 기관 등에서 운영하는 시제품 제작공간은 창업자가 재료비와 사용수수료만을 부담하고, 제품 디자인에서 설계·제작까지의 전 과정을 전문가 지원으로 진행할 수 있다는 장점이 있다. 그리고 창업자가 희망하면 수수료를 지불하고 직접 제작할 수도 있다.

특허출원 사례

2012년 6월부터 2015년 7월까지 필자는 총 25건의 특허·실용신안·디자인·상표를 출원하였고, 특허출원에 소요된 총비용은 약 120만 원이었다. 변리사사무소를 통한 특허출원의 장점은 전문가의 조력을 통해 권리 범위와 한계를 명확히 결정할 수 있다는 점이다. 다만, 대행수수료가 지출되어 특허출원이 많은 창업자는 재정적으로 부담이 된다. 그래서 필자는 특허청과 서울산업진흥원(SBA) 등의 특허출원 지원금을 지원받아 출원하였다. 특허출원 비용의 최대 80%까지 지원받을 수 있어 비용부담이 현저히 감소한다.

번호	권리	출원번호	출원일자	명칭	출원인	대리인	결정
1	특허	10-2012-0099105	2012.09.07	개선된 셔츠	김진홍	특허법인	거절
2	특허	10-2012-0125447	2012.11.07	호신용 패턴이 형성된 호신 부재	〃	〃	거절
3	특허	10-2012-0128835	2012.11.14	욕실 거울용 기능성 와이퍼	〃	〃	거절
4	특허	10-2013-0005629	2013.01.18	채반 깔개 및 덮개용 종이 세트	〃	〃	등록 포기
5	특허	10-2013-0016171	2013.02.18	개선된 사무용 집게	〃	〃	거절
6	특허	10-2013-0090750	2013.07.31	차량용 배터리 보온커버	〃	〃	등록 포기
7	특허	10-2013-0090745	2013.07.31	계란 보관용 케이스	〃	〃	거절
8	실용신안	20-2012-0009565	2012.10.22	마모상태를 확인할 수 있는 타이어	김진홍	인터넷 출원	거절
9	디자인	30-2012-0045054	2012.09.18	일회용 종이컵	〃	〃	거절
10	디자인	30-2012-0045765	2012.09.22	치약용기	〃	〃	거절
11	디자인	30-2012-0045776	2012.09.22	라면봉지	〃	〃	거절
12	디자인	30-2012-0046765	2012.09.28	우편함 알림판	〃	〃	출원 중
13	상표	40-2012-0061724	2012.10.02	제 [16]류 (애니팡)	〃	〃	거절
14	상표	41-2012-0032928	2012.10.02	제 [41]류 (K-Style)	〃	〃	거절
15	특허	10-2012-0071919	2012.07.06	비전기식 가정용 요구르트 메이커	김진홍 (발명자)	특허법인	등록
16	특허	선행기술조사지원	2013.06.05	못 고정용 망치	김진홍	〃	선행기술 기 등록
17	특허	선행기술조사지원	2012.12.06	책상용 멀티탭	〃	〃	선행기술 기 등록
18	특허	선행기술조사지원	2012.12.21	절약형 튜브용기	〃	〃	선행기술 기 등록
19	특허	선행기술조사지원	2013.06.23	계란 보관용 케이스	〃	특허법인	선행기술 없음
20	특허	선행기술조사지원	2013.06.23	차량용 배터리 보온커버	〃	특허법인	등록 포기
21	특허	선행기술조사지원	2013.01.10	채반 깔개 및 덮개용 종이 세트	〃	특허법인	등록 포기
22	실용신안	20-2013-0004564	2013.10.22	택배 운송장 정보지우개	〃	특허청	거절
23	디자인	30-2013-0028574	2013.08.23	택배 운송장 정보지우개	〃	〃	공개
24	디자인	30-2013-0027329	2013.08.23	택배 운송장 정보지우개	〃	〃	공개
25	디자인	30-2013-0027432	2013.08.23	택배 운송장 정보지우개	〃	〃	공개
26	디자인	30-0726019	2014.3.21	택배 운송장 정보지우개	〃	인터넷 출원	등록
27	디자인	30-0726056	2014.3.21	택배 운송장 정보지우개	〃	〃	등록
28	특허	10-2014-0019387	2014.06.24	냄비뚜껑	〃	특허청	거절
29	특허	10-2014-0034352	2014.03.25	냄비뚜껑	〃	특허청	거절

번호	권리	출원번호	출원일자	명칭	출원인	대리인	결정
30	디자인	30-2014-0026781	2014.05.30	냄비뚜껑	"	특허법인	등록 포기
31	디자인	30-2014-0026776	2014.05.30	냄비뚜껑	"	"	등록 포기
32	특허	10-2014-0078558	2014.10.23	휴대용 요구르트 발효기	"	"	등록

|특허출원 및 등록현황|

　필자가 특허의 중요성을 인식하고 출원하면서 느꼈던 어려움은 관련 분야에 대한 지식과 정보에 무지하여 시행착오를 반복한다는 점이었다. 즉, 체계적인 특허교육을 수강하지 못해서 전문지식·용어와 절차 등에 익숙하지 못했고, 권리 범위와 한계를 잘못 설정하거나, 디자인출원 요건을 충족시키지 못하는 등의 실수를 범했다. 특히, 특허권리가 만능무기(萬能武器)라고 생각하고, 권리한계를 회피하는 유사 특허출원에 관심을 갖지 않았다.

　특허는 경쟁력 있는 유용한 수단이 분명하지만, 유사한 권리 전체를 제어할 수 있는 만능수단은 아니다. 특허등록을 통해 취득하는 권리는 청구 범위 내에서만 권리를 주장할 수 있기 때문에 경쟁자가 권리한계를 회피하는 기술과 권리를 주장하면 대응방법이 없다. 그러므로 '보호받으려는 권리한계와 기술 범위 등을 명확히 설정'해야 하며, 가능하면 제품 출시 전까지 '최대한 정보 누출을 차단'하고, '분쟁발생을 대비한 사전대응전략을 수립'해서 경쟁자의 모방과 분쟁 등의 돌발변수에 부합하는 '매뉴얼'에 따라 순차적으로 대응해야 한다.

거절 아이디어

　출원한 아이디어가 거절되는 이유의 대부분은 선행기술이 존재하기 때문이다. 출원 내용 중 부적합 형식의 도면과 권리 범위설정 등은 보정을 통해 해소할 수 있지만, 선행기술이 존재하면 해소가 어려워 특허출원이 무산될 수 있다. 그러므로 특허출원 전에 선행기술조사를 실시하여 아이디어를 사전 검증해야 거절 가능성이 줄어든다. 선행기술 조사자료는 불필요한 특허출원을 예방함으로써 특허출원에 투자되는 시간과 비용을 절감하게 하고, 기등록 특허의 권리 한계를 회피하거나 우회하는 특허출원을 위한 참고자료로 활용할 수 있다.

중도 포기 아이디어

필자도 특허 검색과 선행기술조사를 통해 중도 포기한 아이디어가 많았는데, 특허등록된 기술과 권리 한계를 확인하면서 세상에는 기발한 아이디어를 가진 사람이 참으로 많다는 생각을 했었다. 아이디어를 도출하고 선행기술의 존재 여부를 확인하는 활동은 아이디어 창업자가 갖춰야 할 기본적인 경쟁력이다.

최초 발상 아이디어	기등록 아이디어
자동차에서 사용할 수 있는 변기	휴대용 변기(PORTABLE TOILET BOWL) : 101030052
가정용 두부 제조기	가정용 두부 성형틀(BEAN CURD MOLDING BOX FOR HOME) : 200 440001
욕실 거울용 와이퍼	김서림 제거장치(Fog removal device) : 101337670
욕실 벽면 곰팡이 제거 테이프	곰팡이 제거용 테이프(TAPE FOR REMOVING OF MOLD) : 101124415
퇴직자 지식노하우 매매 프로그램 (BM)	지식거래 시스템 및 지식거래 방법(SYSTEM AND METHOD FOR KNOWLEDGE TRADING) : 101017528
양면 수세미	행주와 수세미 기능을 갖는 행주수세미(omitted) : 101005150
안전하게 못 박는 망치	못 고정 겸용 망치(A hammer) : 100883627
택배기사용 배송거리/노선 알림 MAP	실시간 배달작업 계획 관리 시스템 및 방법(SYSTEM AND METHOD FOR PLANNING AND MANAGING REAL-TIME POSTAL DELIVERY OPERATION) : 1009435130
인터넷을 이용한 노래실력 평가 프로그램	온라인망을 통한 오디션 시스템 및 그 이용방법(AN AUDITION SYSTEM BY INTERNET AND ITS METHOD) : 100577924
물방울 제거 자동차 사이드 미러	에어 분사식 사이드미러(AIR INJECTION SIDE MIRRORS) : 101337864
냉장고용 얼음 제조/보관 그릇	냉장고의 제빙부(The ice-making unit for refrigerators) : 100389389
우편함 알림판	자동차용 부재중 알림구(a article to inform during one's absence for a car) : 20 0469674
라면봉지	변리사 중간검증 탈락
개선된 여성용 구두	슬리퍼 겸용 샌들(A Sandal usable as a slipper) : 101157761
책상용 절전 콘센트 제어기	스위치 분리형 다중 콘센트(Switch separation type multi concent) : 200335092
다기능 틈새막이	졸대형 바퀴벌레 트랩(BAR TYPE COCKROACH TRAP) : 100895507
외부마감재 간편 파티션	슬라이드 타입 파티션(Slide Type Partition) : 200456500
수면바지	낭습 방지 및 통기성을 향상시킨 팬티(Underwear having improved ventilation) : 200396976
모서리 채움 용기	밥그릇 보온함의 형상 및 모양의 결합 : 3000039120000
개선된 계란 보관함	냉장고 보관용 계란 상자의 수납케이스(Safekeeping case of egg box for putting in refrigerator) : 2020110005899

| 중도 포기 아이디어 모음 |

특허출원 Tip

특허출원 시 창업자가 경계해야 하는 사항이 '특허출원으로 모든 권리를 보호받을 수 있다'는 생각이다. 특허출원으로 우선적 권리를 취득할 수 있지만, 특허출원의 우선적 권리만으로 경쟁자를 압박한 뒤 출원한 권리 내용이 등록되지 못하면, 경쟁자에게 법적인 역공을 당할 수도 있다. 특히, 디자인 특허는 출원 디자인이 독창적이고 모방할 수 없는 차별성을 가져야 경쟁력이 있는데, 디자인 특허는 물품의 외관과 형태를 1차 심사대상으로 정하기 때문이다. 또한, 출원 디자인의 보정은 출원인이 출원한 디자인 내에서 보정해야 하므로 미세한 오류가 아니라면 보정보다 신규출원을 통한 등록이 더 쉽다.

그리고 특허 청구항의 범위는 넓고 포괄적으로 설정해서 보호받을 수 있는 권리 범위를 확대해야 하며, 명확한 단어와 문구로 권리 한계를 설정해서 분쟁 상대방이 단어와 문구의 의미를 퇴색·희석시키지 않도록 해야 한다. 다만, 권리 범위를 지나치게 확대하는 청구항 작성은 지양해야 하는데, 목표한 권리 한계와 모방·회피 방지 목적의 범위 이외의 권리 확장은 오히려 거절사유가 될 수 있기 때문이다. 더불어, 실용신안은 기술성과 진보성이 조금 더 쉽다는 점으로 특허와 구분하고 있지만, 그 기준이 모호하다. 그러므로 출원하려는 기술 등이 현재 노출되어 있는 정보를 바탕으로 하고, 기술이 고도화되지 않으며, 신규성이 부족하다면 특허보다 실용신안으로 출원하는 방법이 등록결정에 유리할 수 있다. 그리고 상표권을 취득하려면 상표가 영향력을 행사할 수 있는 산업 분야를 먼저 선정해야 한다. 즉, 상표를 사용하려는 분야를 특정해서 권리 보호를 신청해야 한다. 예를 들면, 식음료 점포를 운영할 계획이면서 IT분야까지 포괄하여 상표를 출원·등록하는 방법은 비효율적이다. 또한, 영문 발음과 국문 발음이 동일하면 같은 상표로 동일시하여 심사한다. 즉, '남'과 'NAM'은 동일한 상표로 분류된다.

아이디어와 제품화

특허출원 아이디어는 제품화가 전제되어야 한다. 즉, 아이디어가 현재의 기술과 비용 한계와 상충되어 제품과 서비스로 구현되지 못하면, 아이디어는 단지 머릿속에 존재하는 상상에 불과하다. 그러므로 제품화에 천문학적인 비용이 투자되어야 하거나, 현재의 기술력으로 제조가 불가능하며, 금전적 가치를 갖지 못하는 특허 아이디어에 매몰되어서는 안 된다. 제품과 서비스로 구현되지 못하는 특허등록 아이디어는 효용성이 없다. 그만큼 특허 아이디어와 기술 한계, 제조비용, 기출시제품의 기술과 성능 등을 비교·검토하는 검증과정은 매우 중요하다. 등록 아이디어라도 제품화에 필요한 다양한 생산요소(설비, 인력, 자본, 시간 등) 중의 하나에 불과하고 특허등록으로 제품생산과 서비스 제공이 가능한 것은 아니다.

그러므로 창업자는 특허등록 사실만으로 사전검증 없이 제품화에 몰입해서는 안 된다. 비용과 시간 등이 투자된 뒤, 기술 한계 등의 돌발변수에 의해 중도 포기할 수 있으니 창업자는 냉정하게 보유한 개발역량과 아이디어의 구현 가능성을 검증한 뒤, 제품 및 서비스 구현에 매진해야 한다. 비현실적인 아이디어는 창업자를 지치게 만든다.

특허·실용신안심사 흐름도

특허출원에 따른 심사 흐름은 출원자가 출원하면 심사관은 '방식심사(출원서류의 적정성 등-출원인 적격, 필수사항 기재, 수수료 납부 여부 등, 법령에서 정한 형식적 요건의 적합 여부를 심사하며, 미비 사항이 있는 경우에는 보정요구 또는 반려될 수 있음)' 후, 특허출원에 한하여 출원일로부터 1년 6개월이 경과한 때, 또는 출원인의 신청이 있는 때에 출원 내용을 공개공보에 게재하여 일반인에게 공개한다.

또한 출원 후 5년(실용신안 3년) 이내에 '심사청구(출원과는 별도로 심사를 청구해야 심사가 진행됨)'가 있는 출원에 대하여 발명의 내용 파악 및 선행기술조사 등을 통해 특허 여부를 판단하며, 심사과정(심사착수는 심사청구 접수순서대로 진행하며, 기술 분야에 따라 처리 기간의 차이가 있을 수 있음)에서 거절이유가 발견되면, 거절이유를 통지하여 출원인의 의견서 또는 보정서를 제출 받아 거절이유를 해소하고(의견서 등을 통해 거절이유가 해소되지 않으면 거절결정서를 통지함), 거절이유가 존재하지 않을 경우에는 특허결정서를 출원인에게 통지한다. 이후 등록비용 등을 납부하여 특허결정 되어 특허권이 설정·등록되면, 등록공고를 통해 그 내용을 일반인에게 공개한다.

특허출원 방법과 개인출원 시 유의사항

특허출원 방식은 크게 '전자출원 방식'과 '서면출원 방식'으로 나뉘는데, 서면출원 방식은 출원서와 명세서를 작성하여 특허청에 접수하면 되고, 전자출원 방식은 특허청에서 제공하는 프로그램을 다운로드 받아 Tool에 맞게 입력하여 접수하면 된다. 서면출원과 전자출원 모두 동일한 양식을 적용받으며, 요즘은 변리사사무소를 통해 대리출원을 해도 대부분 변리사의 검증과 보정을 거친 뒤 '전자출원 방식'으로

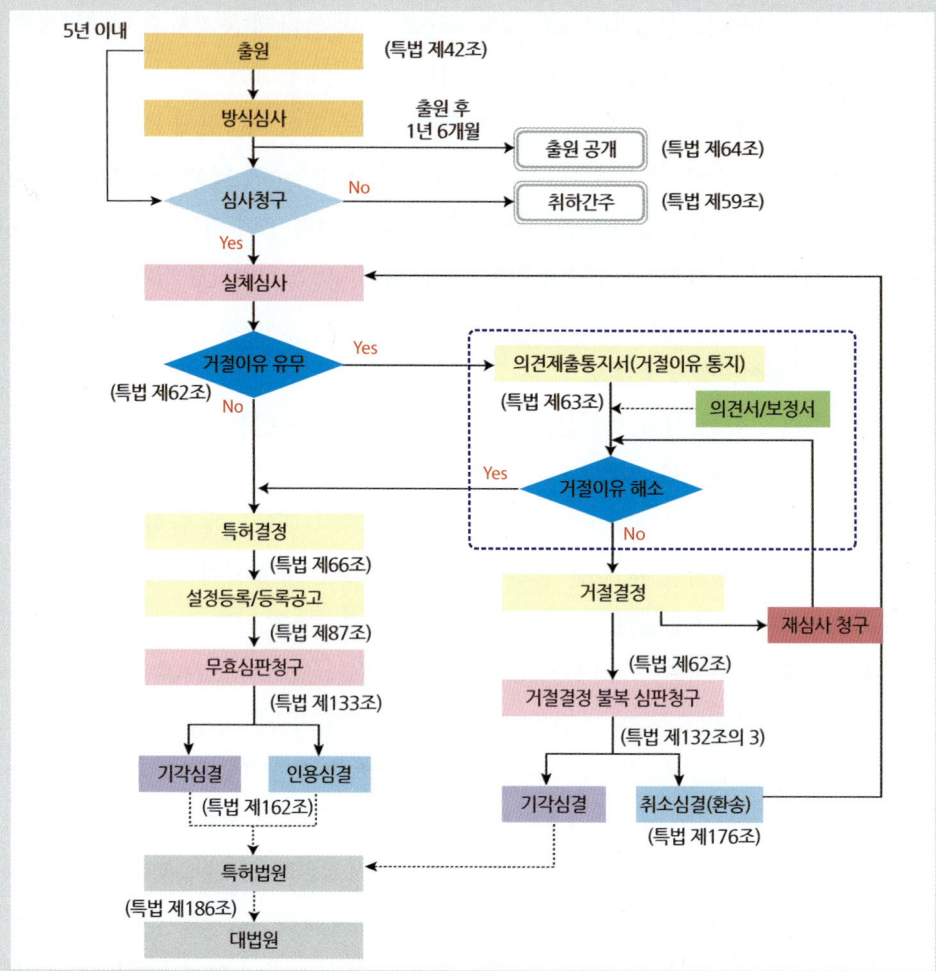

|특허청 특허/실용신안의 이해 中 특허심사 흐름도|

출원하기 때문에 서면출원이 점차 감소하는 추세이다.

    그리고 개인이 변리사의 도움을 받지 않고 출원하려면, 명세서와 청구항 작성 등에 대한 명확한 개념 숙지가 필요하다. 권리를 다투기 때문에 글자 하나로 권리를 침해당할 수도 있다. 특히, 특허와 실용신안은 보호받으려는 권리 한계가 청구 범위에서 명확히 표현되어야 하고, 디자인은 물체 외관의 구체적인 형상이 뚜렷이 '정투상도법'으로 표현되어야 한다. 즉, 명세서상에서 자세하게 권리를 주장하더라도 청구 범위에서 언급되지 않으면 권리를 보호받을 수 없고, 물품의 외관상 특징과 조형

[새로운 창업을 위한 굿아이디어 창업]

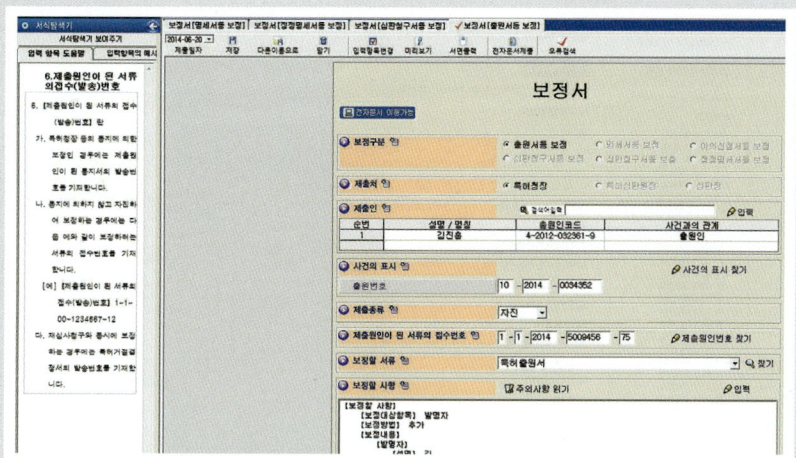

| 보정서 작성 예 |

표현의 논리성이 결여되어 있으면, 물품의 외관을 보호하는 디자인의 대상으로 부적합하다는 판정을 받게 된다. 그 이유는, 특허가 결국은 개개인의 이익과 상충되기 때문에 자연스레 심사의 잣대가 엄격할 수밖에 없어 철저한 사전 준비 없이 출원하면 출원자의 기발한 아이디어가 외부에 공개되어 모방되거나 아이디어를 활용할 수 없게 되기도 한다. 그러므로 특허출원, 등록절차, 지식과 용어를 철저히 이해하고 숙지한 뒤, 개인 특허출원 여부를 검토해야 한다.

특허출원 후 거절과정

특허출원 후 심사관의 심사과정에서 거절사유(신규성·진보성 미달, 실현불가능 등)가 발견되면 거절통지를 받는데, 출원자가 어떻게 대응하느냐가 중요하다. 즉, 특허를 출원하면 심사관의 심사가 진행되고, 심사 중 거절사유가 발견되면 심사관은 보정(답변서, 소명서, 보정서 등)을 요구한 뒤, 보정사항이 접수되면 재심사하여 문제점이 보완되면 결정 여부를 심사하고, 보정사항의 제출이 없으면 거절결정서를 발송한다. 그러므로 어떻게 거절사유를 해소·보정하느냐가 매우 중요하다. 다만, 거절통지를 사유로 기출원한 아이디어에 새로운 아이디어를 부가하는 보정은 불가하다.

대부분의 의견제출·보정통지서의 통지사유는 신규성(등록기술 존재)과 진보성(유사기술 존재)이 미달하는 경우로, 그중 일부는 신청한 권리 한계가 광범위하여 기등록 기

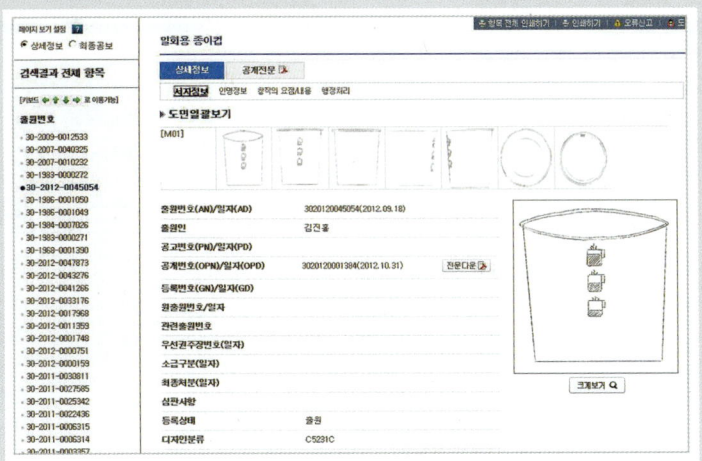

| 출원공고 예 |

술과 상충되어 보정을 요구받는 경우도 있다. 신규성과 진보성이 결여된 경우는 보정이 어렵더라도, 권리 한계의 설정문제로 거절통지를 받는 상황은 회피해야 하므로 특허출원 시 보호받으려는 권리 범위(청구항)를 광범위하게 설정하지 않고, 반드시 보호받아야 하는 권리사항 중심으로 청구항을 한정하여 작성하는 것이 중요하다. 핵심사항의 권리 획득만으로도 특허등록의 목적을 달성할 수 있다면, 굳이 불필요하게 권리 범위를 확장하는 것이 유리한 것만은 아니다. 다만, 지나치게 소극적으로 청구항을 작성하여 권리 범위가 축소되면, 다른 경쟁자의 모방과 유사등록에서 자유로울 수 없다. 즉, 다른 사람이 악의적으로 미등록된 틈새 기술을 등록하여 창업자가 기등록한 기술과 유사한 기술을 활용한 제품을 출시하거나, 창업자의 등록기술을 활용하지 못하도록 방해할 수 있다. 따라서 적절한 권리 한계와 범위를 설정하는 청구항 작성은 매우 중요하다.

그리고 의견제출·보정통지를 받은 경우, 지적사항의 핵심을 파악하여 보호받으려는 권리 범위를 최대한 확보하는 것이 중요하므로 변리사 등 전문가의 조력을 받는 방법이 유리하다. 이는 특허획득의 목표가 권리 범위의 한계 설정에 있기 때문이다. 즉, 권리 한계의 축소·확대 폭의 적정한 조정 여부에 따라서 등록과 거절이 결정될 수 있다. 특히, 심사자는 출원된 기술과 권리 한계 내에서 심사할 뿐이지 출원자의 권리침해 가능성을 예단하여 조언하지는 않는다. 비전문가인 창업자의 자의적인 대응은 권리확보에 위험을 초래할 수 있다.

거절사유

특허출원에서 등록까지의 기간은 통상 특허와 실용신안 약 1년 6개월, 디자인 약 12개월, 상표 약 9개월 정도의 시간이 소요된다. 이는 대한민국의 특허출원 건수가 많고, 다른 나라의 특허정보와 비교하여 중복 여부를 확인해야 하기 때문이다. 특허출원으로 권리를 획득하는 것은 아니며, 출원 후 심사를 통과하고 수수료를 납부한 뒤 등록증을 발급받아야 비로소 지식재산권으로서의 권리를 획득하게 된다. 수많은 출원 아이디어가 심사과정에서 거절되며, 거절사유도 각 출원마다 다양하고 상이하다.

대부분의 특허·실용신안 거절사유는 기등록기술과 유사하거나 기술이 상용화되어 있는 경우(신규·진보성 결여)이고, 디자인의 거절사유는 정투상도법의 미적용과 기등록 디자인과의 유사성 여부, 상표는 글자·도안의 동일성과 발음의 유사성 등이 거절사유가 된다. 또한, 디자인의 보정은 기출원한 선행 디자인을 기준으로 보정서상의 보정은 출원인이 출원한 디자인 내에서 보정해야 한다. 특히, 상표는 철자가 다르더라도 동일·유사하게 발음되거나, 지정상품 분류가 동일하면 거절된다.

발명자와 출원자 보정

발명자와 출원자가 동일인이 아니라면, 특허출원 전에 발명자와 출원자의 권한과 한계를 확인하고 명확히 결정지어야 분쟁이 발생하지 않는다. 특허법 제94조는 '특허권자는 업으로서 그 특허발명을 실시할 권리를 독점한다'고 명시되어 있는데, 이는 곧 특허의 권리는 출원자가 독점한다는 것이다. 즉, 특허의 권리는 출원자에게 있고, 발명자는 특허명부에 발명자로서 기재될 수는 있지만, 특허출원한 권리에는 영향을 끼칠 수 없다. 따라서 발명자와 출원자가 동일인인 경우는 관계없으나, 다를 경우에는 발명자가 출원자에게 권리를 양도한다는 자료를 작성·보관해야 향후 불필요한 분쟁을 피할 수 있다.

특허출원 후 권리관계의 변동과 출원자, 발명자 등의 추가는 가능하며, 등록된 이후의 변경은 등록 전보다 과정과 절차가 복잡하게 되므로 변동사항이 발생하면 등록 전에 변경해야 편리하다. 그리고 변경을 위한 보정서 등의 작성은 특허청 특허로

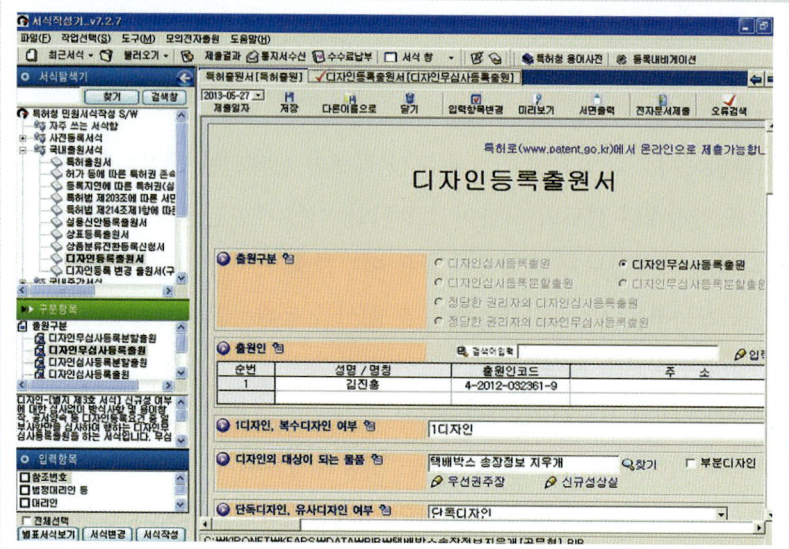

| 특허출원 프로그램-서식 작성기 |

(www.patent.go.kr)에 접속하여 특허출원 프로그램을 다운로드 받아 작성하면 되고, 프로그램이 사용하기 편리하게 구축되어서 초보자도 작성하기 쉽다. 그리고 작성과정 중 애로사항은 특허청 고객센터(Tel. 1544-8080)로 문의하면, 정부기관 중 가장 친절하고 상냥한 상담직원들이 자세하고 쉽게 안내해준다.

정보변경 신청을 통한 서류 수신방법 변경

특허출원 후, 심사과정에서 거절사유(선행기술 존재, 등록요건 미비 등)가 발생하지 않으면, 등록결정에 따라 등록비용을 납부하고 특허등록을 완료하는데, 등록요건을 충족하지 못하면 의견제출통지서, 보정서, 각하결정서 등의 통지에 대응하는 서류들을 제출해야 한다. 통지서는 등기우편(변리사 등의 대리인을 통할 경우에도, 대부분 서류를 직접 출원인이 수령할 수 있게 하는 편임)으로 송달한다. 따라서 수령주소지에서 부재 시, 적시에 통지서를 수령하지 못하여 불이익을 받을 수도 있으니 인터넷을 통한 서류 수신방법을 고려해볼 만하다. 특허청 '특허로' 사이트에서 '출원인정보변경신청란'에서 서류의 수취방법을 '온라인 수령'으로 변경하고, '통지서 수신함'에서 관련 서류를 다운로드 받아 확인하는 방법이다. 이렇게 온라인 수령 시에는 시간과 공간의 제약을 서류송

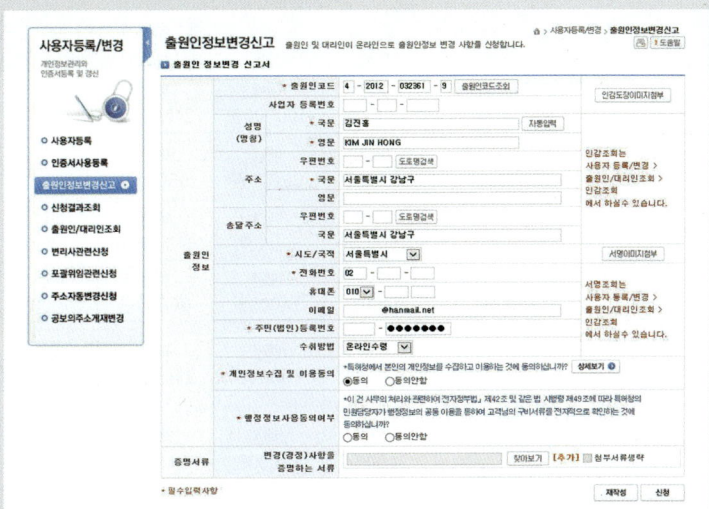

| 출원인 정보변경 신청 예 |

담보다 덜 받으면서 수시로 확인할 수 있다는 장점이 있다.

특허비용

특허권리 취득을 위해서는 출원에서 등록까지의 진행 단계별 수수료를 지불해야 하며, 수수료는 특허출원 시 지불하는 출원수수료와 재심사·우선권청구·보정·거절 등의 중간 과정에 소요되는 비용과 최종등록 시 납부하는 등록수수료로 구분할 수 있다.

특허취득 비용은 변리사를 통해 출원·등록하는 금액이 개인이 직접 출원·등록하는 금액보다 많이 지출되지만, 전문가의 1차 검증을 거치기 때문에 비교적 안정적인 출원이 가능하다. 다만, 출원과 등록에 따른 수수료와 별개로 심사과정에서 보정요구에 따른 소명자료 등의 제출로 인해 추가비용이 발생할 수 있다. 특히, 기등록된 특허사항과 유사한 내용의 출원은 심사과정 중 차별사유를 설명해야 하는 경우가 많아 중간 비용 지출이 많다.

권리/요금		설정등록료 (1~3년)	연차등록료				
			4~6년	7~9년	10~12년	13~15년	16~25년
특허	기본료	매년 15,000원씩 (45,000원)	매년 40,000원	매년 100,000원	매년 240,000원	매년 360,000원	
	가산료 (청구 범위 1항마다)	매년 13,000원씩 (39,000원)	매년 22,000원	매년 38,000원	매년 55,000원	매년 55,000원	
실용 신안	기본료	매년 12,000원씩 (36,000원)	매년 25,000원	매년 60,000원	매년 160,000원	매년 240,000원	
	가산료 (청구 범위 1항마다)	매년 4,000원씩 (12,000원)	매년 9,000원	매년 14,000원	매년 20,000원	매년 20,000원	
디자인	심사	매년 25,000원씩 (75,000원)	매년 35,000원	매년 70,000원	매년 140,000원	매년 210,000원	(16~20년) 매년 210,000원
	일부심사	매년 1디자인마다 25,000원씩 (75,000원)	매년 34,000원	매년 34,000원	매년 34,000원	매년 34,000원	(16~20년) 매년 34,000원
상표	설정등록	1상품류 구분마다 211,000원	1. 2012.4.1. 이후 설정등록/추가등록 시-지정상품 20개 초과 시 초과 수에 따라 2,000원 추가 2. 설정등록/ 존속 기간 갱신 시 - 등록료 이외 지방세 9,120원 추가				
	지정상품 추가	1상품류 구분마다 211,000원					
	존속 기간 갱신	1상품류 구분마다 310,000원 (갱신 340,000원)					

|2016년 특허청 특허고객 상담사례집 中 특허(등록)료|

구분/권리		특허/실용신안		디자인		상표	
		거절·무효·취소·정정·권리 범위 등	보정각하	거절·무효·취소·권리 범위 등	보정각하	거절·무효·취소·권리 범위 등	보정각하
전자 문서 제출	기본료	건 당 150,000원	건 당 200,000원	1디자인마다 240,000원	건 당 200,000원	1상품류 구분마다 240,000원	건 당 200,000원
	가산료	청구 범위 1항마다 15,000원 가산	없음	없음	없음	없음	없음
서면 제출	기본료	건 당 170,000원	건 당 220,000원	건 당 260,000원	건 당 220,000원	1상품류 구분마다 260,000원	건 당 220,000원
	가산료	청구 범위 1항마다 15,000원 가산	없음	없음	없음	없음	없음

|2016년 특허청 특허고객 상담사례집 中 심판 관련 청구료(신청료)|

지식재산권 온라인 정보 제공 사이트

지식재산권 분야 종사자를 제외한 대다수의 사람들은 지식재산권의 존재를 모르거나 관심이 많지 않아서 자산으로서의 중요성을 정확히 인식하지 못하는 실정이어서 지식재산 정보제공 사이트에 대한 인지도도 높지 않다. 하지만 지식재산권은 새로운 경쟁력의 원천이며, 경쟁자를 타도하고 성장을 선도하는 원동력으로서 새롭게 각광받고 있다. 따라서 창업자라면 지식재산권에 관심을 가져야 하고, 관련 정보와 지식을 선점하여 경쟁력을 갖춰야 한다.

순번	사이트 명	홈페이지 주소	내용
1	지식재산 정책정보 분석 서비스	http://www.kiip.re.kr/ipmap	한국지식재산연구원에서 제공하는 지식 재산 정책 분야 통합DB구축/분석
2	국가지식재산교육포털(IP-ACADEMY)	http://www.ipacademy.net	특허청 국제지식재산연수원이 주관하는 국가지식재산교육포털
3	국제지재권 분쟁정보포털(IP-NAVI)	http://www.ip-navi.or.kr	수출기업 지재권 분쟁 지원
4	디자인 맵	http://www.designmap.or.kr	디자인 지식재산권
5	인터넷 특허기술 장터(IP-MART)	http://www.patentmart.or.kr	특허, 실용신안, 디자인, 상표 관련 인터넷 특허기술 장터
6	정보 R&D 특허성과 관리시스템(RIPIS)	http://www.mdip.or.kr	범 정부기관 특허R&D성과 가공/제공
7	정보 R&D 특허성과 관리시스템(RIPIS)	http://www.mdip.or.kr	국가 R&D 특허성과 정보 제공
8	지식재산 전문인력 종합정보 시스템(IP-HUMAN NET-WORK)	http://www.iphuman.or.kr	국내 지식재산인력에 대한 종합적인 정보 제공
9	지식재산취업포털	http://www.ipin.or.kr	지식재산 분야 채용정보, 인재정보 제공
10	특허분석평가시스템	http://samrt.kipa.org	다량의 특허에 대해 평가모형을 통해 객관적인 평가결과를 제공
11	특허로	http://www.patent.go.kr	특허청 전자출원 포털사이트
12	특허정보넷(KIPRIS)	http://www.kipris.or.kr	특허청 특허정보 검색 서비스
13	표준특허센터	http://www.epcenter.or.kr	표준특허 정보 제공
14	프리즘	http://www.prism.go.kr	중앙행정기관 정책연구정보 공유
15	한국전통지식포털	http://www.koreantk.com	전통지식 정보 제공
16	E-특허나라	http://www.patentmap.or.kr	특허조사/분석정보 통합서비스
17	ipis지식재산통합 검색 서비스	http://www.ipportal.or.kr	한국특허정보원에서 운영하는 IP정보
18	IP정보통합센터	http://www.ipic.or.kr	유관기관 정보 취합/공동 활용을 위한 지식재산 분야 통합전산센터

| 지식재산권 온라인 정보 제공 사이트 |

순번	사이트 명	홈페이지 주소	내용
1	대한변리사회	http://www.kpaa.or.kr	국내외 지식재산권 정보 제공 및 변리사 업무개선 도모
2	지역지식재산센터	http://www.ripc.org	15개 시도 상공회의소 지정, 지역별 특성화 사업 수행
3	특허청	http://www.kipo.go.kr	지식재산의 주무부처
4	한국발명진흥회	http://www.kipa.go.kr	발명진흥사업 추진, 발명가 이익 증진
5	한국상표·디자인협회	http://www.kota.org	브랜드/디자인 관련 업무관리, 종사자 교류/협력 지원
6	한국지식재산보호협회	http://www.kipra.or.kr	지식재산 위조 상품 단속, 지재권분쟁·소송 등 업무수행

[G. 사업 진행 시 고려사항]

순번	사이트 명	홈페이지 주소	내용
7	미국 특허상표청	http://www.uspto.gov	
8	유럽 특허청	http://www.epo.org	
9	일본 특허청	http://www.jpo.go.jp	
10	중국 국가지식산권국	http://www.sipo.gov.cn	

| 국내·외 지식재산권 유관기관 사이트 |

특허도 '숙성'이 필요하다

맛있는 김치를 먹기 위해 일정 온도에서 일정 기간 숙성하듯이 특허도 일정 기간 '숙성'이 필요하다. 즉, 발상된 아이디어는 숙성과정이 필요하다. 순간적으로 발상된 기발한 아이디어일수록 보완하고 점검해야 할 내용이 많고, 현실 상황과 괴리감이 크기 때문이다. 그러므로 시간적인 여유를 가지고 아이디어의 기술적 구현과 제품화 가능성을 검토해야 한다. 숙성과정의 장점은 현재의 기술 수준과 제조환경에 부합되게 아이디어를 보완할 수 있다는 점과 기등록된 국내외 특허기술을 회피하거나 추월할 수 있는 안목을 갖게 만든다는 점이다.

예를 들면, '신발 오물 제거용 청소 솔'에 대한 아이디어가 떠오르면, 발상된 아이디어와 기성제품과의 차별성과 진보성 등을 검토해야 하고, 국내외 동일 분야와 다른 분야의 '솔' 사용방법과 모양 등을 확인해야 한다. 그리고 청구예정인 아이디어의 권리 범위와 기등록 특허의 권리 범위와의 충돌 여부도 파악해야 한다. 그래서 기등록 특허와 상충되지 않고, 현재 기술 수준으로 구현이 가능하며, 개발비용이 적정하다고 판단되면, 특허출원하고 제품화를 진행하면 된다.

'특허'와 '브랜드'는 365일 24시간 일한다

경쟁자와 다른 차별화된 경쟁력을 보유하고 있으면, 생존경쟁에서 승리할 수 있는 확률은 높아질 수밖에 없다. 그래서 차별화된 경쟁력의 원천으로서 '특허'와 '브랜드'는 매우 중요한 경쟁 무기이다. 즉, '특허'를 통해 경쟁자의 시장 진입을 배제·지연시킬 수 있고, '브랜드'를 통해 일하지 않고도 수입을 획득할 수 있다. 사업자가 일일이 경쟁자를 상대하지 않아도 '특허권'이 경쟁자의 시장 진입을 차단하거나, 모방제품의 출시를 견제하여 사업자의 영업권과 이익을 보존해주며, 사업자가 잠을 자고 여가생활을 즐기는 시간에도 '브랜드'는 영업하고 판매하여 사업자에게 수익을 가져오므로 '특허'와 '브랜드'는 중요하다.

그럼에도 불구하고, 대다수의 창업자와 사업자는 판매하는 제품과 서비스에만 집중한다. 당연히 제품력이 최우선의 가치를 갖지만, 사업은 우수한 제품과 서비스만으로 성공하지는 않는다. 경쟁자를 견제할 수 있는 '그 무엇'과 소비자에게 신뢰감을 부여할 수 있는 '그 무엇'이 부가되어야 성공 가능성이 높아지며, '그 무엇'은 '특허'와 '브랜드'로 지칭된다. 사업자는 '특허'와 '브랜드'의 중요성을 인식하고, 권리 획득과 브랜드 구축에 관심을 집중해야 한다.

국외 특허 검색이 필요하다

특허출원을 위한 선행기술조사를 국내 특허 등록으로 한정하면 안 된다. 과거와 달리 심사과정에서 해외 특허기술을 원용하기 때문에 변리사에게 기술조사를 의뢰하거나, 자체적으로 해외 선행기술조사를 실시해야 한다. 그리고 가장 용이한 자체조사방법은 특허청의 '특허 검색' 사이트를 활용하는 방법이다.

특허청의 '특허 검색' 사이트에서 '해외 특허' 항목을 선택하고 국가를 지정한 뒤 관련 검색어를 입력하면, 각국의 특허등록사항과 행정 진행정보 등을 확인할 수 있다. 단, 관련 기술에 대한 '검색어'는 한국어·영어 입력이 가능하고, '상세정보' 항목은 영문 번역되어 있다. 그리고 '공개/공고전문'과 '행정 진행정보' 항목은 영어·일본어·중국어로 등록되어 있기 때문에 정확한 등록 내용을 확인하기 위해서는 해석을 의뢰하는 것이 오류 가능성을 줄이는 방법이다. 그리고 개인이 자력으로 출원할 때는 최소한 일본, 미국, 중국, EU국가의 특허정보는 확인해야 한다. 전 세계의 등록특허를 모두 확인하는 것은 불가능하지만, 특허출원과 등록비율이 높은 국가의 특허정보는 조사해야 출원·등록에 따른 불필요한 시간과 비용을 절감할 수 있다.

특허와 실용신안의 차이점

특허와 실용신안의 가장 큰 차이점은 '발명의 고도화' 여부이다. 즉, 실용신안은 물건(물품, 물질)의 발명이나 방법의 발명을 정의하는 특허와 다르게 물품의 발명에 한정하며, 특허와 기술적 사상의 창작이라는 점에서는 동일하지만 고도화되지 않아도 된다는 점에서 차이가 있다. 또한, 특허권의 존속 기간은 설정등록 후, 출원일로부터

20년인 반면 실용신안은 10년이며, 특허는 출원 시 필요한 경우에 한하여 도면을 첨부하나, 실용신안은 도면 첨부가 필수사항이다. 그리고 특허출원의 심사 청구 기간은 출원일로부터 5년이나, 실용신안은 3년으로 기간이 짧은데, 이는 실용신안 대상 물품의 제품 라이프 사이클(Life Cycle)이 짧은 경우가 많기 때문이다.

특허, 렌트(Rent)하면 효율적이다
특허출원 후 등록까지 약 1년 6개월의 기간이 소요되는데, 사업화가 시급한 창업자에게는 너무 긴 시간이다. 따라서 진입하는 사업 분야의 등록특허를 렌트하여 활용하는 방법도 고려할 만하다. 즉, 저렴한 비용과 최소의 시간을 투자하여 등록된 특허권의 독점적 권리를 기술이전(양수 또는 임대)하여 일정 기간 행사하는 방식이다.

사업자가 사업경쟁력을 확대할 의도가 있거나, 신규 기술 개발에 많은 비용과 시간을 투자할 여력이 없는 경우에, '국가보유 미활용 특허'를 렌트하는 방법은 매우 유용하다. 즉, 국가기관이 보유하고 있는 등록특허의 '전용실시권'을 양수받아 사업 진출·확대에 활용하는 방법이다. 특허의 종류와 성격 등이 조건에 따라 상이하지만 대부분의 국가보유특허는 ①저렴한 통상실시 가격(5년/350만 원) ②단시간의 양수·양도 처리과정 ③선별적 사용 가능 등의 장점을 가지고 있어 유용하다. 따라서 새로운 분야에 진입하려고 하거나, 필요한 특허등록된 기술을 보유하지 못한 상황이라면,

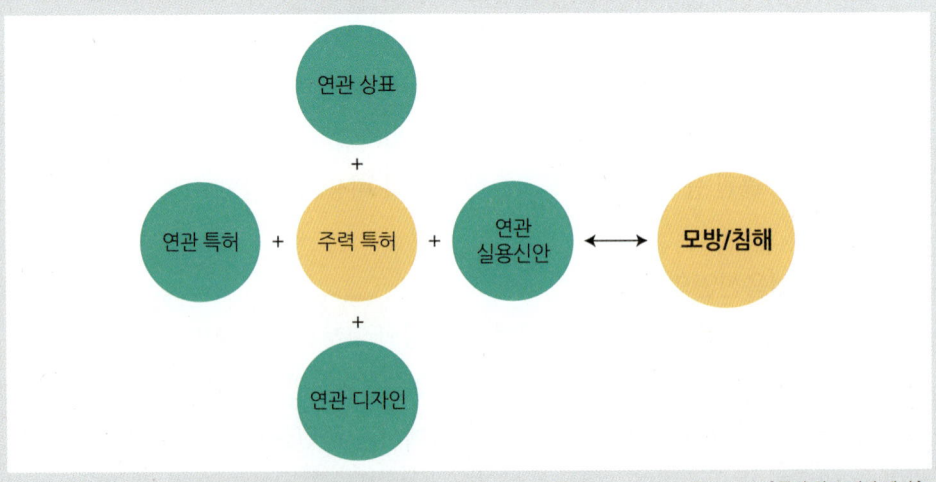

| 특허 확보 전략 예시 |

자체 신기술 개발과 특허출원을 진행하기 전에, '국가보유 특허기술 목록'을 확인하여 활용을 검토하는 방법이 기회비용과 금전적 지출을 절감하는 대안이 될 수 있다.

효율적인 특허출원과 권리침해 방어

특허출원을 통해 기대할 수 있는 이익은 크게 2가지로 등록된 권리판매를 통한 수익창출과 배타적·독점적 권리를 확보한다는 점이다. 수익을 도모하는 목적은 동일하지만, 전자(前者)는 권리의 활용이 아닌 판매 목적이고, 후자(後者)는 권리를 활용한 사업화가 주목적이라는 점에서 차이가 있다. 그리고 판매와 사업화 진행 시 유의사항은 특허등록으로 모든 분야에 걸쳐 독점적이고 배타적인 권리를 취득한다는 생각을 버려야 한다는 것이다. 미등록 상태보다 권리주장의 범위가 확대되지만, 산업기술의 발달과 정보의 고도화로 기술 간의 연관성이 모호하고 구분이 불분명해져서 하나의 등록된 특허로 등록기술과 관련된 기술 전체에 대해 권리를 주장하기 어렵다. 그래서 최근에는 경쟁자 등이 등록기술의 맹점(보호받지 못하는 틈새)을 찾아낸 뒤, 기등록된 특허기술과 유사한 기술로 특허등록함으로써 특허권자의 독점적 특허권을 무력화하는 사례가 증가하고 있다.

그러므로 단일 특허등록만을 기반으로 사업화하지 말고, 등록하여 보호받으려는 중요기술 특허와 관련된 보조기술도 등록하여 모방과 복제를 예방해야 한다. 즉, 등록된 주력특허의 약점과 맹점을 찾아내어 주력특허를 보완하는 특허출원을 선제적으로 진행해야 한다. 연관기술의 추가적인 특허출원 효과는 경쟁자가 주력기술과 연관된 보조기술까지 권리 분석하게 유도하여 경쟁자의 용이한 모방과 복제를 저지하는 효과가 있다. 그리고 상호 유기적으로 연결된 특허권의 조합은 특허권 구매를 희망하는 구매자의 신뢰도를 높여서 판매가격을 높게 책정할 수 있다는 장점이 있고, 특허등록자는 제품화에 필요한 여러 요소(브랜드, 디자인, 기술 등)를 일괄하여 준비할 수 있어 용이하게 사업화할 수 있다는 장점이 있다.

특허등록이 거절되는 발명의 종류

특허등록을 받을 수 없는 발명은 ①이미 자연계에 존재하는 자연법칙 자체 ②목적 달성을 위한 구체적인 기술 수단이 결여된 추상적인 아이디어 ③저작권법의 보호 대상인 문학·연극·음악·예술적 창작 등 ④인체를 대상으로 하는 수술·치료·진단 방법 ⑤단순한 정보 제공을 위한 데이터베이스(Data Base) ⑥인간의 정신활동을 이용하는 사업전략 등 영업방법 ⑦실시가 불가능한 발명 또는 반복실시가 불가능한 미완성 발명 등으로, 이상과 같은 발명은 특허등록이 될 수 없다.

디자인 '심사 등록출원'과 '무심사 등록출원'의 차이

디자인 출원이 등록되려면, 타인의 선(先)등록 디자인과의 유사 여부 등을 심사하는 '실체적 등록요건'과 방식심사와 더불어 디자인의 성립성, 공업상 이용 가능성, 용이 창작성 여부에 대한 일부사항, 부등록사유 해당 여부 등의 기본요건만을 심사하는 '방식적 등록요건'이 충족되어야 하는데, 디자인 '무심사 등록출원'은 유행성이 강하고 제품의 라이프 사이클이 짧은 물품에 대해서는 기본요건만 심사하여 신속하게 등록시키는 제도이다. 그리고 디자인 무심사출원이 가능한 물품은 의복류, 침구류, 사무용지 제품류, 포장지, 포장용지, 직물지, 편물지, 합성수지지, 제조식품 및 기호품, 화상 디자인 등이 있다.

상표 등록요건

상표로 등록되기 위해서는 상표를 표시한 상품이 누구의 상품인가를 알 수 있도록 인식시키는 식별력이 있어야 하며, 기호·문자·도형·입체적 형상·홀로그램·색채·동작 또는 이들을 결합한 것이어야 한다. 상표로 등록할 수 없는 요건은 ①지정상품 '자동차'에 'CAR'와 같이 보통명칭을 사용한 경우 ②지정상품 '청주'에 '정종'과 같이 관용하는 경우 ③지정상품 '인삼'에 '금산' 또는 지정상품 '두부'에 '콩'과 같이 산지·품질·원재료·효능·용도·수량·형상·가격·생산·가공·사용방법·시기 등을 사용하는 경우 ④'종로학원'과 같이 지리적 명칭이나, 명칭의 약어 또는 지도만을 사용한 경우 ⑤'윤씨농방'이나 '상점'과 같이 성이나 명칭을 사용하는 경우 ⑥'원형'이나 '2개의 숫자결합'과 같이 간단하고 흔히 사용하는 표장을 사용한 경우 ⑦통신업에 'CYBER'와 같이 수요자가 누구의 업무와 관련된 상품표시인지를 식별할 수 없는 경우 등이다.

출원서(명세서, 요약서) **작성요령**

특허출원을 위해 작성해야 하는 서류는 출원서, 명세서, 요약서, 도면이 있으며, 작성요령은 다음과 같다.

[출원서]

특허출원서는 ①특허출원인의 성명과 출원인 코드 ②대리인(변리사)의 표시 ③발명의 명칭 ④발명자의 성명 및 주소 ⑤우선권 주장에 관한 사항 등을 기재하며, 출원인 또는 발명자가 2인 이상인 경우에는 출원서상의 식별항목을 추가하여 기재하면 된다. 단, 대리인을 선임하지 않을 경우에는 대리인 표시를 하지 않아도 된다.

[명세서]

명세서에는 발명에 대한 구체적인 내용을 기재하여 발표하고, 발표된 발명 중에서 출원인이 보호받고자 하는 보호 대상을 특정함으로써, 발명자는 명세서의 청구범위 내에서 특정한 발명 대상을 권리로서 보호받고, 일반인들은 공개된 발명을 기술 문헌으로 사용할 수 있다. 따라서 명세서에는 ①발명의 명칭 ②도면의 간단한 설명 ③발명의 상세한 설명 ④특허청구 범위(특허발명의 보호 범위 특정) 등이 기재되어야 한다.

[요약서]

요약서는 명세서에 기술된 발명정보를 쉽게 이해하고 활용할 수 있도록 요약·정리하는 서류로 발명 내용을 이해하기 쉽게 10~20줄 이내로 간결하게 정리하여 출원서류에 첨부한다.

[도면]

도면은 명세서의 기재 내용에 대한 이해를 돕기 위하여 첨부하며, 방법 발명이나 화학(물질) 발명과 같이 발명의 성격상 도면이 필요하지 않은 경우에는 생략이 가능하다. 그러나 특허출원 시 명세서에 도면이 필요한 경우나, 실용신안 출원 시에는 반드시 첨부해야 한다. 그리고 도면작성은 발명의 구성에 따라 상이하여 형상, 절개도, 분자구조, 회로도 등을 작성할 수 있으며, 기계 관련 발명은 사시도·평면도·절개도, 전기·전자 관련 발명은 배선도·블록도, 화학적 방법 발명은 공정도·화학구조식 등이 포함될 수 있다. 이와 더불어, 발명의 내용을 정확히 표현하기 위한 필수적인 경우에 한하여, 그레이스케일(Gray Scale) 또는 컬러(Color) 이미지의 도면을 사용할 수 있으나, 실용신안은 사진이 도면으로 대체되지 않는 것이 원칙이다.

청구항(Claims)이란?

출원 시 제출하는 명세서의 '특허청구 범위란'에 보호받고자 하는 사항을 기재한 항을 말하는데, 특허결정 여부는 청구항에 기재된 발명 내용에 의해 판단되기 때문에 '출원서에서 가장 중요한 항목'으로 상세한 설명과 더불어 구성에 없어서는 안 되는 사항만으로 기재되어야 한다. 즉, 권리행사를 특정할 수 있는 가장 중요한 근거가 되는 항목이다.

발명자, 출원인, 특허권자의 차이

특허출원서에는 출원인과 발명자를 각각 기재하게 되어 있는데, 일반적인 개인출원의 경우에는 발명자와 출원인이 대부분 동일하나, 직무발명(기업 등의 직원이나 연구원 등이 발명하고, 회사명 등으로 출원하는 경우)의 경우에는 발명자와 출원인이 다를 수 있다. '발명자'는 실제로 발명을 완성한 사람을 말하며, 발명은 사람(자연인)만이 할 수 있어 법인과 단체 등은 발명자가 될 수 없으므로 출원서에 발명자의 명칭으로 회사명 등이 기재될 수 없다.

'출원인'은 특허출원 주체를 말하며, 향후 권리자로서 등록된 권리에 대한 모든 권한을 가지는 자를 말한다. 즉, 특허권을 가진 자를 말하는 것으로 발명자와 출원인이 반드시 동일해야 하는 것은 아니며, 사람(자연인)과 법인 등이 모두 출원인이 될 수 있다. 그리고 본래 발명자가 특허에 대한 권리를 가지나, 발명자로부터 특허등록을 위한 권리를 양도나 이전받은 자가 출원인으로 특허출원한 경우, 특허등록 후 특허권에 대한 권리는 출원인이 전적으로 행사하며, 발명자는 권한이 없다.

'특허권자'는 현재 특허등록원부에 권리자로 기재된 자를 말하며, 출원인이 특허권자가 되는 것이 대부분이지만, 특허출원 또는 특허등록 후 그 권리를 양도·양수하여 명의를 변경하면, 출원인과 특허권자가 달라질 수 있다. 즉, 특허권, 실용신안권, 디자인(의장권), 상표권 등은 지식재산권(Intellectual Property Rights)으로서 양도·양수가 가능하다.

유사 디자인 제도

본인의 등록된 디자인 또는 출원한 기본 디자인에 관한 물품의 형상·색채·모양 등에 변경을 가한 디자인을 유사 디자인으로 등록하여 공개함으로써, '기본 디자인의 모방·도용 등을 사전에 방지'할 수 있는 제도로 출원인은 출원 시에 단독 디자인과 유사 디자인의 구분을 명시해야 하고, 출원 이후에는 자진하여 또는 심사관의 의견제출 통지에 따라 단독 디자인을 유사 디자인으로, 유사 디자인을 단독 디자인으로 변경하는 보정을 할 수 있다. 즉, 기본 디자인을 모방할 수 있는 디자인을 추가 출원하여 모방이나 도용을 방지한다.

상표의 선출원주의

상표 출원일을 기준으로 먼저 출원한 자만이 상표등록을 받을 수 있도록 하는 것으로 동일 또는 유사한 상품에 사용할 동일 또는 유사한 상표에 관하여 동일일자에 2가지 이상의 상표등록출원이 있는 경우에는 출원인 간의 협의에 의해 결정된 출원인만이 등록할 수 있고, 협의가 미성립 또는 불가능할 경우, 특허청장이 추첨에 의해 상표등록을 받을 수 있는 출원인을 정한다.

보정서, 의견제출통지서

보정 구분이 '출원서 등 보정서(특허법 시행규칙 별지 제9호 보정)'는 출원인이 제출한 특허출원서의 서지사항을 정정·추가·삭제하는 것이고, 구분항목이 '명세서 등 보정'인 보정서는 명세서, 도면 등을 정정·추가·삭제하는 경우에 제출한다. 의견서는 출원인의 의견을 제출하는 것이다.

공개특허와 공고특허의 차이점

'공개특허'는 심사유무와 관계없이 출원 후 일정 기간(1년 6개월)이 경과하면 그 출원 내용을 사회 일반에 공표하는 것이고, '공고특허'는 출원에 대한 심사관의 특허결정이 있고, 출원인이 특허권을 설정등록할 경우, 그 설정등록된 특허에 대하여 그 내용을 사회 일반에 공표하는 것이다. 즉, 심사관의 등록결정 유무와 관계없이 일정 기간 경과 또는 출원인의 조기 공개 신청에 의해 출원 내용이 공개되는 것이 '공개

특허'이고, 심사관의 특허심사 후 등록결정에 따라 출원인이 등록하여 공개되는 것이 '공고특허'이다. 이러한 공고는 특허와 관련된 사항을 일반인에게 알리기 위하여 특허청이 발행하는 공보특허공보(공개공보, 등록공보)를 통해 공지되며, 1999년 7월 1일~2006년 9월 30일 이내 실용신안 선등록제도가 실행된 이후 실용신안 공개제도는 존재하지 않고, 선등록 이후 등록 공고되어 공보에 게재된다.

명세서 등의 보정 가능 범위

특허결정 등본을 송달하기 전 또는 최초 거절이유 의견서 제출 기간 이내에 명세서나 도면의 보정은 가능하나, 최초 특허출원서에 첨부된 명세서와 도면에 기재된 사항의 범위 안에서만 보정이 가능하다. 즉, 신규사항을 추가하여 보정할 수 없다. 특히, 특허청구 범위의 보정은 ①청구항을 한정 또는 삭제하거나, 기존 청구항에 부가하여 특허청구 범위를 감축하는 경우 ②잘못된 기재를 정정하는 경우 ③분명하지 아니한 기재를 명확히 하는 경우 ④특허출원서에 최초로 첨부한 명세서 또는 도면에 기재된 사항의 범위를 벗어난 보정에 대하여 그 보정 전 특허청구 범위로 되돌아가거나, 되돌아가면서 특허청구 범위를 위 ①항에서 ③항까지의 규정에 따라 보정하는 경우에 가능하다.

특허(실용신안, 디자인, 상표)권의 제3자 이전

특허권 등은 개인재산권이므로 등록권자의 의사에 의하거나, 법령에서 정한 요건에 의해 타인에게 이전이 가능하다. 다만, 특허권이 공유된 경우에는 다른 공유자의 동의를 얻어야 그 지분을 양도할 수 있다. 그리고 특허권의 양도는 특허(실용신안, 디자인, 상표)권의 전부 또는 자신이 보유한 지분의 전체를 양도하는 '전부 양도'와 그 일부를 양도하는 '일부 양도'가 있다.

그리고 특허권 등은 상속, 유증, 회사의 합병 등과 같은 일반승계나 질권행사 또는 강제집행, 법원의 이전판결, 특허권의 수용에 의해 이전될 수 있으며, 이전에 대한 사항을 특허청에 등록하지 않으면 그 효력이 발생하지 않는다. 다만, 상속과 같은 일반승계는 등록하지 않아도 효력이 발생하나, 그와 같은 사실을 특허청장에게 즉시 신고해야 한다.

실시(사용)권의 종류

'실시권'이란, 특허권자(실용신안권자, 디자인권자)가 아닌 자가 특허권자(실용신안권자, 디자인권자)와 약정 또는 특허권자의 허락을 받아 그 특허발명을 실시할 수 있는 권리를 말하며, '사용권'은 상표권자가 아닌 자가 상표권자와의 약정 또는 상표권자의 허락을 받아 타인의 상표를 사용할 수 있는 권리를 말한다. 즉, '실시권'은 특허(실용신안, 디자인)권에 대한 권리이고, '사용권'은 상표권에 대한 권리이다.

실시권의 종류에는 '전용실시(사용)권'과 '통상실시(사용)권'이 있으며, 전용실시(사용)권은 일정 범위 내에서 타인의 특허발명을 사업으로 독점 실시할 수 있는 권리이며, 전용실시권이 설정된 범위 내에서는 특허권자도 전용실시권자의 허락 없이 특허발명을 실시할 수 없다. 이에 반하여, 통상실시(사용)권은 타인의 특허발명을 일정 범위 내에서 사업으로 실시할 수 있는 독점력이 배제된 채권 권리로 동일지역에 서로 다른 사람에게 통상실시권의 중복계약이 가능하고, 당해 권리 범위 내에서 당사자 간의 계약에 의해 특정제품에 대한 각각의 통상실시권 계약이 가능하여 특허권자의 실시권은 통상실시권을 부여한 경우에도 제한받지 않는다.

우선권 주장과 우선심사 신청

우선권 주장이란 출원일의 우선권을 의미하는 것으로 최초 특허출원일로부터 1년 이내에 최초 출원일에 출원한 내용과 동일한 내용을 다른 나라에 출원(PCT출원)하거나, 개량 또는 보완된 내용을 국내 출원한 경우 최초 출원일에 출원한 것으로 보는 것(최초 출원 시점 기준심사)을 말한다.

또한 우선심사제도란 특허법 제61조 규정(1. 출원 공개 후 특허출원인이 아닌 자가 업으로서 특허 출원된 발명을 실시하고 있다고 인정되는 경우, 2. 대통령령으로 정하는 특허출원으로서 긴급하게 처리할 필요가 있다고 인정되는 경우)에 해당되는 출원에 대하여 우선심사 청구가 있으면 심사청구 순서에 관계 없이 다른 특허 출원에 우선하여 심사하게 되는 제도를 말한다.

[G. 사업 진행 시 고려사항]

구분/권리		특허	실용신안	디자인		상표
				심사	일부 심사	
우선권 주장	신청료 (전자)	18,000원 (1우선권 주장마다)	18,000원 (1우선권 주장마다)	18,000원 (1우선권 주장마다)	18,000원 (1우선권 주장마다)	18,000원 (1상품류 구분마다)
	신청료 (서면)	20,000원 (1우선권 주장마다)	20,000원 (1우선권 주장마다)	20,000원 (1우선권 주장마다)	20,000원 (1우선권 주장마다)	20,000원 (1상품류 구분마다)
	추가료 (전자)	16,000원 (1우선권 주장마다)	16,000원 (1우선권 주장마다)	없음	없음	없음
	추가료 (서면)	20,000원 (1우선권 주장마다)	20,000원 (1우선권 주장마다)	없음	없음	없음
심사 청구료	기본료	143,000원	71,000원	없음	없음	없음
	가산료	44,000원 가산 (청구 범위 1항마다)	19,000원 가산 (청구 범위 1항마다)	없음	없음	없음
재심사 청구료	기본료	100,000원	50,000원	하단 참조표시		없음
	가산료	10,000원 가산 (청구 범위 1항마다)	50,000원 가산 (청구 범위 1항마다)			없음
우선심사 신청료		200,000원	100,000원	1디자인마다 70,000원	1디자인마다 70,000원	1상품류 구분마다 160,000원

|우선권주장 신청료, 우선권주장 추가료, 심사청구료, 우선권심사 신청료, 재심사청구료|

- 단, 상표 우선심사 신청은 2009. 04. 01. 이후
- 디자인 재심사의 경우 "디자인 재심사를 위한 보정료"가 재심사 청구료에 해당함.
  (전자문서 제출 : 매건 30,000원, 서면 제출 : 매건 40,000원)
- 심사청구와 동시에 심사유예 신청을 할 경우 심사청구료는 심사유예 희망 시점으로부터 2개월 전까지 납부 가능
  (단, 2011. 04. 01 이후 심사 청구된 건부터 적용)

특허(실용신안, 디자인, 상표)권의 존속 기간

특허권 존속 기간은 설정등록에 의해 발생하며, 존속 기간은 특허설정등록이 있는 날부터 특허등록 출원일 후 출원일로부터 20년이고, 실용신안권은 10년, 디자인권은 20년으로 권리 존속 기간이 경과하면 그 특허는 공지된 기술로 구분되어 독점적 권리를 갖지 못한다. 다만, 상표권은 연속성을 고려하여 최초 10년의 존속 기간 경과 후, 10년마다 존속 기간 갱신등록이 가능하다. 다만, 상표권은 상표권자가 일정 기간(취소심판 청구일 전 3년 이상) 상표를 사용하지 않을 경우, 해당 상표를 사용하려는 사람 누구나 불사용취소심판을 청구하여 상표등록을 받을 수 있다.

단, 2016년 9월 1일 이후 출원된 상표부터 서비스표를 상표로 통합[(법 제2조(정의) - 상표란 자기의 상품(지리적 표시 관련 상품 외에는 서비스를 포함)과 타인의 상품을 식별하기 위해 사용하는 표장이고, 표장이란 기호, 문자, 도형, 소리, 냄새, 입체적 형상 등 그 구성이나 표현방식에 상관없이 상

품출처를 나타내기 위해 사용하는 모든 표시)]하였고, 상표등록을 받을 수 없는 상표의 판단 시점이 변경[(법 제34조 제1항 제7호(상표등록을 받을 수 없는 상표) - 선 등록상표가 출원 시에 존재하였으나, 등록 여부 결정 시에 소멸되었다면 등록 가능)]되었으며, 증명표장의 상표 등 중복등록이 불가능[(법 제3조 제4항 및 제5항(상표등록을 받을 수 있는 자) - ①'상표·단체표장 또는 업무표장을 출원하거나 등록받은 자'는 지정상품에 상관없이 동일·유사한 표장을 '증명표장'으로 등록받을 수 없음 ②'증명표장을 출원하거나 등록 받은 자'는 지정상품에 상관없이 동일·유사한 표장을 '상표·단체표장 또는 업무표장'으로 등록 받을 수 없음)]하게 법이 개정되었다.

특허심판

특허심판이란, 특허, 실용신안, 디자인, 상표출원 등에 관하여 심사관이 행한 처분 또는 등록된 산업재산권(특허, 실용신안, 디자인, 상표)을 대상으로 당사자 간에 제기된 분쟁해결을 위해 특허심판원의 심판관이 행하는 쟁송의 해결 절차를 말한다. 따라서 특허분쟁이 발생하면 1차심은 특허심판원에서 담당하고, 2차심은 특허법원(고등법원)이, 최종심은 대법원이 담당한다. 그리고 특허심판의 종류는 청구인만 존재하는 '결정계심판'과, 청구인과 피청구인이 대립하는 '당사자계심판'으로 나뉘고, 심판청구-방식심사-수리(보정사항 발생 시 보정)-심리-심판결정 순서로 절차가 진행된다.

특허권 침해 시 구제수단

특허권이 침해된 경우에 행사할 수 있는 구제수단은 '민사적 구제수단'과 '형사적 구제수단' 그리고 '행정적 구제수단'이 있다. 민사적 구제수단은 침해금지청구권, 손해배상청구권, 신용회복청구권, 부당이득반환청구권의 행사가 가능하고, 형사적 구제수단은 '고소'하여 침해죄를 추궁할 수 있는데, 법인의 경우에는 침해자(종업원)와 법인(사용자) 등에게 양벌규정이 적용되어 7년 이하의 징역 또는 1억 원 이하의 벌금에 처하게 된다. 그리고 행정적 구제수단은 특허청의 '산업재산권 분쟁조정위원회'의 조정을 통한 합의를 유도하는 제도가 있다.

상표권 침해 시 구제수단

상표권 침해란, 상표권자 이외의 제3자가 정당한 이유 없이 사업으로서 타인의 등록상표를 자기 상품에 표시 또는 그 상품을 유통시키거나 광고하는 행위를 말한다. 구제수단은 상표등록 전에 타인이 출원인의 출원상표와 동일 또는 유사한 상표를 동일하거나 유사한 상품에 사용하는 경우, 출원공고 후 서면으로 경고하고, 업무상 손실에 상당하는 보상금을 청구할 수 있으며 출원공고 전 상표등록출원 사본제시 후 서면으로 경고하고, 설정등록 기간까지 발생한 손실에 상당하는 보상금을 청구할 수 있다. 다만, 이러한 '손실보상청구권'의 행사는 해당 상표등록출원에 대한 상표권이 설정등록된 이후에 가능하다. 즉, 상표등록결정이 없으면 손실보상 청구권도 없다.

출원 수수료

단위 : (원)

권리 구분 \ 청구항목	특허 온라인	특허 서면	실용신안 온라인	실용신안 서면	디자인 온라인	디자인 서면	상표 온라인	상표 서면
출원료	46,000	66,000	20,000	30,000	94,000	104,000	62,000	72,000
심사 청구료(기본료/청구항 1항마다)	143,000/44,000		71,000/19,000					
보정 시 청구항 1항마다	44,000		19,000					
상표류 보정 후 추가가산료							62,000	72,000

|2016년 특허고객 상담 사례집 中 출원 수수료|

해외출원비용 지원제도

특허청은 중소기업 및 개인발명가와 PCT 국내 단계 및 개별국 직접출원인(신청일 현재 PCT 국제 단계 진입일 또는 개별국 출원일 기준 3년 이내의 국제출원 건) 및 특허(실용신안) 해외 출원 전 해당 지역 지식재산센터와의 컨설팅을 통해 특허성이 있다고 판단되는 PCT 출원 국제 단계에 해당하는 기술에 대하여 지원한다. 지원 규모는 PCT 출원 국제 단계 기술당 300만 원 이내, PCT 출원 국내 단계 진입 시 국가당 700만 원 이내, 개별국 직접출원 시 국가당 700만 원 이내에서 건수와 상관없이 기업(개인)당 1,400만 원 이내까지 지원한다.

PCT 국제출원

PCT(특허협력조약, Patent Cooperation Treaty) 국제출원이란, 특허협력조약에 가입한 나라 간에 특허를 쉽게 획득하기 위해 출원인이 자국 특허청에 출원희망 국가를

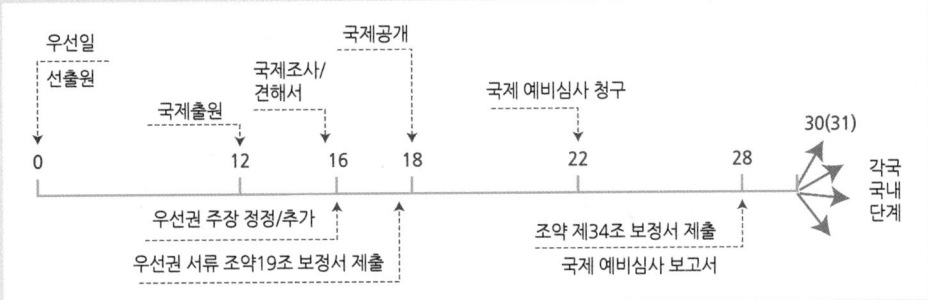

| 특허청 특허/ 실용신안의 이해 中 PCT 국제출원 흐름도 |

지정하여 PCT 국제출원서를 제출하면, 바로 그날을 각 지정국에 출원서가 제출된 것으로 인정하는 제도이다.

    PCT 국제출원의 장점은 한 번의 PCT 국제출원으로 다수의 가입국에 직접 출원한 효과를 얻을 수 있고, 특허를 받고자 하는 나라의 특허심사에 앞서 국제조사기관의 선행조사를 거쳐야 하기 때문에 평가보완의 기회를 가질 수 있어 특허 획득에 유리하여 무모한 해외출원 방지와 불필요한 비용 지출을 막을 수 있다. 다만, 지정국의 국내 단계에 진입하는 경우에는 개별국 출원 시와 동일한 비용이 추가로 필요하여 비용부담이 가중되고, 국제예비심사 후에도 각국마다 새로운 심사를 받을 수 있기 때문에 이중의 심사절차가 진행될 가능성도 있다는 단점이 있다.

    PCT 국제출원을 위한 서류로는 국제출원서(Request), 명세서, 청구 범위, 요약서, 도면, 서열목록(해당 시)이 필요하며, 국내출원 시 제출한 서류와 동일하게 제출하는 것이 아니어서 국제출원서는 영어 또는 일본어(일본어 출원의 경우)로 작성하고, 명세서도 국내출원과 다르게 PCT 규칙에서 규정하는 기술순서에 따라 작성하며, 명세서와 청구 범위도 구분하여 별도로 작성해야 한다.

영업비밀보호센터 활용하기

    영업비밀보호센터(http://www.tradesecret.or.kr)는 특허청 산하 한국특허정보원 내 기관으로 영업비밀의 생성·관리·입증 단계를 갖고, 기업의 영업비밀을 보호하고 관리하는 활동을 통합 지원하며, 영업비밀의 보호와 관리를 위한 정보와 사업을 제공·안내하고 있다.

등록을 통하여 대외적으로 아이디어와 영업비밀의 권리와 우선권을 주장할 수 있어 아이디어와 영업비밀을 특허출원과 영업활동 전에 등록하면, 보유자의 아이디어와 영업비밀의 침해소송이 발생할 경우, 보유 사실에 대한 입증을 증명하는 용도(영업비밀 원본증명제도)로 활용하기에 유용하다. 특히, 아이디어 수정과 개선이 빈번하고, 특허등록 결정 전에 신속한 사업전개를 희망하는 창업자가 활용하기 용이한 제도이다. 즉, 최소의 비용으로 사업화에 따른 아이디어 도용과 침해를 방지할 수 있다.

공익변리사 특허상담센터 활용하기

변리사를 대리인으로 특허출원과 등록을 진행하려면 출원·등록 대행수수료와 중간서류 작성비용을 지불해야 하고, 특별한 경우에는 성공보수금도 지급해야 한다. 그래서 자금이 부족한 창업자에게는 경제적인 부담이 될 수 있으므로 창업자는 비용절감이 가능한 '공익변리사 특허상담센터'를 적극 활용해야 한다. 경제적 약자와 취약계층 등의 사회적 약자를 지원하는 특허청 산하기관으로 지원 대상자로서의 자격조건이 충족된다면 적극 활용할 필요가 있다.

지원 대상자의 자격조건은 ①소기업(상시근로자 수 10인 미만, 단 건설업·제조업은 50인 미만) ②재학생(대학원생 제외) ③만 6세 이상부터 만 19세 미만인 자 ④군복무 수행자(공익근무요원, 전투경찰, 의무소방대원 등 전환복무 수행자 포함) ⑤국가유공자와 그 유족과 가족

| 아이디어 등록현황 |

⑥특수임무 유공자와 그 유족 또는 가족 ⑦고엽제 후유증 환자 및 고엽제 후유증 2세 환자 ⑧5.18민주유공자와 그의 유족 또는 가족 ⑨국민기초생활수급자 ⑩차상위계층 해당자 ⑪등록 장애인으로 대상자에 해당되면 무료로 변리사의 업무지원을 받을 수 있다.

지원업무 종류는 ①특허, 실용신안, 디자인, 상표 등 산업재산권과 관련된 상담 ②지식재산권분쟁 경영컨설팅 ③서류작성 지원 ④심판·심결취소소송 대리지원 ⑤침해사건 민사소송 비용지원 ⑥지식재산권 교육 및 설명회 진행 ⑦분쟁조정 지원 등으로 지식재산권과 관련된 업무를 지원하고 있다. 그리고 지원 신청 방법은 지원 신청서 양식을 다운로드 받거나 센터에서 수령하여 작성한 뒤, 온라인 상담 신청 또는 방문예약 신청과 함께 상담센터에 관련 증빙서류를 제출하면 된다. 온라인으로 지원 신청하는 경우에는 온라인으로 심사결과를 받아볼 수 있으며, 방문예약을 통해 변리사와 대면상담하면 신청자의 발명의도와 희망하는 권리 범위를 변리사에게 명확히 전달할 수 있어 사전심사의 집중도와 권리 획득 가능성을 높일 수 있다.

영업방법(Tip)

목표가격으로 판매하는 방법

소비자의 제품 구매 요인 중 하나가 '가격'으로 소비자의 구매의사를 결정하는 중요 요인이다. 그래서 판매자의 판매정책에는 고도의 가격 전략이 필요하다. 따라서 판매자는 판매가격과 소비자의 희망가격과의 간극을 축소해야 하고, 소비자가 용인하는 가격 한계선을 발견하여 판매가격에 반영해야 하며, 제품별로 인식하고 있는 인식가격을 확인해야 한다. 즉, 소비자가 제품을 어떤 시각과 생각으로 주시하는가를 파악해야 한다.

그리고 대부분의 소비자는 중간을 좋아하고, 극단적인 것을 싫어하며, 주류세력과 동화되어 심리적 안정감을 얻으려고 한다. 그래서 제품을 구매할 때도 중간 가격 제품을 선호한다. 즉, 동일 브랜드 제품으로 뚜렷한 기능상의 차이가 없으면, 중간 가격 제품을 구매한다. 예를 들면, '하늘'이라는 핸드크림이 3만 원, 2만 원, 1만 원의 가격으로 판매되고 있다면, 2만 원의 중간 가격 제품을 선택한다. 고가 제품은 가격이 부담스럽고, 저가 제품은 자존감을 충족시키지 못하기 때문이다.

그래서 명품 브랜드 매장에서는 대표제품에 수천만 원의 가격을 책정하여 진열한다. 그럼으로써 소비자는 대표제품의 높은 가격에 현혹되어 재정적 부담감이 큰 수천만 원의 고가 제품 구매는 자제하지만, 매장 내 저가 제품을 구매할 생각도 없어 대안(代案)으로 중간 가격 제품을 구매한다. 즉, 고가 제품을 구매하지 못하는 실망감을 고가 제품 대비 경제적 부담이 적고, 구매 만족감을 충족할 수 있는 중간 가격의 제품 구매로 해소시키려고 한다. 특히, 구매자는 명품매장 내 대표제품의 높은 가격에 현혹되어 저가 제품 가격 100~200만 원은 저렴하고, 300만~400만 원의 중간 가격 제품은 적정하다는 평상시 지출 기준과 다른 화폐가치 기준을 적용한다.

따라서 판매자는 '희망하는 이익률 획득이 가능한 주력 제품을 중간 가격으로 책정'하여 판매해야 높은 수익을 거둘 수 있다. 그리고 이익률은 높지만, 주력 제품이 아닌 제품을 고가 판매 제품으로 위치하고, 이익률이 낮고 판매 부진이 예상되는 제품을 저가 판매 제품으로 배치하여 매출액과 이익률을 동시에 제고하도록 한다.

'규모의 창업'을 하라

사업자가 신사업을 통해 사업 규모를 확장하려는 의사결정을 할 때 판단에 영향을 미치는 요소 중의 하나가 실패할 경우 기존 사업이 입게 될 손해액의 규모이다. 즉, 실패로 인해 기존 사업에 막대한 손실이 발생할 가능성이 엿보이면 결정을 유보하여 창업에 따른 손실 여파가 재기불능으로까지 되는 상황을 피해야 한다. 조직·경험·자본·시간이 부족한 창업은 불확실성이 매우 크기 때문에 최악의 상황을 상정한 여유자금의 확보가 필수적이다. 그래서 '규모의 창업'과 '여유자금의 확보'는 기존 사업자 대비 생존력이 미약한 창업자가 미래를 대비할 수 있는 유일한 대안(代案)이다. 창업자가 실패 가능성을 최소화하려면, 소규모·소자본으로 창업하고, 경쟁자와 차별화하여 경쟁력을 확보한 뒤, 규모와 아이템을 확장하는 순서로 사업화해야 한다. '규모의 창업'이 갖는 장점은 실패에 따른 피해 여파가 적고, 유연하게 사업방향을 변경할 수 있으며, 재기를 위한 여력을 확보할 수 있다는 점이다. 또한, 실패 여파로 현재의 경제적 생활 수준이 붕괴되는 상황을 방지할 수 있다는 부가적인 장점도 있다.

그러므로 사업 아이템과 지역 여건을 고려하고 창업자금과 점포 평수를 계산하여 계획한 창업자금의 80% 금액 이내로 창업한다. 창업의 성패는 외형과 자금 규모가 아니라, 제품과 서비스의 차별화에 있다. 소비자를 움직이는 가장 큰 구매요인은 지역적 한계와 점포 규모가 아니라 차별화된 제품과 서비스와 경쟁자를 능가하는 제품력이기 때문이다. 그러므로 창업자는 자신의 역량 내에서 창업해야 하며, 창업 전 최우선 과제로 어떻게 '창업자만의 경쟁력'을 확보할 것인가에 집중해야 한다. 타인의 시선을 의식한 창업이 아니라, 실패에 따른 책임과 경제적 압박이 온전히 창업자의 몫이라는 인식 하에 창업을 해야 한다. 역량 이내의 창업은 재기 가능성에 대한 희망을 갖게 하여 창업자가 심리적인 안정감을 갖게 된다.

모든 제품에는 소비자가 인정하는 '가격 한계선'이 있다

판매자는 제품에 대한 사랑을 가격에 투영하지만, 소비자는 제품에 대한 사용가치를 가격에 투영한다. 그러므로 판매자는 소비자가 판단하는 제품가치와 구매의도를 파악할 수 있어야 한다. 즉, 소비자가 '인정하고 지불하려는 가격 한계선'을 찾는 작업이 중요하다.

소비자들은 모든 제품에 스스로 설정한 '가격 한계선'을 갖고 있으며, '가격 한계선'의 설정은 사용·보관 가치와 만족도 등의 다양한 구매 결정요인들에 기초한다. 그리고 설정한 '가격 한계선'을 초과하는 가격에 대해서는 거부감을 갖는다. 예를 들면, 빨랫비누 1개 1천~2천 원, 세안비누 1개 2천~4천 원 등의 제한 가격은 빨랫비누 1개가 5천 원이면 구매를 망설이고, 5천 원의 제품가치를 제품성분과 기능 등에서 검증하려고 한다. 그러므로 소비자가 일반적으로 인식하는 '가격 한계선'보다 높은 가격으로 판매하려면, 반드시 소비자가 수긍할 수 있는 차별화 요소(기능, 디자인, 한정 수량 등)를 제품에 부가(附加)해야 한다.

선물하기 부담 없는 가격대 제품을 판매하라

경제력에 따라 선물용 제품가격이 상이하겠지만, 일반적으로 사람들이 부담감을 갖지 않는 선물용 제품가격은 약 2만~3만 원대로 선물을 주고받는 당사자들 모두가 부담감을 느끼지 않는다. 그러므로 판매하려는 제품가격이 이미 고착화된 상황이 아니라면, 선물용 제품은 가격대를 2만~3만 원대로 책정하여 판매해야 매출을 높일 수 있다. 즉, 2만~3만 원대의 선물용 주력 제품을 '중간 가격 제품'으로 설정하여 판매하는 것이다. 다만, 제품가격은 제품의 품질·기능·용도·희소성 등에 따라 결정되기 때문에 일률적으로 모든 제품에 동일한 가격대를 책정해서는 안 된다. 예를 들면, 5만 원의 양복은 가격 부담이 없으나, 소비자가 평균적인 양복 가격으로 인식하는 20만~30만 원의 '가격 한계선' 이하 가격으로 평가되어 선물용으로서의 의미가 퇴색된다. 같은 맥락에서 3만 원의 스카프는 선물로서의 가치를 발휘하지만, 2천 원의 스카프는 환영받지 못하는 것과 같다. 따라서 선물용 제품을 판매할 계획이라면, 각각의 제품이 갖는 '가격 한계선'과 '제품가치'를 먼저 파악한 뒤, 판매가격과 판매방법에 반영해야 한다.

중간도매업자의 이익을 최대한 보장하라

통신기술 등의 발달로 제조자와 판매자가 분리되던 과거와 달리, 현대는 제조자가 제조와 판매를 겸하는 경우가 많다. 또는 대형할인마트 등과 같은 유통 플랫폼을 구축한 판매자가 제조자를 생태계 사슬의 하위에 놓고 조정하기도 한다. 다만, 자본과 인력 등의 가용자원이 풍부한 대기업은 제조와 판매를 겸할 수 있지만, 중소기업은 판매조직을 구축할 여력이 없어 대형유통기업에 종속되거나, 기구축된 유통채널을 이용할 수밖에 없다.

중소기업 제조자가 기존의 유통채널을 통해 단기간에 매출을 확대할 계획이라면, 중간도매업자의 이익을 최대한 보장하는 방식으로 유통해야 한다. 중간도매업자는 유통채널의 중요 길목에 위치해 있고, 다양한 경로의 유통채널을 보유하고 있어 각각의 유통채널에 위치한 소매업자의 매출을 조정할 수 있기 때문에 제조자를 대신하여 매출을 극대화할 수 있다. 그러므로 중간도매업자에게 많은 이익과 폭넓은 판매 권한을 부여하면, 중간도매업자는 취급·유통하는 수많은 제품 중, 이익률이 가장 높은 제조자 제품을 우선적으로 판매하려고 할 것이다.

소비자가 지불한 가격 이상의 가치를 제품에서 얻으려고 하듯이 중간도매업자도 유통제품 중 가장 이익률이 높은 제품을 주력 제품으로 판매하려고 한다. 그러므로 기존 유통채널을 통해 매출을 확대하려면 중간도매업자가 제품 유통을 통해 높은 이익을 기대하도록 만들어야 한다. 이익 추구에 대한 중간도매업자의 욕구를 자극하여 욕구충족을 위해 스스로 최선의 노력을 다하도록 환경을 조성해야 한다.

'Only One' 제품을 만들어라

사람은 누구나 자신만이 특별하기를 희망한다. 다른 사람과 동일한 스타일과 콘셉트를 싫어하고, 차별화되어 주목받기를 소원한다. 즉, 다른 사람에게 인정받고 싶어 하는 심리를 이용해 제조자는 소비자가 구매함으로써 특별함을 느낄 수 있는 'Only One' 제품을 만들어야 한다. 이와 같이, 특별함을 부여하는 대표적인 제품으로 '명품 브랜드 제품'이 있다. 한정수량과 높은 가격으로 명품제품만의 차별성을 극대화하여, 제품을 구매한 소비자가 다른 사람과 차별화되는 경험을 갖게 한다. 그리고 장인(匠人)이 만드는 수제품도 동일한 콘셉트 제품이다. 전문가로 인정받는 장인이 직접 만든 제품은 희귀성과 예술성이 더해져 제품이 갖는 본연의 기능과 소장품으로서의 부가가치가 결합되어 제품가격이 높고 구매자를 한정 짓는다.

이처럼 제품구매자를 다른 사람과 차별화하고, 주목받게 만드는 제품의 가격 결정권은 전적으로 생산자에게 있고, 소비자는 생산자가 만든 가격정책 안에서 구매할 수밖에 없어 생산자의 이익률은 극대화된다. 그러므로 생산자는 제품에 남다른 가치를 부여하는 방법을 고민해야 하며, 동일시장 내에서 경쟁자와 대동소이한 제품을 만들고 있다면, 'Only One' 제품으로 대변되는 차별화는 필수적이다. 소비자 스스로 제품에 부가가치를 부여하는 제품만이 살아남을 수 있다. 동일한 우유제품이지만, 제품생산번호와 제조자명과 사진을 부착한 우유는 우유제품 중 'Only One' 제품이다. 생산번호, 제조자명과 사진이 차별화 요인이 되어 소비자에게 신뢰감과 함께 구매에 따른 만족감을 부여하기 때문이다.

평준화된 기술력과 대량생산방식은 제품 간 변별력을 감소시켜 소비자들은 대동소이한 콘셉트와 기능과 품질, 디자인 등을 보유한 제품에는 더 이상 흥미를 갖지 않는다. 소비자는 항상 새로운 것에 관심이 많고, 구매를 통해 스스로를 다른 사람과 차별화하고 주목받게 만드는 제품에 흥미를 느낀다.

제안서 작성 시 기대수익을 낮춰라

유통경로와 판매처의 다양화로 제조와 유통영역 간의 보완적 업무결합이 경쟁력을 갖게 되어 기업 간의 협업은 선택이 아닌 필수사항이 되었으며, 효율성과 이익률을 제고할 수 있는 거래상대방과 협력자를 발굴하는 일 또한 중요성이 강조되고 있다. 이에 따라, 상대방을 설득할 수 있는 제안서 작성도 중요해졌는데, 제안서 작성 시 중점적으로 점검해야 할 사항은 '제안자의 기대수익은 낮추고, 상대방의 기대수익은 높이는' 수익률 조정항목이다. 즉, 상대방이 높은 수익률에 고무되어 진정성을 가지고 협력할 수 있도록 만들어야 한다. 양 당사자 중 한쪽만의 일방적인 손해 또는 이익은 지속적인 거래관계를 유지시키지 못한다. 그러므로 대등한 관계에서의 계약이라면 제안자가 이익률을 낮춰서 상대방을 우군(友軍)으로 만들어야만 거래관계가 장기간 긍정적으로 지속될 수 있다. 성공적인 협업계약을 희망한다면, 현재의 이익보다 계약에 따른 효율성과 장기적인 이익률을 고려하여 제안해야 한다.

타임마케팅(Time Marketing) 기법을 활용하라

| 타임마케팅 예/한국경제신문 2013. 01. 27. |

타임마케팅이란, 상품 또는 서비스를 특정한 요일이나 시간을 정해 제공하는 방식의 마케팅 기법으로 홈쇼핑, 백화점, 대형마트 등에서 대표적으로 많이 활용하고 있다. 즉, '한정제품', '특별할인 가격', '한정수량 판매' 등의 문구로 소비자의 구매 결정을 독려하는 방법이다. 또한, 소비자의 방문이 적은 시간대의 매출 확대와 판매가 부진한 제품의 판매촉진 등을 목적으로 타임마케팅 기법을 활용하기도 한다. 즉, 한정된 시간과 지정 일자에만 판매하는 제품이라는 인식을 전달하여 매출을 촉진하고 영업적인 핸디캡을 극복하는 기법이다.

다만, 많은 판매 채널과 기업이 판촉에 적용하고 있어서 효용성이 낮을 수 있으나, 대기업과 시장 선두기업만이 사용할 수 있는 독점기법이 아닌 이상, 창업자와 개인 점포주는 적극적으로 활용을 검토하고 적용해야 한다. 오히려 경쟁력이 낮은 창업자와 개인 점포주가 대기업과 선두기업보다 더 많이 활용해야 할 기법이다.

선두주자 제품과 동일시하라

후발주자가 제품 인지도를 높이고, 시장점유율을 확대하는 방법이 '비교 광고기법'이다. 즉, 시장 선두주자 제품과 동일시하여 비교·홍보하는 방법이다. 예를 들면, 후발주자 제품을 시장에 출시할 때, 선두주자 제품과 기능, 디자인, 가격 등을 비교·홍보하여 소비자가 선두주자 제품과 후발주자 제품을 동일한 품질과 기능을 갖는 제품으로 인식하도록 유도하는 방식이다. 시장점유율 등에서 객관적으로는 비교 대상이 되지 않지만 동일선상에서 비교함으로써, 소비자는 후발주자 제품을 선두주자 제품과 동일한 평가 기준으로 평가하게 된다. 즉, 선두주자 제품을 평가할 수 있는 비교 대상으로 후발주자 제품을 선택함으로써 무의식중에 후발주자 제품을 선두주자 제품과 동일한 수준의 제품으로 인식하게 된다. 그러므로 후발주자는 실제 목표한 경쟁자와 표면적인 경쟁자를 분리하여 표면적으로는 시장 선두주자 제품과 경쟁하고, 실질적으로는 추월 가능한 목표제품과 경쟁해야 한다. 비교 광고는 싸움을 시작한 당사자의 이익이 항상 더 크다.

| 신제품 출시기사 예/서울경제신문 2005. 08. 30. |

그리고 비교 광고의 내용은 선두주자 제품의 약점(가격, 디자인, 용량, 기능 등) 또는 매출 부진제품과 후발주자 제품의 강점(가격, 디자인, 용량, 기능 등) 또는 매출 신장제품을 비교하는 방식으로 구성되어야 한다. 선두주자의 약점을 후발주자의 강점으로 공략하는 방식으로 각각의 비교영역을 세세히 비교할 필요도 없다. 소비자는 단지 비교결과에만 관심을 갖기 때문에 잘 알려진 선두주자 제품과 비교하면 후발주자 제품도 더불어 잘 홍보될 수밖에 없다.

[G. 사업 진행 시 고려사항]

정체성을 소비자에게 각인시켜라

소비자에게 제품과 서비스가 선택받으려면, '자신만의 특별한 색깔(콘셉트)'을 가져야 한다. 즉, 경쟁자와 다른 자신만의 차별화된 사업 정체성을 가져야 한다. 그리고 차별화하는 정체성의 종류는 브랜드, 제품기능, 디자인, 가격, 전문기술 등 소비자가 경쟁자와 명확히 다르게 인식하는 차별화 요인이라면 그 무엇이라도 제한이 없다.

특히, 시장 진입을 앞두고 있는 창업자의 경쟁력은 차별화에서 찾아야 하며, 차별화는 자신만의 특별한 정체성을 보유하는 데서 기인한다. 선두주자 제품을 복제·모방하는 수준으로는 시장에서 생존할 수 없다. 선두주자를 초월할 수 있는 특별함(정체성)을 가져야 한다. 시장과 소비자는 '독특하고 새로운 것'에 관심과 흥미를 갖기 때문이다. 예를 들면, '짜장 잘하는 집' 또는 '짬뽕 잘하는 집'과 같이 특정 메뉴로 기술을 특화하면, 소비자는 쉽게 인식하고 오랫동안 기억한다. 이와 반대로, 중국음식점에서 한식 메뉴를 판매하는 방식은 지양해야 한다. 즉, 중국음식점의 정체성은 자장면·탕수육 등의 중국음식 메뉴에서 기인하는데, 김치찌개·냉면·비빔밥 등의 한국음식 메뉴를 같이 판매하면, 소비자는 중국음식 전문점으로 특정하지 않게 되어 중국음식 전문점으로서의 신뢰가 반감되고, 자장면과 탕수육 등의 주력 메뉴에 대한 맛 평가도 인색하게 된다. 이는 한식과 중식 메뉴가 혼재하여 중국음식점으로서의 정체성이 훼손되었기 때문이다.

창업자는 시장 진입 전부터, 자신만의 독특한 색깔(콘셉트)을 확정해야 하며, 확정된 색깔(정체성)을 일관되게 소비자에게 전달하고 확장시켜야 한다. 즉, '탕수육 잘하는 집', '비빔국수를 잘하는 집', '커피 재료를 공급하는 전문회사' 등 창업자만의 차별화된 자기 색깔을 지속적으로 강조하고 전파·전달하여 소비자가 전문가·전문점으로 인정하도록 유도해야 한다.

재력(財力) 있는 사람들은 'Only One'을 좋아한다

"재랑 나랑 옷이 똑같잖아? 재수 없어······."

주위에서 혹시 이런 말을 들어본 적이 있는가? 또는, '5초 bag, 3초 bag'이라는 말을 들어본 적이 있는가? TV에서 2명의 여성이 각자 상대방과 동일한 옷을 입은 것을 불편해하는 광고를 본 적이 있다. 대부분의 사람들은 다른 사람과 동질화되는 것을 불편해한다. 다른 사람과 차별화될 수 있는 아이템과 물품을 찾으려고 하는데, 여성들은 의류·장신구·가방 등으로 구분하려 하고, 남성들은 자동차·기호품 등으로 다름을 표출하려고 한다.

사람들은 왜 다른 사람과 동질화되는 것을 불편해 하는가? 누구나 인정받고 싶어 하는 본능적인 욕구가 존재하기 때문이다. 즉, 모든 사람은 다른 사람에게 인정받기를 희망하기 때문에 장신구·가방·의류·자동차·기호품 등으로 자신과 다른 사람을 차별화하려고 한다. 자신의 존재감을 과시할 수 있는 수단으로 다른 사람이 갖지 못하는 물품(명품 브랜드 제품, 한정수량 제품, 희귀품 등)을 기꺼이 구매한다. 예를 들어 여성들은 TV 프로그램에 출연하는 탤런트가 착용한 의류와 장신구, 재벌가 여성이 치장하는 모습에 관심을 갖고 그들이 착용한 의류·장신구 등을 구매함으로써 스스로가 탤런트와 재벌가 여성들처럼 구분(차별화)되기를 희망하는 것이다.

가성비(가격 대비 성능)가 좋은 기성 양복 대신 수제 맞춤 양복을 선호하고, 고가의 명품 브랜드 제품과 대형자동차 등을 구매하는 이유도 차별화되어 인정받고 싶은 욕구에서 기인한다. 사람들은 자신만이 가질 수 있는 'Only One' 제품에 열광한다. 특히, 재력이 풍부한 사람일수록 이러한 경향이 강하여 일반인이 구매하지 못하는 고가 제품과 희귀물품에 관심이 많다. 골동품, 유명화가의 그림, 보석 등이 천문학적 금액으로 거래되는 이유가 여기에 있다. 유명화가의 그림과 골동품, 보석은 'Only One' 물품이기 때문이다.

구매자가 스스로 가치를 부여하고, 구매를 통해 다른 사람과 차별화되는 만족감을 충족시키는 제품과 서비스를 판매하면 사업은 성공할 수밖에 없다. 창업자는 판매제품에 소비자가 어떤 가치를 부여하는가에 관심을 가져야 하며, 어떻게 'Only One' 제품으로 인식시킬 것인가를 고민해야 한다. 즉, 소비자가 자발적으로 높은 제품가치를 부여하고, 최대의 구매만족감을 갖도록 제품력을 향상하고 독특하게 홍보해야 한다.

[G. 사업 진행 시 고려사항]

고객이 스스로 'Story'를 만들게 하라

'우리 농원의 사과는 새들이 쪼아 먹어서 흠집이 있지만, 가격이 조금 더 비쌉니다.'

상품에 흠집이 있음에도 불구하고 가격은 더 비싸다? 쉽게 수긍하기 어려운 판매방식이다. 인터넷에서 발견한 판매광고로 대다수의 판매자가 상품(과일)의 단점을 감추고 장점을 부각하는 데 반하여 단점을 노출시켜 장점으로 홍보하는 광고였다. 즉, 외형이 좋은 사과만을 판매하는 다른 농원과 다르게 까치와 까마귀 등이 훼손한 사과를 더 비싼 가격으로 팔고 있었으며, 심지어 전량 매진된 사례이다. 사과농원의 대표가 인터넷에 올린 사과 판매광고는 다음과 같았다.

> '우리 농원에서 판매하는 사과는, 까마귀와 까치 등의 새들이 쪼아 먹어 하자 있는 사과입니다. 그런데 새들은 가장 잘 익고, 풍미가 뛰어난 사과부터 쪼아 먹는다는 사실을 아십니까? 500상자 한정으로 선착순 판매합니다.'

그리고 다른 농원의 대표가 인터넷에 올린 농사 일기의 한 부분은 다음과 같다.

> 제목-새들과의 전쟁이 시작되었다. (글쓴이 김**(대구**농원) 날짜 2010.03.17 조회 수 383)
> 2010년 3월 14일(일) 약 38마리의 까치와 까마귀들이 우리가 오기 전에 얼마나 많은 딸기들을 쪼아댔을까... 원래 까치와 까마귀가 먹는 과일은 무조건 맛있다고 하는데, 그러고 보니 이 녀석들이 쪼아놓은 딸기는, 그야말로 특상품으로 새빨갛게 익은 것만 쪼아놓았다. 그걸 보니 얼마나 속이 상하던지. 농민들은 자연재해만이 아니라, 이렇게 새들과도 전쟁해야 한다.

정말 놀랍고 신선하며 획기적인 판매광고였다. 대부분의 판매자는 훼손된 과일은 저렴한 가격에 판매하고, 소비자는 저렴하게 구입하는 것이 당연하다고 생각하는데, '역발상의 아이디어'로 소비자 스스로 상품 스토리(상품가치-맛있는 과일은 날짐승들이 먼저 먹는다. 따라서 날짐승들이 쪼아 먹은 사과는 맛있다.)를 만들게 유도하여 일반적인 사과 가격보다 더 높은 가격으로 판매한 것이었다.

이와 유사한 방식의 또 다른 상품판매 사례로 서울시 강남구의 '김치찌개 전문점' 영업방식을 예로 들 수 있다. 김치찌개를 주력 메뉴로 판매하는 음식점으로 점포 출입구 안쪽 좌측에 김칫독을 바닥에 묻어놓고 제조일자를 적은 팻말을 각각의 김칫독에 부착하여 방문객이 쉽게 김칫독에 담긴 김치의 숙성 기간을 인식할 수 있도록 하고 있다. 점포는 말 그대로 문전성시를 이루어 식사 시간이 아닌 시간에도 빈자리를 찾기가 쉽지 않을 정도로 장사가 잘되고 있었다. 숙성된 김치로 만드는 김치찌개의 맛이 뛰어난 점도 있었지만, 소비자가 직접 눈으로 김치의 숙성 정도를 확인하게 함으로써, 소비자 스스로 김치찌개에 스토리(상품가치 : 1~3년의 기간 동안 숙성된 김치로 만드는 김치찌개는 맛있다.)를 부여하도록 유도하는 김칫독을 통한 간접광고가 성공의 또 다른 요인이라고 할 수 있다.

　　김치찌개의 주재료는 숙성이 잘된 묵은지이고, 김치찌개의 맛을 좌우하는 것은 김치의 숙성 정도와 맛이다. 그러므로 김치가 잘 숙성되어 맛있으면 김치찌개는 당연히 맛있을 수밖에 없다. 하지만 대부분의 김치찌개 전문점의 김치는 소비자가 김치의 숙성 정도와 상태를 직접 확인할 수 없어서 전적으로 판매자의 조리방법과 맛의 기준에 의존할 수밖에 없다. 그래서 주문하는 김치찌개에 소비자 스스로 스토리(상품가치)를 부여하지 못한다. 하지만 강남의 유명한 '김치찌개 전문점'처럼 김칫독과 제조일자를 노출하여, '숙성된 김치를 사용한다'는 암시를 전달하면 소비자는 스스로 '주문한 김치찌개에 김칫독의 숙성된 김치가 들어 있다'라고 생각하고, 주문한 김치찌개에 상품가치를 부여하고 점포방문을 합리화한다.

　　그러나 대부분의 '김치찌개 전문점'을 표방하는 점포는 김치의 숙성과정과 투입되는 부속재료들을 공개하지 않으며, 다른 점포와 대동소이한 집기 비품 사용과 인테리어 분위기를 연출한다. 그리고 경영자는 맛의 차별화에 민감하지 않기에 방문 고객의 감소 원인을 외부환경(불경기, 상권 이동 등)에서 찾으려고 한다.

　　김치는 한국인과 너무도 친숙한 반찬이고, 김치찌개는 한국인이라면 한 번쯤은 스스로 조리해본 경험이 있어 각자의 조리방법과 노하우를 갖고 있는 메뉴이다. 즉, '김치찌개 전문점'의 김치찌개는 매우 특별하지 않으면 성공하기 어려운 메뉴이다. '김치찌개 전문점'은 창업이 용이하지만 성공하기 어려운 아이템이다. 그러므로 김치찌개를 주력 메뉴로 창업한다면, 보통의 평균적인 한국인이 갖는 김치찌개 이상의 '그 무엇의 특별함'을 판매하는 김치찌개에 담아야 한다. 그리고 '그 무엇의 특별함'은 소비자가 스스로 상품에 스토리(상품가치)를 불어넣도록 유도하는 방식에서 찾아야 한다. 상품에 소비자 스스로 스토리(상품가치)를 부여하면, 조류에게 쪼아 먹힌 사과가 더 비싼 가격에 판매되고, 수많은 '김치찌개 전문점' 중에서 독특한 맛집으로 소문날 수도 있다. 소비자가 자발적으로 스토리를 부여한 상품에 대한 만족감은 높을 수밖에 없고, 부가된 소비자의 경험과 지식은 구매를 합리화하는 수단으로 작용하기 때문이다.

브랜드는 소비자에게 긍정적인 느낌과 가치를 지속적으로 경험하게 한다

브랜드는 소비자에게 긍정적인 경험과 가치를 전달하는 도구로써 소비자는 브랜드를 통해 제품을 신뢰하고 구매한다. 그리고 긍정적으로 인식된 브랜드는 지속적인 구매를 결정하는 중요한 요인으로 작용하여 브랜드 이미지를 훼손하는 작은 문제점들을 발견해도 기구축된 브랜드에 대한 신뢰도를 낮추지 않는다. 그러므로 창업자는 브랜드의 중요성을 인식하고, 브랜드 콘셉트(Concept)를 설정하며, 일관된 이미지 전달로 브랜드 이미지를 심화·구축한 뒤, 다양한 유통채널로 브랜드를 확장해야 한다.

그리고 브랜드가 부여하는 긍정적인 느낌과 가치는 제품마다 상이하여 희소성, 고가격, 단일디자인, 기능 등으로 종류가 다양하다. 그러므로 창업자는 브랜드 콘셉트 설정 시, 브랜드를 통해 소비자에게 어떤 긍정적인 느낌과 가치를 전달할 것인가를 먼저 결정한 뒤, 지속적으로 동일한 느낌과 가치를 일관되게 전달해야 한다. 예를 들면, 자양강장음료 이미지로 구축된 '박카스'에 무가당·무카페인 등의 새로운 가치를 제시하면, 소비자는 이미지에 혼란을 일으켜서 구매를 중단한다. 소비자는 복잡하고 어려운 정보를 싫어하며 단순하고 통일된 정보를 선호하며 제품의 기능과 성능에 우선한 브랜드를 기반으로 구매하려고 한다.

브랜드를 통한 시장 선점의 중요성

소비자는 익숙한 브랜드와 제품을 일체화하는 경향이 있는데, 일회용 밴드를 구매하면서 '대일밴드'를 말하고, 초코파이 하면 '오리온 초코파이'를 떠올리며, 자양강장 음료는 무조건 '박카스'라는 식이다. 의식 저변에 견고하게 인식된 브랜드 제품은 돌발변수가 등장하지 않는 한 지속적으로 판매된다. 따라서 후발주자는 시장 진입 시, 소비자에게 어떻게 브랜드 이미지를 전달할 것인가를 고민해야 하고, 어떤 방식으로 선두주자 제품과 차별화할 것인가를 연구해야 한다. 즉, 선두주자가 구축한 제품 이미지와 다른 이미지를 구축하고, 선두주자가 점유한 시장의 틈새를 노리는 전략을 기획해야 한다.

일반적으로 소비자는 익숙한 브랜드와 제품에 대한 충성도가 높아 특이한 경우가 아니면 구매 패턴을 변경하지 않는다. 즉, 자양강장 음료는 '박카스'를 선호하고, 초코파이는 오리온 제품이 맛있다는 식이다. 이는 시장을 선점한 브랜드가 누리는 혜택이다. 어떤 브랜드 이미지로 어떻게 시장을 선점하느냐에 따라, 사업의 성패와 생존 여부가 결정된다.

선두주자 제품과 다른 제품으로 승부하라

선두주자가 선점한 시장에 후발주자가 진입하기는 매우 어렵다. 시장 1위 제품이 표방하는 소구점(appeal point, 기능, 디자인, 성능, 가격 등)을 뛰어넘어야 하기 때문이다. 즉, 소비자가 선두주자 제품을 구매할 때보다 더 많은 만족감을 전달해야 한다. 시장 선점의 중요성이 여기에 있다. 시장을 선점하면 경쟁자가 없어 점유율을 확대할 수 있고, 판매자가 가격결정권을 가지며, 수익을 극대화할 수 있다. 더불어 후발주자의 시장 진입을 선점자의 논리와 규칙으로 지연시킬 수도 있다. 그러므로 후발주자의 시장 진입 전략은 치밀하고 효율적이어야 한다. 즉, 시장 진입 후 단기간에 선두주자 제품과 전혀 다른 제품으로 소비자에게 인식될 수 있도록 차별화된 판매촉진계획을 수립해야 한다.

그래서 후발주자가 시장 진입을 위한 판매촉진계획을 수립할 때 가장 중요하게 고려해야 하는 사항은 '어떻게 선두주자가 구축한 브랜드 인지도, 제품 이미지 등과 차별화할 것인가?'이다. 그리고 차별화의 방법은 선두주자 제품의 장점을 모방하고 단점을 개선하는 방법과 선두주자 제품과 전혀 다른 제품으로 출시하는 방법으로 구분할 수 있다. 즉, 선두주자 제품의 장점에 더하여 기능, 성능, 디자인 등을 보완하여 개선한 제품을 출시하는 방법과 선두주자 제품의 기능, 성능, 디자인, 방식 등과 전혀 다른 제품을 출시하는 방법이다. 선두주자 제품의 단점을 개선한 제품 출시 방법의 장점은 선두주자 제품이 구축한 제품지명도를 활용하여 개선된 기능과 성능 등을 홍보할 수 있다는 점이며, 전혀 다른 제품을 출시하는 방법의 장점은 새로운 시장에서 선두주자와 대등한 위치에서 경쟁한다는 점이다.

시장점유율이 안정적인 대부분의 선두주자는 매출실적이 높은 현재의 판매제품을 제쳐두고, 신규 시장 개척을 위한 제품 개발을 꺼린다. 즉, 현재의 안정적인 수익구조가 붕괴되는 것을 싫어한다. 그래서 후발주자의 '개선제품 출시'와 '신제품 출시' 방법은 경쟁력이 있다. 특히, 신규 시장을 창출하는 '신제품 출시' 방법은, 기존 경쟁 구도에서의 열세를 만회할 수 있어 후발주자에게 유리하다. 그러므로 후발주자는 선두주자가 구축한 경쟁구도와 경쟁방식을 타파하고, 새로운 시장에서 대등하게 경쟁할 수 있는 경쟁력을 개발해야 한다. 즉, 선두주자 제품에 익숙한 소비자에게 다른 기능, 맛, 성능, 디자인 등을 제공하여 소비자가 다른 제품으로 인식하도록 유도해야 한다. 예를 들면, 치킨을 튀기지 않고 굽고, 파채로 튀김의 느끼함을 해소하며, 양념을 맵게 만든 방법 등은 선두주자 제품의 단점을 개선하고 새로운 시장을 개척한 대표적 사례들이다.

욕심을 줄여라

창업자가 가져야 할 덕목 중 하나가 '욕심을 줄이는 것'이다. 즉, 보유역량을 초과하는 투자와 투자 규모 대비 높은 수익률 책정 그리고 동업자를 불신하는 행동 등을 하지 말아야 한다. 보유역량과 경쟁력에 반비례하는 목표는 욕심의 산물일 뿐이다. 그래서 보유역량과 경쟁력에 대한 객관적인 분석과 진단이 중요하고 동업하면 동업자끼리는 지속적으로 신뢰해야 한다. 즉, 창업 초기에는 각자의 부족한 역량을 보완하기 위해 동업하지만, 수익이 발생하면 수익 배분에 불만을 갖는 경우가 많기 때문이다. 또한, 욕심은 창업자의 냉철한 판단을 가로막고, 동업자를 의심하게 만들며, 성공에 대한 조급증을 갖게 하여 실패 가능성을 높인다. 그러므로 창업자는 열정과 욕심을 혼동해서는 안 된다. 열정은 목표 달성에 대한 치밀한 계획과 냉정한 판단을 수반하지만, 욕심은 결과물로 얻을 수 있는 혜택에 집중하도록 만들어 창업자의 이성을 마비시키고 감성만을 자극한다.

계약서 작성법

계약서 작성은 거래계약을 확정하는 최종 단계의 문서 행위이다. 계약 내용에 따라 수익률이 결정되고 거래조건이 결정되기 때문에 계약서 작성에도 전략과 기술이 필요하다. 즉, 상대방을 설득할 수 있는 적정 논리를 준비하고, 긴장을 완화시킬 수 있는 환경을 조성하며, 상대방의 기대수익을 낮추기 위한 심리분석이 필요하다. 따라서 계약서 작성에는 ①상대방의 기대수익을 낮출 것 ②목표가격을 사전에 책정할 것 ③하나를 주고 하나를 받을 것 ④담당자가 협의하고 대표자가 승인할 것 ⑤수량을 조절할 것 ⑥금방 수긍하지 말 것 등의 세부 기준이 필요하다.

①상대방의 기대수익을 낮추려면, 계약조건을 제시할 때 상대방이 수락하기 어려운 조건을 삽입하면 된다. 즉, 계약 추진 과정 중 상대방의 기대수익을 높이면, 수익률 확대 욕심에 계약체결이 어렵다. 따라서 거래조건 교환단계에서 기대수익을 낮게 제시한 뒤, 협의를 통해 수익률을 상향 조정해야 의도한 대로 계약서를 작성할 수 있다. ②목표가격을 사전에 책정하면, 설정된 목표가격 때문에 상대방의 논리에 설득되지 않고, 담당자는 최소한 목표가격만 달성하면 되므로 심리적으로 여유를 가질 수 있어, 목표가격 이상으로 가격을 조율하기 유리하다. ③하나를 주고 하나를 받으면, 일방적인 조건수용 강제에 따른 계약파기를 회피할 수 있고, 양보에 따른 상대방의 자발적인 호응으로 계약체결이 쉽다. ④담당자가 협의해야 하는 이유는 대표자가 계약과정에 개입하면 상대방은 최종 결정권자로서의 대표자 의견만을 요구하게 되어 실무자인 담당자가 계약조건을 변경하기 어렵기 때문이다. ⑤계약수량을 내부역량에 맞춰 조절하면, 시장 변화에 따라 유연하게 매입·매출 수량을 조절할 수 있어, 재고누적과 수익률 악화의 부담에서 벗어날 수 있다. 따라서 초도물량은 소량으로 계약하고, 시장 상황에 따라 수량을 증가하는 내용으로 계약해야 한다. ⑥목표한 협상조건이 충족되어도 금방 수긍하지 말아야 하는 이유는 거래조건을 협상한 양 당사자에게는 사전에 각자 목표한 협상 조건이 존재하기 때문에 상대방의 요구조건을 쉽게 수긍하면 최초 목표한 요구조건 이상의 조건을 획득할 의도로 재협상을 요구하거나 계약체결을 연기할 수 있기 때문이다. 즉, 조건을 수용한 측보다 조건을 제시한 측이 더 아쉬워하고 불편해하며, 수용한 측의 협상 조건에 의구심을 갖게 되어 수용한 측의 신뢰도가 감소하는 요인이 될 수 있다.

[G. 사업 진행 시 고려사항]

다른 가치를 부여하라

소비는 상황에 따라 이성보다 감성에 의해 결정되기도 해서 제품의 본래 가치(기능, 효용성 등)와 관계없이 고가(高價)로 구매하는 제품이 존재한다. 예를 들면, 시계의 본래 가치는 단순히 시간을 확인하는 도구이지만, 수십억 원에 판매되는 제품이 있고, 필기 도구인 볼펜 중 일부는 명품으로 분류되어 소장가치를 인정받기도 한다. 이는 시간을 확인하는 본래 가치와 필기 도구로써의 사용가치에 더하여 명품으로서의 소장가치가 부가된 결과이다. 또한, 현대자동차의 '그랜저' 자동차 광고는 자동차의 기능과 성능 등을 설명하거나 홍보하지 않고, 사회·경제적으로 성공한 사람들의 생활환경 안에 자동차를 배치함으로써 '그랜저'가 단순한 이동수단으로서의 자동차가 아니라, 사회·경제적으로 성공한 사람들이 구매하는 자동차라는 간접적인 메시지를 전달하고 있다. 즉, 자동차에 본래 가치 이외의 다른 가치를 부여하여 차별화한 것이다. 따라서 창업자는 시장 진입 전에 판매하려는 제품과 서비스에 어떤 가치를 부여할 것인가 고민해야 한다. 즉, 일반적인 상품가치의 전달만으로는 소비자의 감성을 자극하지 못하므로 소비자의 구매의욕을 고취할 수 있는 본래 가치 이외의 가치를 찾아야 한다.

그리고 다른 가치를 발견하고 부여하는 방법에는 제한이 없어 수량, 기능, 홍보방법, 제조방식 등의 다양한 요소 중에서 전달하고 싶은 가치를 찾으면 된다. 다만, 사전에 제품 용도, 가격, 품질, 소비자 인식도 등이 고려되어야 하는데, 소비자가 생각하는 용도와 가격을 초과하는 가치부여는 역효과를 초래할 수 있기 때문이다. 즉, 공장에서 생산되는 일회용 나무젓가락에 장인(匠人)정신을 부여하기 어렵다는 의미이다.

상호, 상표, 서비스표 그리고 도메인

상호는 상법이 적용되고, 상표와 서비스표는 상표법이 적용된다. 상호와 상표, 서비스표의 공통점은 사용자의 영업과 서비스업을 타인과 구별하기 위해 사용하는 데 있다. 차이점은 상호는 등기하면(법인-상업등기소, 개인-관할세무서) 특정 지역에서 동종영업의 동종상호를 사용하지 못하도록 제한할 수 있고, 상표·서비스표는 등록하면 등록된 상표·서비스표와 유사 범위의 표장·서비스업을 전국적으로 제한할 수 있다. 또한, 상호는 상인의 명칭/이름을 지칭하는 것으로 문자만 가능하나, 상표·서비스표는 문자 이외에 도형, 색채, 입체적 형상 등도 보호받을 수 있다.

그리고 상표와 상호, 서비스표의 차이점은 상표와 상호는 상품에 관한 식별표장을 의미하고, 서비스표는 자신의 영업이나 서비스표에 대한 식별표장을 의미하는 데 있다. 즉, 상표와 상호는 상품을, 서비스표는 서비스를 타인이 사용하지 못하도록 제한하는 데 있다. 따라서 '비빔밥 음식점'을 개점할 계획이라면, 비빔밥 음식점 명칭인 상호를 등기하여 사용하면 되고, 비빔밥 음식점업의 독점적인 효력을 기대한다면, 비빔밥 음식점업의 서비스표를 등록하면 된다. 그리고 제조·제공하는 비빔밥도 보호받고 싶으면, 비빔밥(상품)에 대한 상표를 등록하면 된다. 단, 2016년 9월 1일 이후 출원부터는 서비스표가 상표에 통합되어 상표와 서비스표의 구분이 없어졌다.

도메인은 인터넷 주소를 지칭하고, 인터넷 주소는 IP(Internet Protocol) 주소를 말한다. 원래 IP 주소는 점(.)으로 구분되는 숫자들로(최대 255개 사용 가능) 구성되어 있으나, 주소를 확인하고 기억하기 어려운 문제점을 해결하기 위해 문자를 사용하게 되었다. 상표 등과 마찬가지로 도메인을 등록하면 인터넷상에서 배타적인 주소를 사용할 수 있는 효력이 있다. 다만, 동일한 도메인 명칭(주소)이라도 국가가 다르면, 다른 사람이 동일 도메인 명칭(주소)을 국가를 구분하여 등록할 수 있다.

구매자가 만족하는 제품을 팔아라

제조자와 판매자가 범하는 대표적인 실수가 제조·판매하는 제품에 대한 무한사랑이다. 즉, 공급하는 제품을 무비판적이고 무조건적으로 사랑하여 객관적인 검증과정을 생략하거나 축소하는 것이다. 제조자와 판매자는 단일 제품을 판매하지만, 소비자는 다양한 제품 중에서 선택하고 구매하는 입장이다. 즉, 소비자는 제품 선택의 폭이 넓고, 비교견적이 가능하다. 따라서 제조자와 판매자는 공급자가 아닌 소비자 관점에서 제품을 객관적으로 관찰해야 한다. '내가 구매자라면 이 제품을 구매할 것인가?'라고 스스로에게 질문해야 하며, 구매 후 충분한 만족감을 느낄 때 제조·판매해야 한다. 매출이 부진한 제조자와 판매자는 매출 부진의 원인을 소비자에게서 찾으려고 하지만, 근본적인 원인은 항상 내부에 존재한다. 다만, 인식하지 못할 뿐이다.

제조자와 판매자는 매출 1위가 아니라, 소비자 만족도 1위를 지향해야 한다. 소

[G. 사업 진행 시 고려사항]

비자가 만족하고 사랑하는 제품은 당연히 시장점유율이 높고 매출도 증가할 수밖에 없다. 사람의 시각과 가치 기준은 대동소이하여 제조자와 판매자가 구매를 망설이거나 회피하는 제품이라면, 일반 소비자도 구매를 망설이고 회피한다. 따라서 제조자와 판매자는 제조·판매하기 전에 철저히 소비자 관점에서 제품을 평가하고 검증하는 객관화 과정을 가져야 하며, 항상 소비자의 기호와 구매 패턴 변화에 주목해야 한다.

대박제품은 긍정적인 영향력을 가진 소비자가 만든다

대박제품은 소비자의 희망사항을 충족하는 제품이다. 즉, 제품 구매를 통해 소비자가 얻으려는 이익을 충족시키는 제품이 대박제품이 된다. 따라서 판매자는 제품을 판매하기 전에 소비자가 희망하는 기대이익을 확인하는 과정을 선행해야 한다.

개인으로서의 소비자는 이성적이고 현명하지만, 대중의 소비자는 감정적이고 무지하여 권위와 영향력을 인정하는 사람들의 선전과 선동에 쉽게 동요되는 특징이 있다. 그들이 인정하는 사람들의 긍정적인 의견과 우수한 평가지표를 기준 삼아 구매하는 경향이 있으며, 영향력을 가진 사람들에게 동화되어 구매한 제품은 그들 스스로 홍보요원과 영업사원이 되어 주변 사람들에게 홍보하고 구매를 권유하여 '대박제품'으로 만든다. 그러므로 판매자는 긍정적인 영향력을 가진 특정 소비자에게 관심을 가져야 하며, 그들이 제품을 통해 희망하고 원하는 것이 무엇인가에 관심을 집중해야 한다.

해외 바이어(Buyer) 확보와 연락방법

제품 유통을 위해서는 바이어 확보가 선행되어야 하지만, 검증되고 신뢰할 수 있는 바이어를 확보하기란 쉽지 않다. 특히, 해외 바이어를 확보하기는 더욱 어렵다. 따라서 신뢰할 수 있는 공공기관이 제공하는 검증된 바이어 리스트(Buyer-List)를 활용하는 방법이 유리하며, 무역진흥공사(Kotra)와 무역협회, 서울산업진흥원(SBA) 등의 기관들이 바이어 리스트를 제공하고 있다. 이는 제공하는 정보가 제한적이기는 하지만, 사전 검증되어 신뢰할 수 있다는 장점이 있다.

그리고 바이어와 이메일 등으로 처음 접촉할 때, 기대감을 많이 갖지 않아야 한다. 전혀 생소한 주소의 이메일에 적극적으로 대응하는 바이어는 없기 때문이다. 따라서 처음에는 2~3줄 정도 간단히 회사와 제품을 소개하고, 2차·3차 추가 연락하면서 메일 내용을 증가하는 방식으로 신뢰도를 높여가야 한다. 왜냐하면, 대부분의 메일 수신자는 출처 불분명한 장문의 메일 내용은 의심하고 읽지 않기 때문이다. 더불어 2차·3차에 걸친 메일 발송도 바이어가 관심을 표명할 경우에만 발송해야 한다. 관심을 갖지 않는 메일은 스팸메일로 분류되거나 차단되기 때문이다.

상담 10분에 집중하라

장시간 상담한다고 긍정적인 결과가 도출되는 것은 아니다. 대부분 대면 후 10분 이내에 제품에 대한 호감도와 구매 및 판매 의사가 결정되기 때문에 10분 이내에 제품의 장점과 상대방이 얻을 수 있는 이익을 설명해야 하며, 진지한 자세와 태도로 상대방의 호감을 이끌어내야 한다. 첫인상과 느낌이 의사결정의 중요한 요인으로 작용하고, 상담 시간 전체를 지배하기 때문이다. 즉, 상담 시간 최초 10분 이내의 자세와 태도에 따라 거래 여부가 결정되기도 하고, 새로운 사업기회를 얻을 수도 있다.

그리고 상담 중 제안을 거절해야 할 경우, 상대방의 제안을 존중하는 태도를 가지고 거절사유를 자세히 설명하여 상대방의 이해와 호감을 이끌어내야 한다. 조건이 맞지 않는 거절은 상대방이 이성적으로 이해하지만, 거래우위자로서의 거절은 상대방이 감정적으로 반발하기 때문이다. 그리고 존중 받으며 거절당한 상대방은 향후 새로운 제품을 제안하거나 유망거래처를 소개하는 협력자가 될 가능성이 높다. 특히, 유통사업자의 우호적인 인맥 조성은 제품 개발과 발굴을 대신하는 효과를 발휘한다. 그러므로 상담 시간 최초 10분에 집중해야 한다.

'제품'과 '시장'을 비교하라

제품 기능과 특징을 판매 채널에 대비하면, 판매방법과 가격 등을 결정할 수 있다. 즉, 제품 특성과 백화점, 특판, 인터넷, 일반매장 등의 판매 채널 특성을 비교하면, 판매방식과 판매가격 등을 결정할 수 있다.

모든 제품은 각각 고유한 특성과 기능을 보유하고 있어, 제품의 정체성과 부합하는 판로에서 판매해야 파급 효과가 극대화된다. 예를 들면, TV는 리조트 등의 휴양시설 내 점포보다 전자제품 대리점 매장에서 판매해야 더 많이 팔리고, 등산화는 등산의류 매장에서 판매해야 효율성이 높다. 그것은 제품과 판매 채널의 특성이 일치하기 때문이다. 그러므로 판매자는 제품의 정체성과 어울리는 판매 채널을 개발하고, 효율성을 높일 수 있는 결합제품 발굴에 관심을 가져야 한다. 주류 코너에 안주제품이 진열되고, 스키 매장에서 스키복을 함께 판매하는 이유가 여기에 있다.

신제품은 '준거 가격'보다 높은 가격으로 판매하라

소비자가 인식하는 제품 이미지는 기능, 디자인, 색상, 가격, 보유가치 등의 다양한 요소가 복합적으로 결합되어 만들어진다. 그리고 인식되어 고착화된 이미지는 쉽게 바뀌지 않으며, 소비자는 고착화된 이미지를 기준으로 구매한다. 예를 들면, 일회용 라이터는 1천 원 이하의 금액으로, 라면 메뉴는 5천 원 이하면 구매할 수 있다는 인식이다. 따라서 일회용 라이터를 1천 원보다 높게 판매하거나, 라면 메뉴가 5천 원보다 비싸면 구매를 망설인다. 제품가치를 금액으로 환산한 '준거 가격'보다 높아서이다. 시장에 처음 출시하는 신제품은 '준거 가격'을 어떻게 인식시키느냐가 매우 중요한데, 최초에 인식된 '준거 가격'이 향후 판매가격의 기준이 되기 때문이다. 그리고 소비자는 특별한 상황 또는 준거 가격을 타파할 수 있는 특별한 가치(기능, 디자인, 한정수량 등)가 제시되지 않는 한, 구매 기준과 패턴을 쉽게 바꾸려고 하지 않는다.

그러므로 신제품을 최초로 출시할 때는 기존 제품이 갖는 준거 가격보다 높게 판매하여 신제품의 준거 가격을 높게 책정해야 한다. 신제품은 비교 대상이 없기 때문에 판매자가 준거 가격을 결정할 수 있는 장점이 있다. 즉, 시장에 없는 신제품의 가격결정권은 판매자에게 있다.

우호적인 소비자를 활용하라

모든 사람은 자신의 선택에 대한 부정적인 평가를 싫어한다. 구매자는 자신이 선택한 제품에 대한 부정적인 평가와 의견에 강하게 반발하고, 구매·선택의 정당성을 주장하고 스스로를 합리화한다. 그러므로 신제품을 시장에 출시하거나, 시장에 잘 알려지지 않은 기존 제품을 새로운 방식으로 판매하려고 할 때, 이와 같은 소비자 심리를 활용하여 '새로운 충성고객'을 만드는 방법도 고려할 만하다. 즉, 자신의 선택(제품구매)을 다른 사람에게 기꺼이 홍보할 수 있는 우호세력을 확보하면, 시장 진입과

점유율 확대에 지대한 도움을 받을 수 있다.

그리고 우호적인 고객 확보를 위해 많이 활용하는 방법으로 '제품체험고객 모집'과 '얼리 어답터(early adopter) 고객을 대상으로 무료 사용을 권장하는 방식' 등이 있다. 즉, 제품을 직접 사용하게 한 뒤, 체험 후기를 제출받아 홍보자료로 활용하거나, 제품 특성과 장점을 잘 발견해내는 특정 소비자(얼리 어답터)의 평가와 의견을 광고에 활용하는 방식이다. 모집에 응한 소비자는 선발된 사실과 무상 증정의 유혹에 도취되어 심리적으로 우호적일 수밖에 없고, 일반고객과 구분하여 전문가로 우대하는 회사정책에 긍정적일 수밖에 없다. 그러므로 출시 초기 또는 재출시 시점에 어떻게 긍정적인 우호세력을 조성하느냐가 매출 확대를 결정하는 중요 요인이 될 수 있다.

'가격'을 팔지 말고 '브랜드'를 팔아라

시장에 처음 출시하는 신제품의 가격결정권은 판매자에게 있지만, 기출시된 제품의 가격결정권은 소비자에게 있다. 특히, 후발주자 제품은 시장 선두주자 제품보다 가격결정권이 더욱 약하다. 그래서 가격경쟁력 확보를 위해 단순기능의 낮은 품질 제품을 생산·공급하는데, 이와 같은 저가 제품 공급방식은 장기적 관점에서 보면, 판매량 확대와 기업·브랜드 이미지 개선에 한계를 갖는다. 소비자에게 인식된 브랜드와 제품 이미지는 하루아침에 개선되지 않기 때문이다.

그러므로 제조·판매자는 단기간의 매출 상승과 이익률 제고보다 거시적인 안목으로 제품과 브랜드 신뢰도를 향상할 수 있는 방법을 고민해야 한다. 긍정적인 기업·브랜드 가치를 통해 얻을 수 있는 이익이 더 크기 때문이다. 단시일 내에 브랜드 구축과 이익률 확대의 2가지 목표를 동시에 달성하기 어려워도 소비자에게 인식되어 고착화된 브랜드 가치가 주는 이익은 후발주자가 '죽음의 계곡'을 넘으면서 겪었던 고통을 상쇄하고도 남을 만큼 크다. 긍정적으로 인식되어 고착화된 브랜드는 가격경쟁에 따른 손실을 보전하고, 가격결정권을 판매자가 갖게 한다.

그러므로 브랜드 이미지를 훼손하는 영업활동은 지양해야 한다. 즉, 매출 하락을 예방하고 이익률을 확대하기 위해 판매가격을 할인하거나 품질과 기능을 저하시키는 판매·제조 방식을 지양해야 한다. 가격을 10~20% 인하하면 할인율에 반비례하여 매출액이 상승할 것 같지만, 선두주자 브랜드가 아닌 이상 그 효과는 일시적이거나 미미하다. 빈번한 가격할인은 오히려 브랜드 가치를 저하하는 가장 큰 요인이 될 수 있다.

구매는 '감성 영역'에서 결정된다

구매는 '감성'에 의지하여 행해지는 행위이다. 즉, '감성'에 의지하여 구매를 결정하고, '이성'에 기대어 구매 결정을 합리화한다. 그래서 소비자의 '감성'을 자극하기 위한 많은 마케팅 도구들이 매장에서 활용되고 있다. 감성을 자극하는 대표적인 도구로 음악을 들 수 있는데, 이는 시간과 환경에 맞춰 다른 장르의 음악을 제공하는 방식이다. 1986년 미국의 소비자연구 잡지에 소개된 '밀리만'의 연구에 의하면, 음악이 느릴수록 사람들은 시간도 천천히 간다고 생각하여, 매장에 머무는 시간이 길어진다고 한다. 예를 들면, 서점에서는 배경음악이 소비자가 알아차리기 어려울 만큼 조용히 흐르는데, 이를 통해 소비자의 마음이 편안해지고 안정적으로 변화되어 다양한 서적을 둘러봄으로써 자연스레 매출도 상승하게 된다고 한다.

이와 같은 감성 마케팅을 잘 활용하는 회사가 '스타벅스'로 일반적으로 스타벅스 신규 매장이 오픈할 때, 한 장에 약 100곡의 노래가 담기는 CD 4장이 공급된다고 하며, CD 케이스에 사용 가능한 기간까지 표시되어 있는 CD는 3개월 기준으로 3~4개가 공급되어, 스타벅스 매장의 일관된 분위기를 조성하는 데 사용된다고 한다. 이제는 제품판매가 단순히 제품의 기능과 효과 등을 강조하는 판매방식에서 벗어나 소비자의 감성에 호소하고 부합하는 방식으로 진화하고 있다. 창업자가 감성 마케팅 활동에 관심을 가져야 할 이유가 여기에 있다.

사은품 선정에도 기준이 있다

사은품은 판매촉진을 유도할 수 있는 유용한 판매방식으로 신제품 홍보와 주력 제품의 판매촉진 용도로 빈번히 활용된다. 그리고 사은품의 대부분이 저가 제품 위주로 주력 제품과 유사한 범주에 속하는 제품이 선정되는데, 사은품 선정에도 명확한 기준이 있어야 한다. 즉, 각각의 판매 채널이 갖는 특성과 부합하는 사은품을 사용해야 한다. 따라서 사은품 선정에도 기준이 필요하며, 어떤 판로에서 어떤 제품을 판매할 것인가에 따라 사은품의 종류도 달라져야 한다. 예를 들면, 홈쇼핑을 이용해서 제품을 판매할 때의 사은품 선정 기준은 ①설명이 필요 없어야 한다. ②준거 가격이 높아야 한다. ③소비자가 이미 인식하고 있는 브랜드여야 한다. ④시연하는 제품이 아니어야 한다. ⑤공급 기간과 재고수량에 여유가 있어야 한다 등으로, 5가지 조건을 모두 충족해야 사은품으로서의 효력을 발휘할 수 있다.

①설명이 필요 없어야 하는 이유는, 인터넷을 이용한 판매에서는 사은품에 대한 자세한 설명이 가능하지만, 채널 변경이 빈번한 홈쇼핑과 매장 대기 시간이 짧은 대형할인마트에서는 소비자에게 직관적으로 사은품의 정체를 인식시켜야 하기 때문이다. 즉, 사은품 설명에 집중하면 주력 제품 판매가 소홀해질 수 있고, 소비자는 장시간의 설명을 싫어하기 때문이다. 예를 들면, 접시, 머그컵, 칼, 전기주전자 등은 굳이 설명하지 않아도 소비자가 어떤 용도의 제품인지 인식하는 것처럼, 소비자가 제품 특성을 즉시 인식해야 사은품으로서의 효용성이 높다.

②준거 가격이 높아야 하는 이유는, 소비자는 자신이 인식하고 있는 가격 이상의 가격으로 판매되는 제품을 선호하기 때문이다. 즉, 준거 가격을 1,000~3,000원으로 인식하고 있는 머그잔보다 15,000~30,000원으로 인식하고 있는 전기주전자를 사은품으로 더 선호한다. 소비자가 인식하는 준거 가격이 머그잔보다 전기주전자가 높기 때문이다. 그러므로 동일한 납품가격이라면 준거 가격이 높은 제품을 사은품으로 사용해야 한다.

③브랜드 지명도가 중요한 이유는, 사은품의 품질과 성능이 우수해도 지명도가 낮은 브랜드이면 소비자는 제품력을 의심하기 때문이다. 그러므로 소비자가 기인식하고 있는 브랜드 제품을 사은품으로 제공해야 의구심을 해소할 수 있다. 브랜드에 대한 신뢰도가 사은품의 효과를 높이는 데 기여하기 때문이다.

④시연제품이 아니어야 하는 이유는, 시연이 필요한 제품은 시연과 사용설명에 시간이 소비되기 때문에 주력 제품 판매 활성화를 위해 제공되는 사은품의 본래 목적을 퇴색시킬 수 있다. 특히, 홈쇼핑의 경우 본래 목적인 주력 제품 판매에 집중해야 하므로 사은품에 대한 설명과 시연까지 진행할 시간적 여유가 없다. 다만, 할인마트 등에서 사은품 시연·설명과 주력 제품 판매를 같이 진행하고, 인터넷상의 제품 페이지에서 사은품에 대한 설명과 시연 동영상을 제공하는 것은 문제되지 않는다.

⑤공급 기간과 재고수량이 여유 있어야 하는 이유는, 사은품의 제조 기간이 길

[G. 사업 진행 시 고려사항]

어서 주력 제품 판매 시기와 일치하지 않거나, 재고부족으로 소비자 수요를 충족하지 못하는 사은품은 주력 제품의 판매에도 영향을 미칠 수 있기 때문이다.

사은품은 소비자의 구매를 촉진하는 매우 유효한 수단임에는 틀림없지만, 판로별 판매조건, 목표고객, 납품가격, 하자보수 등의 조건을 종합적으로 검토하지 않으면, 본래 목적과 반대로 주력 제품의 판매를 감소시키는 요인으로 작용할 수도 있다.

'경험'을 통한 판매에서 '기획'을 통한 판매의 시대로 변화되고 있다

회사는 영업사원의 영업력과 제품력에 의지하여 수익을 창출하기 때문에 영업사원은 회사의 명운을 결정하는 중요한 자산으로 우대받는다. 과거의 영업사원에게는 주인의식과 성실성에 더하여 현장 경험이 중요시되었으나, 판매 채널이 세분화되고 소비자의 욕구가 다양해진 현대사회에서는 소비 트렌드와 시장 흐름을 예측·분석하여, 시장이 호응하는 제품을 기획/개발하는 능력이 더욱 중요시되고 있다. 판매환경이 제조자 우위의 시대에서 소비자 우위의 시대로 변화한 결과이다. 즉, 공급이 수요를 충족하지 못해서 제품 선택에 제한적이었던 과거에 비해 현대는 소비자가 다양한 제품을 선택할 수 있어, 소비자의 욕구를 정확히 파악해서 만족감을 이끌어내는 역할이 중요해졌다.

과학기술과 정보통신의 발달로 대량생산 체제와 다양한 판매 채널이 형성됨으로써 비교구매가 가능해진 소비자의 선택을 받기 위해서는 신규 시장을 개척하고 다른 산업 분야에서의 교차판매도 추진해야 하며, 이종제품과의 융합과 기술의 원용도 시도해야 한다. 그래서 과거와 같이 단일제품을 제조하여 단일판매망을 통해 판매하는 방식보다 시장을 분석하고 제품을 기획·개발하여 다양한 판매망을 통해 판매하는 능력이 우대받을 수밖에 없다.

제품을 기획·개발하기 위한 전제조건으로 소비자의 기호와 트렌드에 부합하는 제품을 판매하겠다는 목표설정과 기술·산업 간 경계에서 자유로운 심리적 유연함이 있어야 한다. 즉, 제조자가 아닌 소비자 지향 제품을 기획·개발해야 하고, 새로운 기술과의 융합에 긍정적이어야 하며, 신규 시장 창출에 적극적이어야 한다. 소비자는 항상 새롭고 차별화된 것을 선호하기 때문에 제품기획과 개발의 지향점은 항상 소비자에게 맞춰져 있어야 한다.

[새로운 창업을 위한 굿아이디어 창업]

제품기획의 예를 들면, 세탁 프랜차이즈 회사가 세탁 관련 제품을 개발하여 세탁 프랜차이즈 브랜드로 판매하는 사례, 음식 프랜차이즈 회사가 요리 재료 공급 서비스를 프랜차이즈 브랜드로 제공하는 사례, 청국장 제조기 회사가 동일 브랜드로 청국장을 판매하는 사례가 대표적으로 브랜드를 확장하여 새로운 분야에 진출한 방식이다. 세탁물의 고객 맞춤형 배송 서비스 제공, 매장 조리 음식의 소비자 지정장소 출장 차림 서비스, 다양한 맛을 내는 청국장 키트 제공 등의 방식으로 기존 제품과 서비스에 새로운 제품과 서비스를 접목하여 판매하는 것이다. 또 튀기는 방식에서 굽는 방식으로 조리방법을 혁신한 치킨 프랜차이즈, 전기방식에서 증기순환방식으로 가열방식을 변경한 요구르트 제조기 등은 기존 방식을 개선하거나 변경하여 기존 제품과 전혀 새로운 제품으로 차별화한 대표적인 제품 개발 사례이다.

'짝퉁' 제품과 경쟁하지 마라

소비자에게 사랑받는 제품에는 반드시 '짝퉁' 제품이 출현한다. 그러므로 '짝퉁' 제품에 너무 민감하게 반응하지 말아야 한다. 시장 생태계 생리상 시장 전체를 독점할 수는 없으며, '짝퉁'에 집중하기보다 다른 관심사(채널 확대, 상품 개선 등)에 집중하는 것이 더 효율적이다. 다만, '방식'과 '디자인'을 복제하여 출시하는 짝퉁 제품은 경계해야 한다. 성능과 디자인을 개선한 후발주자의 제품 출시는 현재 판매하고 있는 제품 성능 개량과 디자인 개선에 긍정적인 자극제가 될 수 있지만, 단순한 복제품은 시장을 교란하고, 정품 이미지를 부정적으로 만든다. 그러므로 복제품에 대해서는 법적으로 대응하여 손해배상을 청구하고 재발방지 약속을 받아내야 한다.

짝퉁 제품 때문에 최초 계획했던 생산과 판매계획의 방향성이 흔들리면 안 된다. 최초 기획한 방향대로 실행할 필요가 있다. 모방·복제품에 일일이 대응하면, 무의식중에 최초 계획과 다른 제품을 생산하거나, 시장 진입 순서를 변경하기도 하며, 가격정책의 변화를 초래하기도 한다. 그러므로 상황변화와 관계없이 계획된 순서를 유지해야 하며, 모방품은 시장 1위 제품의 차별성으로 대응하고, 복제품은 지식재산권과 부정경쟁방지법 등의 법적 수단을 활용하여 유통과 판매를 제한해야 한다.

짝퉁 제품의 출시를 역발상으로 생각하면, 판매 제품이 소비자에게 화제가 되고, 잘 판매된다는 사실을 의미하는 것이므로 소비자와 경쟁자에게 제품의 차별성과 브랜드를 명확히 각인시킬 수 있는 기회가 될 수도 있다. 그러므로 '판매하면서 제한(견제)하는 방법'을 활용하여 실익을 챙겨야 한다. 즉, 제품은 계획대로 개발·판매하면서 모방·복제한 회사를 소송·고발 등의 법적 수단으로 압박하고, 제품의 차별성과 우수성을 비교·홍보하며, 유통업체 등과 제휴·계약으로 짝퉁 제품의 판매를 제한하여 짝퉁 제품에 소비자가 관심을 갖지 않도록 유도한다.

해외 수출을 위한 전제조건

사업자라면 누구나 수출을 희망하는데, 해외 수출을 위해서는 사전에 준비되어야 할 전제조건이 있다. 즉, 진출 국가의 시장정보, 판매환경, 거래방식, 바이어(Buyer) 정보, 제품공급과 배송방식, 결제조건 등에 대한 사전 정보취득이 필요하고, 수출을 위한 전담 인력의 배치와 조직도 구성되어야 한다. 그리고 진출 국가 언어로 작성된 제품소개서와 설명을 위한 카탈로그(catalogue)와 브로슈어(brochure)가 필요하며, 구매자의 이해도를 높일 수 있는 시연 동영상을 준비하는 방법도 제품정보 전달수단으로 유용하다.

그리고 진출 국가의 월별 소비 패턴을 확인하면, 진출 국가 소비자의 판매동향을 예측할 수 있어 판매계획수립에 도움이 된다. 월별 매출 추이와 소비동향을 분석하면 시장 진입 시기를 조절할 수 있기 때문이다. 미국의 예를 들면, 1년 중 10~12월에 미국 소비의 약 40~50%가 이루어지고, 세금환급 기간인 1~4월에 약 30%의 소비가 발생하며, 개학기인 8월에 약 10%의 소비가 일어난다. 그리고 하계휴가 기간인 5~7월에는 매출 하락 현상이 뚜렷하다. 그러므로 미국 진출의 최대 적기는 9월임을 예측할 수 있다.

그리고 직영점과 판매망을 구축하지 않은 상태에서는 중간 바이어의 역할과 성향에 따라 진출 성패가 결정되는데, 바이어의 관심사는 '어떻게 하면 많은 이익을 얻을 것인가?'가 아니라, '어떻게 하면 손해를 보지 않을 것인가?'라는 것을 인식할 필요가 있다. 즉, 바이어는 이익보다 손실에 더 민감하다. 바이어도 자국의 시장 반응을 예측할 수 없기 때문에 신중할 수밖에 없다. 그러므로 진행속도가 지연된다고 조바심을 가질 필요는 없다. 바이어가 제품을 자국 시장에서 판매하기로 결심한 상태라면, 제품 특성을 이해하여 자국 시장의 반응을 예측하고 있으며, 유통방법과 가격정책 등의 계획이 수립되어 있는 상황이므로 바이어가 부담해야 할 위험요인(주문을 충족 못 하는 공급량, 공급지연, 15% 이상의 반품 등)을 회피할 수 있는 대책만 제시하면 된다.

소비자 관점과 생산자 관점

제품은 소비자 지향 제품이어야 한다. 즉, 소비자의 선택을 받지 못하는 제품은 그 가치를 상실한다. 제품이 수많은 기능과 옵션을 갖추고, 독창적인 디자인과 저렴한 가격으로 가성비가 뛰어나도 소비자가 외면하면 시장에서 퇴출될 수밖에 없다. 최종 구매자는 소비자이기 때문이다. 그러므로 공급자는 항상 소비자 관점에서 제품을 관찰해야 한다. 생산자가 생산원가절감에 집착하고, 기술적 한계를 인정하며, 소비 트렌드를 조사하지 않는 시점부터 제품은 소비자의 관심에서 멀어진다. 생산자가 제품에 대한 맹목적인 애정을 배제하고, 소비자 입장이 되어 제품 성능과 디자인 등의 장단점을 냉정히 점검하면, 제품은 판매에 성공할 수밖에 없다.

소비자의 '고통 회피' 심리를 해소하여 우호세력으로 만들어라

소비자가 제품을 구매할 때는 '아이들에게 반드시 필요한 제품이다', '비싸지만 오랫동안 사용이 가능하다', '다른 사람들도 다 가지고 있다', '하나를 사더라도 좋은 제품을 사야 한다' 등 다양한 이유로 구매를 정당화하고, 이러한 이유를 근거로 자신의 구매행위를 합리화한다. 하지만 구매한 제품을 '반품'하는 소비자도 있는데, 구매한 제품을 반품하는 소비자는 적극적인 성향의 소비자로 반품에 따른 수고로움과 번거로움이라는 '고통'을 감내하는 사람들이다. 대부분의 구매자는 가격대가 낮은 제품일수록 반품을 꺼린다. 반품처리 과정에서 발생하는 '배송기사와의 시간 조율', '상담원과의 통화', '배송비용 발생' 등의 번거롭고 수고로운 정신·신체적 고통을 회피하려고 하기 때문이다. 그래서 구매자는 비록 제품이 마음에 들지 않아도 '다른 사람에게 선물하겠다', '나중에 사용하겠다', '가격이 싸서 부담 없다' 등의 이유를 제시하며, 본인 선택에 대한 정당성을 확보하고 고통을 회피한다. 따라서 소비자의 '고통 회피' 심리를 해소하는 노력에 집중하면, 소비자를 충성고객으로 만들고 매출을 증가시킬 수 있다. 즉, 반품과 교환을 쉽게 실행할 수 있는 정형화된 시스템을 만들고, 반품과 교환에 따른 심리적 부담감을 해소하는 환경을 구축하면, 소비자는 자연스레 우호세력이 된다. 이와 같은 이유로 명품 브랜드는 교환과 사후 서비스에 제한이 없는데, 구매에 대한 반대급부로 고객 편의성을 최대한 보장함으로써 구매만족도와 차별화에 따른 자부심을 제고하려는 의도이다.

경쟁자보다 고객에게 집중하라

경쟁은 생명을 가진 존재의 숙명과도 같아서 창업자도 경쟁자와 경쟁해야 하며, 경쟁에서 승리해야만 살아남을 수 있다. 경쟁자의 동향을 예의 주시하고, 자체 경쟁력을 보유하려는 노력은 생존을 위해 매우 중요하다. 다만, 경쟁자에게 너무 몰입하면 고객을 외면할 수 있다. 즉, 기업의 명운을 좌우하는 최종 사용자로서의 고객 욕구를 간과하는 실수를 범할 수 있다. 경쟁자의 논리가 고객논리와 반드시 일치하는 것은 아니며, 경쟁자의 사업방향과 영업정책 등이 고객 욕구와 다를 수도 있다. 따라서 창업자가 경쟁자에 집중할수록 고객으로부터 멀어질 수 있다. 그러므로 창업자는 경쟁자와의 싸움에서 승리하기 위한 정책수립에 우선하여 어떻게 고객 욕구를 충족하고 불편함을 해소시킬 것인가에 집중해야 한다. 제품의 최종 구매자는 경쟁자가 아니라 고객이기 때문이므로 경쟁자의 존재를 인정하고, 그들의 장단점을 정확히 파악하여 장점을 적절히 수용하고 약점을 적극적으로 공략하면서 시장을 주도해야 한다.

홈쇼핑 판매를 위한 입점 절차와 순서

홈쇼핑을 통한 판매의 장점은 단기간에 수많은 소비자에게 브랜드를 홍보하고 제품을 소개하여 판매할 수 있다는 점으로 다른 판매 채널 대비 확산속도가 빠르고 파급 효과가 크다. 다만, 방송 특성상 입점 절차와 조건이 까다로워 사전에 입점 절차와 조건 등을 명확히 숙지하고 있어야 어려움이 없다.

또한, 홈쇼핑회사는 장소, 방송인력, 시스템만을 제공하기 때문에 방송화면을 구성하는 인테리어/시현 재료/제품/쇼핑호스트 비용 등의 제반비용은 판매자가 부담해야 한다. 그리고 방송 예정 제품의 일정 수량을 방송 전 홈쇼핑회사의 물류창고에 입고시켜야 하며, 창고입고 운송비용과 소비자 배송비용도 입점 판매자가 부담하는 경우가 많다. 그러므로 판매자는 제안서 제출 전에 방송을 위한 추가비용 항목과 조건 등을 확인하여 방송에 따른 손익을 정확히 계산해서 예측하지 못한 비용 지출

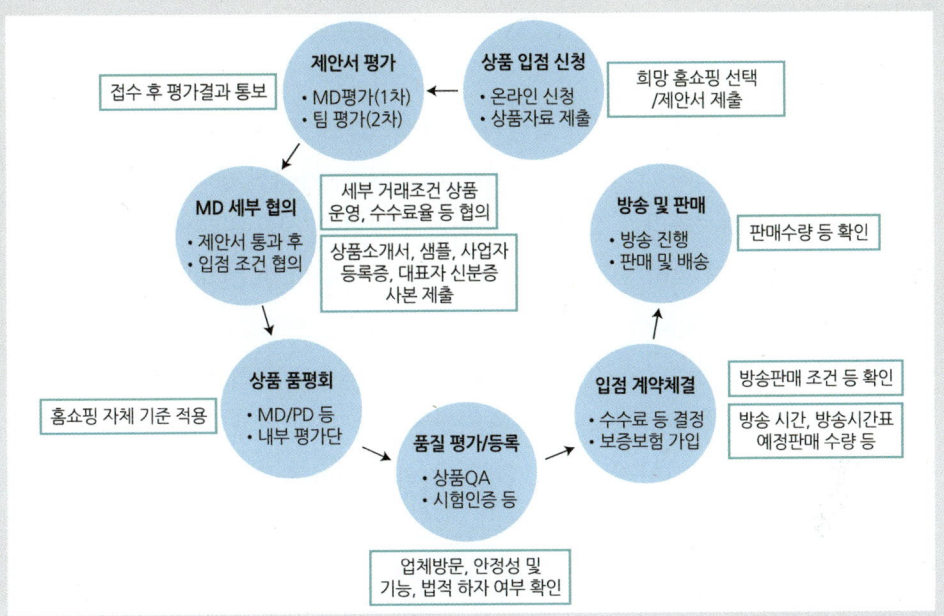

|홈쇼핑 판매 입점 절차와 순서|

에 따른 손실을 예방할 수 있다.

색상과 그림으로 차별화하라

소비자는 단순하다. 제품과 서비스를 차별화하려면, 직관적인 방법으로 이미지를 전달해야 효과적이다. 즉, 제품과 서비스를 중간 색상과 문자로 구성하기보다 선명한 색상과 그림, 기호 등으로 구성해야 소비자가 쉽게 인식한다. 그러므로 창업자의 차별화는 어렵지 않다. 예를 들면, 점포 인테리어 색상과 직원 근무복 색상을 노랑·빨강색으로 통일하거나, 소비자가 사용하는 집기 비품(예 : 젓가락, 숟가락, 식기 등)을 강렬한 색상과 디자인으로 표현하고, 브랜드와 로고를 그림과 기호로 표현하면 경쟁자와 차별화되고 소비자는 강렬하게 인식하고 기억한다. 그리고 소비자는 '빨강색 피자집', '파랑색 중국집', '떠먹는 요구르트'로 점포와 제품과 서비스를 기억한다. 이와 같이 경쟁자가 시도하지 않고, 소비자가 쉽게 인식하도록 만드는 방법이 곧 차별화 방법이다. 단, 진부한 색상과 이해하기 어려운 기호, 그림 등은 역효과를 불러올 수 있으므로 현재 유행하는 색상과 단순화된 기호와 그림으로 구성해야 한다.

[G. 사업 진행 시 고려사항]

협상의 심리학

브랜드 파워(Brand Power)

신경과학자 몬테이그 박사가 블라인드 테스트와 오픈 테스트 방법으로 코카콜라와 펩시콜라를 소비자가 마시도록 하였는데, 상표가 가려진 상태에서는 업계 1위인 코카콜라보다 펩시콜라를 선택하는 소비자가 많았고, 상표를 공개한 상태에서는 월등하게 코카콜라가 소비자의 선택을 받는 결과가 도출되었다. 이 실험결과로 증명된 사실은 '소비자는 제품의 질(質)이 아닌, 업계 1위라는 브랜드에 만족한다'는 것이다. 즉, 소비자들은 제품의 품질을 평가하기보다는 본인들이 최고로 생각하는 브랜드를 무의식적으로 선택하게 되며, 자신들의 선택을 쉽게 변경하지 않는다는 것이다. 품질에 따라 제품을 바꾸는 것은 과거 자신의 선택이 잘못되었음을 스스로 인정하는 결과를 가져오기 때문이다.

소비자의 의식 속에는 최고의 브랜드를 선택하여 자신도 최고가 되고픈 욕망이 내재되어 있어 시장을 선점한 1위 브랜드는 소비자의 욕망과 결합하여 막강한 위력을 갖는다. 이는 제품 선택에서 소비자의 이의제기가 없기 때문이다. 따라서 이미 시장에서 인정하는 브랜드를 보유하고 있다면, 협상 시 브랜드 파워를 활용하여 유리한 결과를 획득할 수 있다.

최후통첩 효과

사람들에게는 늑장을 부리는 습관이 있어서 당장 마무리하거나 결정해야 하는 사항이 아니면, 대부분 마감 시간이 임박할 때까지 일과 결정을 늦춘다. 월요일에 제출마감시한으로 금요일을 지정하면, 대부분 수요일과 목요일에 제출하지 않고 금요일에 제출한다. 마감기일까지 미루다 제출하는 것이다.

심리학자들은 사람은 압박을 받으면 일을 더 못하거나 결정하지 못한다고 지적하는데, 사람들이 이렇게 일이나 결정을 미루는 것은 일이나 결정에 대해 일종의 공포 심리를 가지고 있기 때문이라고 한다. 그러므로 협상에 있어서도 정해진 시간 내에 결정해야 하는 사안의 검토는 신중해야 한다. 마감 시간에 임박하여 결정한 결론이 불리한 결과를 초래할 수도 있으니 따라서 협상에서 유리한 결과를 도출하려면, 스스로는 여유를 가지고 판단할 수 있는 시간을 만들고 상대방에게는 마감 시간을 부여하여 결정을 재촉해야 한다.

상대방과의 심리적 거리를 좁혀라

업무적인 협상을 위해 처음 만나는 사람에게 급격한 친밀감을 갖기란 쉽지 않다. 협상은 상대방과의 심리적 거리감을 좁히려는 과정, 즉 상대방이 친밀감을 갖도록 행동하는 단계부터 시작된다. 그리고 상대방이 의식하지 못하도록 상대방의 동작과 자세를 따라 하면 상대방의 친밀감이 상승하는데, 사람들은 자신과 동일한 동작과 자세를 취하는 사람에게 친근감을 갖기 때문이기도 하다. 즉, 서로 신체적 파장을 충분히 맞추는 것으로 심리학 용어는 '미러링(mirroring)'이라고 하는데, 심리학자 케네스 버그가 실험으로 이 원리를 증명하였다. 상대방이 의식하지 못하도록 상대방의 동작과 자세를 따라 하면 유화적인 협상 분위기를 연출할 수 있고, 상대방의 긍정적인 답변도 이끌어낼 수 있다.

나와 상대방을 같은 편으로 묶어라

개인주의가 보편화된 서양과 다르게 구성원 간의 관계를 중요시하는 집단주의가 발달한 동양에서는 전체를 구성하기 위한 개체 간의 유기적인 관계가 중요시된다. 처음 만나는 사람에게서 고향, 출신학교, 주거지역 등의 인적사항을 확인하여 자신과 상대방과의 연관성을 찾으려고 한다. 이것은 상대방과의 심리적인 거리감을 해소하고, 친밀도를 높이기 위한 무의식적인 행동의 발로이다. 더불어 '우리'라는 단어로 동일시하고, '동일한 경험과 기호와 취미' 등으로 심리적 연대감을 조성하면 상대방에 대한 호감지수는 더욱 상승한다.

따라서 협상을 통해 유리한 결과를 획득하려면, 상대방이 공동의 동질감을 갖도록 같은 편으로 묶어 당사자 간의 공통점을 찾아서 부각시키고, 대등한 관계와 위치에서 대화를 나누어야 한다. 또한 상대방의 의견을 비판하지 않으면서 상대방의 의견을 경청하는 태도를 견지하면 된다. 다만, 방법을 활용함에 있어 진정성이 전제되어야 하는데, 진정성이 결여된 말과 태도는 상대방이 금방 눈치채기 때문이다. 따라서 상대방의 동의와 긍정적인 결과물을 얻으려면 솔직한 마음과 성실한 자세로 협상에 임해야 한다.

[G. 사업 진행 시 고려사항]

선택의 폭을 줄여서 제시하라

사람은 선택할 수 있는 조건이 많으면, 고려해야 할 사항이 너무 많아 쉽게 결정하지 못하는 경향이 있다. 따라서 상대방이 결정을 망설이는 상황이라면, 상대방이 의식하지 못하게 상대방을 나의 의도대로 유인하여 선택의 폭을 줄여서 조건을 제시하면, 의외로 손쉽게 신속한 결정을 얻어낼 수 있다. 예를 들면, 피자를 주문하면서 다양한 토핑 메뉴를 선택해야 할 때, 서비스 직원이 추천하는 토핑 메뉴를 주문자가 쉽게 수긍하는 현상과 같다.

그러므로 협상할 때는 상대방이 선택할 수 있는 조건을 제한적으로 제시해서 상대방이 쉽게 의사 결정하도록 유도해야 한다. 다만, 선택할 수 있는 조건의 가짓수가 너무 적거나, 상호 합의된 내용의 범주를 벗어나지 못하는 조건 제시는 역효과를 가져올 수 있다. 그리고 선택할 수 있는 조건 간의 격차가 너무 커서도 안 된다. 큰 격차가 없는 유사한 내용으로 2~3가지의 조건을 제시할 때, 상대방은 신속하게 의사결정을 한다.

눈앞의 이익을 보여줘라

컴퓨터 주변기기 중에서 프린터 가격은 비교적 저렴한 편에 속한다. 심지어 컴퓨터를 구매하면서 사은품으로 무상 제공하는 경우도 있다. 소비자들은 컴퓨터를 구매할 때 대부분 프린터를 같이 구매한다. 인쇄·출력을 위해서 프린터가 필요한 이유도 있지만, 저렴한 가격과 사은품이라는 명분에 의지하여 신규로 구매하는 경우도 많다. 그렇게 구매함으로써 소비자는 '코가 꿰인다' 이것은 심리학 용어로 '로우-볼 전술(Low-ball technique)'이라고 하는데, 처음에는 상대방이 수용하기 쉬운 조건을 제시하여 동의를 이끌어낸 뒤, 향후 더 어려운 조건을 수용하도록 유도하는 기술에 넘어간 것이다. 실제로 기대하는 큰 이익을 작은 이익 뒤에 감추는, 즉 소비자는 프린터를 저렴하게 구매한다는 눈앞의 이익에 현혹되어 프린터를 사용하려면 비싼 전용잉크를 구매해야 한다는 사실을 망각해버린다. 시판 중인 프린터의 대부분이 전용 용기를 사용하도록 설계되어 있고, 동일한 회사의 프린터라도 종류가 다르면 다른 프린터 용기를 사용할 수 없도록 제작되어 소비자가 프린터를 교체하지 않는 한, 고비용을 지불하면서 전용 인쇄잉크를 구매해야 하는 이유이다.

이와 반대로, 상대방에게 현금이 담긴 가방을 보여줘서 상대방이 이익에 현혹되어 최초 제시한 조건을 수정하도록 만드는 방법도 있다. 즉, 당장의 이익 획득 욕구를 자극하여 상대방의 의도를 무산시키는 것이다. 상대방은 눈앞에 보이는 당장의 이익(현금)을 얻기 위해 스스로 제시조건을 수정하거나 철회하여 협상 주도권을 포기하게 된다.

인간은 처음에 만족감을 느끼면, 그 뒤에 좋지 않은 상황이 발생해도 수용하는 심리가 있다. 즉, 눈앞에 보이는 현재의 이익 때문에 향후 발생하는 불이익을 생각하지 않으므로 협상을 유리하게 유도하려면, 상대방의 욕망을 직관적으로 자극하는 전략을 구사해야 한다.

협상의 기본은 50 대 50이다

제품가치와 가격이 이미 정해진 경우, 소비자가 인식하는 가치와 가격 이상으로 판매하기는 쉽지 않다. 즉, 소비자가 1만 원의 가치로 인식하는 제품을 2만 원에 판매하기는 어렵다. 소비자가 수긍한 가격과 간극이 발생하기 때문이다. 따라서 판매자는 어떤 방식과 가격으로든지 소비자가 인식하는 가격과의 간극을 줄일지 고민해야 한다. 더불어 일방적인 욕심보다 적절한 타협과 양보가 협상과 흥정의 성공요소임을 자각해야 한다.

일방이 제시하는 조건과 상대방의 기대 수준의 차이가 클수록 협상은 결렬될 가능성이 높다. 그러므로 협상 초기에 협상 주도권을 획득할 목적으로 일방의 이익만을 강조하는 과도한 조건제시는 지양해야 한다. 협상은 대등한 관계에서 적절한 타협과 양보가 전제되어야 성공할 수 있다. 특수한 상황이 아니라면, 당사자 모두가 만족하는 합의점에 도달해야만 협상이 성공적으로 마무리될 수 있기 때문이다. 협상은 50 대 50의 동일 조건에서 시작되어야 하며, 여기에는 당사자 간의 건전한 견제와 적정한 양보가 수반되어야 한다.

상대방을 존중하라

토론 모임 또는 동호회 모임 등에 참석해보면, 유난히 다른 사람의 의견에 끝까지 대응하는 사람이 있다. 즉, 말꼬리를 잡고 늘어지는 사람이 있다. 또 상대방의 체면을 전혀 고려하지 않는 태도를 취하거나, 상대방의 의견을 무조건 반박하는 사람

[G. 사업 진행 시 고려사항]

도 있다. 협상의 시작은 사람의 마음을 움직이는 단계에서부터 출발하는데, 의견을 무시하고 반박하며 말꼬리를 잡고 늘어지는 상대방에게 호감을 갖는 것은 불가능하다. 상대방을 설득하기 위해서는 상대방의 자부심을 만족하게 해주고, 상대방의 의견에 긍정적인 반응으로 호응해야 한다. 반박논리와 지적은 호감을 이끌어낸 뒤에 해도 늦지 않는다. 사람은 누구나 인정받고 싶은 욕구가 있어서 자신의 의견이 거부되거나 논리적으로 반박당하면, 이성적인 판단보다 감정적인 분노가 앞서게 되어 반발심을 가지고 상대방에 대해 부정적인 인상을 받는다. 그러므로 협상할 때는 상대방을 존중하는 언행으로 상대방의 호감을 이끌어내는 것이 중요하다. 협상의 주체는 사람이고, 상대방에 대한 친밀감이 협상 성공의 주요 원인으로 작용한다.

전문지식과 자료는 유용한 설득 도구이다

사람들은 전문가라고 인정하는 사람의 의견에 무비판적으로 동조하며, 신문과 방송 기사를 맹신하는 경향이 있다. 전문가의 의견은 신뢰할 수 있고, 신문과 방송 기사는 진실성이 높을 것이라는 선입관이 작용한 결과이다. 심리학자 '모어'와 '쿨패드'가 실험한 결과에 따르면, 가짜 의사와 우체국장이 포함된 일반인 실험집단에 누구나 쉽게 정답을 선택할 수 있는 동일한 조건을 제시한 뒤 실험자들이 선택하게 하였는데, 실험 참가자 대부분이 의사의 선택을 따라 했다는 결과가 있다. 의학과 전혀 관계가 없는 실험임에도 피실험자들은 전문가로 생각하는 의사의 판단이 옳다고 믿은 것이다.

이와 같이, 사람들은 전문가와 신뢰할 수 있다고 생각하는 신문, 방송, 기관 등의 권위에 약하다. 전문가의 의견이나, 공신력 있는 매체의 기사 등을 증거로 제시하면 쉽게 설득이 된다. 그러므로 협상 중에 수치(數値)와 자료를 제시하면서 상대방을 설득해야 한다면, 전문가의 이름 또는 공신력 있는 기관명을 같이 언급하는 것이 유용하다. 특히, 상대방이 아마추어이거나 관련 분야의 전문지식이 없다면, 전문용어가 포함된 지식과 정보에 더 쉽게 설득된다. 이는 전문지식과 정보에 대한 무지를 감추려는 심리도 작용한다.

요구조건을 감춰라

협상 중에 희망하는 요구조건을 먼저 제시하면 불리하다. 상대방이 이쪽의 의도와 욕구를 알아채기 때문이다. 협상 전에 반드시 얻어내야 할 필수적인 조건과 굳이 필요하지 않은 일반적인 조건을 구분한 뒤, 협상 중에 적절히 혼용하여 상대방에게 조건을 제시함으로써 상대방이 이쪽의 의도를 쉽사리 간파하지 못하도록 한다.

'쇼핑 리스트 방식'이라는 기술은 희망하는 조건을 감춘 뒤, 주변의 다른 조건과 희망하는 조건을 희석하여 제시하는 방법이다. 사람에게는 다른 사람이 희망하는 것을 제시하면, 그것이 정작 자신에게 필요하지 않은 것이라도 갑자기 자신도 그것을 갖고 싶은 심리가 있다. 가게에서 물건을 구매하면서 단도직입적으로 희망하는 물건을 지명하면 가격흥정이 어려우나, 다른 물건을 구매하고 싶은 것처럼 흥정하면서 원래 희망하는 물건을 같이 지명하면 구매하려는 물건은 흥정의 중심에서 제외되어 구매하기 쉬운 것과 같은 논리이다. 희망하는 요구조건을 감춰서 의도를 알아채지 못하게 해야 협상에서 유리한 결과를 얻을 수 있다.

목소리도 협상 도구다

협상은 상대방을 설득해서 희망하는 것을 얻어내야 하는 고도의 심리전으로써 당사자들은 긴장하고 상대방에게 집중할 수밖에 없다. 그런데 긴장하면 목소리와 태도도 긴장 상태를 유지하여 상대방에게 경계심을 심어줄 수 있다. 그리고 협상과 설득에 있어서 태도와 목소리는 분위기를 반전시키는 중요한 요인으로 작용한다. 누구나 논리적이고 이성적인 말투와 경직된 자세와 태도에는 긴장하기 때문이다. 말의 완급과 목소리의 강약을 적절히 조절하여 감정적으로 호소하고 논리적으로 설득해야 협상을 유리하게 주도할 수 있다.

옷차림과 환경도 설득 도구이다

나폴레옹의 '명령기술'이라는 설득기법이 있다. 나폴레옹은 체격이 왜소한 편이었음에도 프랑스 황제로서의 권위를 유지할 수 있었는데, 그 방법은 병사들에게 명령할 때는 항상 말 위에서 명령을 내렸다고 한다. 단지 키가 크다는 것만으로도 상대방에게 위압감을 줄 수 있다는 점을 이용한 것으로 말을 타고 있으면 키가 작더라도 상대방을 내려다볼 수 있었기 때문이다. 협상 과정에서도 이를 활용하여 키가 작으면 구두 굽을 높이거나 상대방보다 높은 의자에 앉아 상대방의 기세를 꺾으면 협상 주도권을 획득할 수 있다.

이와 반대로, 상대방의 긴장상태를 완화해주는 방법도 있는데, 양복 단추를 푸는 방법이 그것이다. 즉, 양복 단추를 단정하게 위에서 아래까지 다 채운다는 것은 상대방에게 절대로 속마음을 털어놓지 않겠다는 간접적인 의사표현이라고 할 수 있기 때문에 양복 단추를 풀거나 양복 상의를 벗어서 상대방에게 편안한 인상을 심어주면, 상대방의 긴장감도 해소된다고 한다. 양복 단추를 풀고 상의를 벗음으로써 상대방에게 '나의 속마음을 보여주겠다'는 간접적인 의사표시가 전달된다.

또한, 협상장의 온도도 중요한 역할을 하는데, 겨울에는 '약간 덥게' 하고, 여름에는 '약간 춥게' 온도를 맞추는 것이다. 추운 외부에서 약간 더운 곳으로 장소를 이동하면, 자연스레 경직되어 있던 신체가 이완되고 긴장감이 풀려서 논리적인 판단을 못 하기 때문이다. 이런 현상은 여름에도 동일하게 적용된다.

상대방의 말에 집중하라

사람은 누구나 자신의 말을 귀담아 들어주는 사람에게 호감을 갖고, 그런 사람을 만나는 것을 즐거워한다. 이렇게 호감을 이끌어낼 수 있도록 말을 잘 들어주는 것에도 요령이 필요하다. 단순히 집중하여 듣는 것도 중요하지만, 추가하여 몸을 사용해서 호응하고 있음을 간접 표현하면 그 효과는 더욱 배가된다. 즉, 앉은 상태에서 대화할 때는 몸을 앞으로 숙여서 상대방의 얘기를 듣는 것이 좋은데, 이것은 '조금 더 내밀한 얘기까지 해달라'는 신호의 하나이기 때문이다. 또 절대로 팔짱을 끼지 말고, 팔을 펼쳐서 탁자 위에 올려놓고 듣는 것이 좋다. 팔짱을 끼는 것은 상대방에게 마음을 열지 않겠다는 간접표현이고, 팔을 펼치는 것은 수용하겠다는 표현이기 때문이다.

상대방의 몸짓이 말하는 의미를 파악하라

협상 중에 상대방의 의사를 미리 확인할 수 있다면, 설득은 한결 쉬워질 것이다. 굳이 말로 표현하지 않아도 몸짓만으로도 상대방의 의도를 파악할 수 있다면, 협상 주도권을 획득하기는 어렵지 않다. 그래서 상대방의 몸짓에 주목해야 한다. 다리를 꼬고 앉는 것은 상대방의 말에 동의하지 않는다는 간접표현일 수 있고, 꼰 다리를 흔드는 것은 '현재 상황에서 벗어나고 싶다'는 뜻을 드러내는 신호일 수 있기 때문이다. 또 머리를 긁적이거나 안경을 자주 닦으면 제시조건이 '곤란하다'는 의사를 드러내는 것이며, 입술을 깨물거나 손가락을 자주 만지는 것은 '대화를 중단하고 싶다'는 표현의 일종이다. 그러므로 협상으로 목적하는 결과를 얻어내려면, 협상은 단순히 대화만으로 성립되지 않고, 몸짓과 태도, 표정 등이 중복된 고도의 심리전임을 인식하고, 상대방이 언어와 몸짓 등으로 표현하는 의도를 파악할 수 있어야 한다.

관리방법(Tip)

하위직급자의 태도가 회사 이미지를 결정한다

'안녕하세요? ○○회사입니다. 저희 회사의 신제품을 귀사에 소개할까 하는데 담당자를 연결해주시겠습니까?', '관심 없어요!' 아마도 영업사원이라면 한 번쯤 겪었던 대화 내용일 것이다. 회사를 처음 방문하는 사람을 최초로 응대하는 직원은 대부분 하위직급자인 경우가 많다. 그들의 응대와 접대 태도에 따라, 방문하는 회사의 첫 이미지가 결정된다. 사전에 약속되어 있다고 해도 방문자가 곧바로 사장을 만나는 것은 아니기 때문에 최초 응대하는 직원의 태도와 말투에 의해 회사의 이미지가 결정될 수밖에 없다. 그래서 직원교육이 매우 중요하다.

사업 기회는 수많은 사람들의 방문과 제의 중에서 발견할 수 있는데, 하위직급자가 부서장과 대표자인 양 행동하고 방문자를 거부하면, 회사로서는 중요한 사업기회를 의식하지 못하면서 놓치게 될 수도 있다. 즉, 하위직급자에게는 담당 업무 이외의 번거로운 추가업무가 되므로 무성의한 태도와 말투로 응대할 수 있으나, 무성의하게 응대하고 거부한 방문자가 회사의 중요한 협력자 또는 경쟁회사의 우호세력이 될 수 있다.

교차점검은 필수다

대표자가 비용 지출에 관대하면 회사는 반드시 어려워진다. 즉, 비용 지출이 엄격하게 관리되지 않으면 대형 금전사고는 반드시 발생한다. 또한, 온정주의는 근무환경을 나태하고 방만하게 조성하며, 비정상적인 업무처리에 둔감한 반응을 갖도록 만든다. 그러므로 부서·부서원 간의 건강한 긴장감을 조성하는 작업은 매우 중요하다. 감시와 견제를 위한 점검이 아니라, 업무 효율성과 투명성을 제고하기 위한 점검은 회사의 경쟁력을 강화한다.

그러므로 상호 교차점검을 위한 조직과 결제체계를 구성하고, 정기적으로 운영상황과 업무결과를 구성원들에게 공개하여 직원들이 회사 사정을 명확히 인식하고 신뢰할 수 있도록 유도해야 한다. 그리고 성과 달성에 비례하는 보상규정을 도입하여 노력에 상응하는 혜택이 구성원 모두에게 적절히 배분되도록 만들어야 한다. 규제만 있고 보상이 없으면 사람은 쉽게 지치게 마련이고, 결국에는 일탈 행동을 범하게 된다.

항상 깨어 있어야 한다

매출액 대비 수익성이 낮은 회사들이 있다. 업종 특성과 상이한 수익구조에 기인하는 경우도 많지만, 방만한 내부관리가 주요 원인으로 작용한 경우도 많다. 특히, 방만한 내부관리 문제는 급격히 성장한 중소기업에서 많이 발생하는데, 사업자가 '승리에 도취'하여 초심을 잃음으로써 발생한다. 즉, 성공에 도취되어 창업 초기에 가졌던 긴장감이 풀어지고, 경영환경을 바라보는 시각도 낙관적으로 변화해서 내·외부 관리를 임직원에게 이양하고, 사업자는 현재의 과실이 주는 안락함에 안주하기 때문이다.

사업자가 긴장하지 않으면 직원들도 긴장하지 않으며, 사업자가 일 처리에 관대하면 직원들은 더욱 관대하게 변화한다. 이는 결과에 대한 최종 책임은 사업자에게 있기 때문에 피고용인은 일부러 문제를 만들거나 확대하지 않으려는 성향이 있다. 그리고 직원은 사업자처럼 비전을 제시하고 지향점을 설정하지 못하기 때문에 담당하는 업무 이외의 영역을 살필 수 있는 시야가 없다. 그래서 사업자가 나태해지면 회사도 나태해지므로 사업자는 항상 깨어 있어야 한다. 결과적으로 사업 존망의 책임은 사업자에게 있다.

최우선 가치는 사람이다

기회는 예기치 못하는 사이에 스쳐 지나가는 바람과 같아서 스쳐 지나는 기회를 알아채고 어떻게 잡아채느냐가 관건이다. 그리고 기회를 잡아채서 성공적인 결과를 만드는 주체는 사람이다. 사람은 일을 만들고 해결책을 제시하며 문제를 해결한다. 사람은 수많은 난관과 과제를 만들어 사업자를 괴롭히기도 하지만, 성공으로 이끄는 결정적인 단서를 제공하기도 하고, 든든한 조력자가 되기도 하므로 사업자의 최우선 가치는 사람에게 맞춰져 있어야 한다. 사람을 어떻게 활용하느냐에 따라 사업의 명운이 좌우된다. 그래서 사업자는 직원을 신뢰해야 하며, 직원을 통해 회사가 성장한다는 사실을 의심하지 말아야 한다.

사업적인 성공이 사업자 본인의 역량에 기인했다고 자만하면, 직원의 존재가 하찮게 생각되고, 동반자가 아니라 피고용인으로 인식되어 조직 전체가 목표를 공유하지 못하고, 일방적인 지시와 전달로 인한 상·하 직원 간의 소통이 이루어지지 않아서 사업자의 독단적 결정이 많아지고, 직원은 사업자에게 책임을 전가하는 양상이 되풀이된다. 그리고 회사는 내부로부터 점차 경쟁력을 상실해간다.

10%의 실패 확률에 집중하라

제품 개발과 신규 사업 전개 시 고려해야 하는 사항이 성공과 실패 확률의 비율이다. 즉, 성공 확률 대비 실패 확률이 높으면 위험하고, 성공 확률이 높으면 도전할 만하다. 다만, 막연한 낙관적 예측은 회피해야 한다. 창업자의 대부분은 성공 확률에 집중하여 창업하는데, 사업경험과 투자자본 등이 부족한 창업자는 실패 확률이 더 높기 때문에 실패 확률에 더 집중해야 한다. 실패하기 위해 창업하는 사람은 없다. 그래서 창업자가 성공 확률에 방점을 찍는 것은 당연하다. 다만, 기존 사업자 대비 실패 확률이 높기 때문에 실패에 따른 여파를 고려하여 항상 신중해야 한다는 뜻이다. 창업자는 실패 확률 10%에 주목해야 한다.

창업자는 실패 확률의 기준점을 설정하는 것과 실패에 따른 대책 수립도 중요하다. 즉, 성공 가능성이 몇 %에 도달할 때 창업하고, 실패 시 차선책으로 어떻게 대처하겠다는 계획이 수립되어 있어야 한다. 창업자의 실패가 기존 사업자의 실패보다 후유증이 크기 때문에 후유증을 최소화할 수 있는 대비책의 수립은 창업자에게 필수적인 실행과제이다.

경영자 역할

경영자라면 회사의 주요업무를 반드시 숙지하고 있어야 한다. 다만, 모든 업무를 숙지해야 하는 것은 아니다. 경영자가 만기친람(萬機親覽, 임금이 모든 정사(政事)를 친히 보살피는 것)형이 되면, 직원은 나태해지고 무기력해진다. 즉, 경영자가 중간관리자와 실무자 업무까지 모두 챙기고 점검하기 시작하면, 모든 직원이 경영자만을 바라보는 부작용이 발생한다. 그러므로 경영자는 장기적인 비전을 계획·제시하는 일에 집중하고, 직원에게 적절한 권한 이양과 책임부여를 통해 직원이 주인의식을 갖고 일하도록 경영해야 한다. 직원을 신뢰하지 못해 권한을 독점하는 것은 채용 당사자인 경영자가 스스로를 신뢰하지 못하는 것과 같다.

적절한 권한 이양과 책임부여는 직원에게 동기를 부여하고 조직의 위계질서가 확립되는 효과를 가져온다. 그리고 부가적으로 조직에 활력이 생기고 회사에 대한 충성도가 증가한다. 여자는 사랑에 목숨을 걸고, 남자는 자신을 알아주는 사람에게 목숨을 건다는 말이 있듯이 직원은 자신을 믿어주는 경영자에게 최선을 다하기 마련이다.

비전(Vision) 그리기

경영자는 향후 2~3년 뒤의 계획을 365일 24시간 쉬지 않고 준비해야 한다. 경영자는 현재의 업무를 수행하는 사람이 아니라, 미래를 계획하고 준비하는 사람이기 때문이다. 경영자가 현재에 집중할수록 미래의 비전(Vision)을 계획하기 어렵고, 부하 직원의 업무영역을 침범하기 쉽다. 현재의 업무는 직원들의 몫이니 경영자는 현재의 성과와 성공에 안주하기보다 새로운 성장 동력을 발굴하는 데 집중해야 한다. 직원이 다음을 얘기할 때, 제시 가능한 비전과 목표를 준비해야 한다. 경영자가 통찰력을 가지고 미래를 준비하지 않으면 생각보다 빠르게 미래는 회사를 위기로 몰아넣는다.

경영자의 자리는 실패에 따른 책임은 무한(無限)하고, 성공에 대한 결실은 유한(有限)한 자리이다. 직원은 실패에 대해 책임지려고 하지 않지만, 성공의 과실은 공유하려고 한다. 즉, 직원은 과거와 현재의 사업 실패 책임을 경영자에게 전가하지만, 사업이 성공하면 스스로 노력한 결과라고 생각하고 이익분배를 요구한다. 그래서 경영자의 위치는 외롭고 어렵다.

직원을 철면피로 만들지 마라

사람은 누구나 인정받고 싶어 하는 욕구가 있다. 경영자가 직원을 피고용자가 아닌 인격체로서 존중하는 회사는 직원의 충성도가 높다. 인정과 존중이 주는 감정적 보상은 충성도를 높인다. 칭찬과 인정이 봉급 이상의 동기부여 요인이 될 수도 있다. 그러므로 경영자는 직원의 자존심을 존중하고, 질책과 주의를 남발하지 말아야 한다. 질책과 주의는 최초에는 잘못을 인정하는 효과를 발휘하지만, 남발하면 둔감해져서 '일상적인 것'으로 받아들이고, 부끄러워하거나 잘못을 인정하지 않는다. 오히려 반감과 분노를 유발하는 요인으로 작용하여 회사와 동료에게 부정적인 효과를 전파할 수 있다. 그러므로 질책과 지적을 최소화하고, 항상 단둘이 있는 곳에서 완곡한 방법으로 질책하고 지적하는 것이 좋다.

눈높이 대화는 필수다

'도대체 왜 이렇게 내 마음을 몰라주는 것이지?' 경영자가 열정을 담아 업무를 설명하고 비전을 제시해도 직원에게는 진의(眞意)와 열정이 전달되지 않는 경우가 있다. 직원에게는 단지 무미건조한 어휘로 나열된 업무 내용일 뿐이다. 즉, 경영자의 생각과 직원의 피동적 자세와 태도가 불일치하는 것이다. 대부분 경영자가 너무 많은 지식과 정보를 직원에게 전달하려고 할 때 자주 발생한다. 경영자는 자신의 방식과 방법으로 지식과 정보를 전달하면 직원이 당연히 알아들을 것이라고 생각하는 데 반하여, 직원은 경영자의 지식과 정보전달에 둔감하거나 이해하지 못한다.

경영자가 지식과 정보를 직원과 공유하지 못하면, 경영자가 보유한 지식·정보와 직원이 보유한 지식·정보 사이에 큰 괴리감이 발생하여 직원이 경영자의 의도를 잘못 해석할 수 있다. 경영자와 직원의 이해도가 반드시 일치하지는 않기 때문에 경영자는 직원 각자의 위치와 능력에 맞게 눈높이 대화로 의사소통해야 한다. 그리고 어떻게 전달할 것인가의 문제는 경영자의 지식과 정보습득 전 상태를 생각하면 해결방안이 도출된다.

업무분담은 필수요소다

조직 규모가 작으면 전체 구성원의 이익과 의견을 반영하여 공동의 이익을 추

[G. 사업 진행 시 고려사항]

구할 수 있지만, 조직 규모가 커질수록 구성원 모두의 이익과 의견을 반영하기란 쉽지 않다. 즉, 소규모 조직은 각자의 역할과 기여도 확인이 용이하여 이익분배가 쉬우나 대규모 조직은 역할과 기여도 파악이 어려워 이익분배가 쉽지 않다. 더구나 규모가 커질수록 자신의 역할과 책임을 다른 사람에게 전가하면서 남의 노력에 편승하려는 사람이 많아져서 계획했던 공동의 목표점을 달성하지 못하는 경우도 발생한다. 조직 규모가 크고 책임소재가 불분명한 집단일수록 복잡한 조직체계와 조직 전체의 성과에 숨어 구성원 개개인은 최선의 노력을 다하지 않는다. 그러므로 구성원 각자에 대한 명확한 업무분담 및 권한과 책임부여가 필요하다. 이를 통해, 조직 속에 숨어있는 개인의 역할을 확인할 수 있고, 업무 한계에 따른 책임소재를 명확히 확인할 수 있다. 그리고 아직도 만연한 인정주의(人情主義) 문화와 일인다역(一人多役)의 업무 역할분배방식으로는 회사가 대내외적으로 한 단계 더 성장하는 데 한계가 있다. 시스템에 의해 운영되어야 효율이 극대화되는 조직이 회사이기 때문이다.

공공기관 지원사업 활용사례

창업자에게 정부지원사업은 가뭄 끝에 단비와도 같아서 경쟁이 치열하다. 따라서 수많은 신청자를 제치고 지원받으려면, 철저히 정부기관 관점에서 사업신청을 해야 한다. 즉, 지원기관의 의도와 목적을 파악하여 목적에 부합하는 지원서를 작성해야 한다.

필자도 사업자등록 후 수많은 사업신청심사에서 탈락하였는데, 대표적으로 '2012년 홈페이지 제작지원사업', '2013년 서울시 T-Stars', '2012년 우수 디자인 기념품 제품화 사업', '2013년 1인 창조기업 지원사업', '2013년 KBS 황금의 펜타곤', '2014년 창업 맞춤형 사업' 등에서 탈락하였다. '홈페이지 제작지원사업'은 지원 분야와 관계없는 사업 아이템을 신청해서 탈락했고, '우수 디자인 제품화 사업'은 등록된 특허가 존재하는 이유로, '1인 창조기업'은 2차 면접심사에서, '황금의 펜타곤'과 'T-Stars'와 '창업 맞춤형 사업'은 1차 서류심사에서 탈락하였다.

수많은 지원과 탈락을 경험하면서 체득한 노하우(Know-how)는 지원기관의 의도를 잘 파악해야 한다는 것으로 지원하는 사업 분야와 지원 대상자를 확인하고 신청하면 선정될 가능성이 높다. 단순한 내용이지만 의외로 사업 성격과 관계없는 신청자가 많다. 그리고 매년 유사한 유형의 사업공고가 발표되고, 서류양식이 대동소

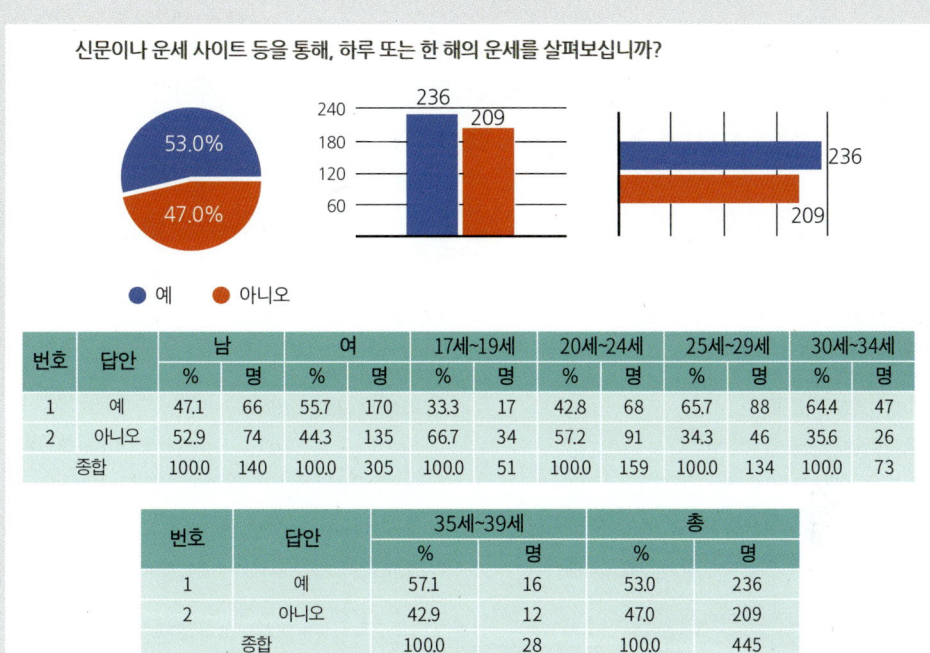

| 오픈서베이 자료를 근거로 재구성/ 리서치 지원 결과 예 |

이하여 작성이 용이하며, 창업자를 대상자로 지원하는 사업이 많다는 사실도 신청과 탈락을 반복하면서 알게 되었다. 그러므로 한 해의 사업지원계획 전체를 파악하고 있으면 매년 신청하기 용이하고, 하나의 신청양식을 잘 작성하면 다른 사업을 지원할 때 활용하기 쉬우며, 사업화 아이템이 많으면 다양한 분야에 중복 신청할 수 있다.

그리고 선정 가능성을 높이는 가장 큰 경쟁력은 '진정성'이다. 즉, 진정으로 사업에 성공하겠다는 의지와 노력이 뒷받침된 사업 신청이어야 지원받을 확률이 높다. 비록 눈에는 보이지 않지만, 사업계획서 작성 등에서 신청자의 의지와 노력이 표현되고 드러나기 때문이다. 지원받아 사업화에 성공하겠다는 신청자의 의지가 본인도 의식하지 못하는 사이에 신청서류에 담겨 심사자에게 전달된다. 진정성이 담겨진 사업계획서에는 사업자의 고민과 심도 깊은 검토와 해결 노력이 모두 반영되어 지원금을 목표로 단기간에 작성한 다른 신청자의 사업계획서보다 내용이 현실감 있고 구체적이다.

필자는 '1인 창조기업마케팅 지원사업'을 통해 '비전기식 가정용 요구르트 메이

[G. 사업 진행 시 고려사항]

커'의 디자인 모크업을 제작할 수 있었고, '성공창업 리서치 지원사업'을 통해 주요 목표 고객의 요구사항과 디자인 선호도를 파악할 수 있었으며, '지식재산권 획득 지원사업'의 지원으로 제품 경쟁력을 확보할 수 있었다.

사업 구분	지원 내용
2012년 1인 창조기업마케팅 지원사업	시제품 제작지원 1건
2012년 시장조사 리서치 지원사업	시장조사 1건
2012년~2014년 지식재산권 획득지원사업	특허 10건/실용신안 2건/디자인 11건
2013년 시장조사 리서치 지원사업	제품 디자인 진행시장조사 1건
2013년 상품 페이지 제작지원사업	E-상품 페이지 제작지원 1건
2014년 컨설팅지원사업	아이템 시장성 조사 2건, 컨설팅 1건

| 신청사업 및 수혜 내용 |

정보망 명칭 및 주소	주관기관	지원 내용
중소기업지원통합센터(www.sme-happy.re.kr)	미래창조과학부	중소기업 지원정보, 기술상담, 특허, 실험실, 장비 검색 제공
미래기술마당(http://rnd.compa.re.kr)	"	출연연구소, 대학 등 보유 사업화 가능 유망기술정보 제공
R&D 도우미센터(www.rndcall.go.kr)	"	국가 R&D 사업 관련 규정, 제도 소개, 온라인 상담 안내
창조경제타운(www.creativekorea.or,kr)	"	창조경제 사례, 아이디어 제안·공모 정부·민간 사업지원정보 안내
국가과학기술지식정보서비스-NTIS (www.ntis.go.kr)	"	국가 R&B, 사업관리, 장비기자재, 성과, 과학기술통계 안내
국가과학기술정보서비스-NDSL (www.ndsl.kr)	한국과학기술정보연구원	과학기술정보 통합 서비스, 논문, 특허, 보고서, 동향, 원문 제공 서비스
미리안(mirian.kisti.re.kr)	"	미래기술 탐색, 분석 리포트, 유망기술정보, 글로벌 동향 브리핑 안내
산업기술종합서비스(www.itts.or.kr)	산업통상자원부	산업기술 관련 법령, 사업전략, 유통 마케팅, 상품개발, 연구정보 제공
산업기술 R&D 종합정보시스템(www.ernd.go.kr)	한국산업기술평가관리원	R&D 사업의 업무·정보·통계 제공
기업마당(www.bizinfo.go.kr)	중소기업청	중소기업 지원사업, 경제동향, 교육, 세미나 정보, 온라인 상담 제공
중소기업기술정보진흥원(www.tipa.or.kr)	중소기업기술정보진흥원	불법기술 유출방지, 중소기업 생산 정보화, 쿠폰제 경영컨설팅 제공
학술연구정보서비스-RISS(www.riss.kr)	한국교육학술정보원	국내외 도서목록, 종합 관문 서비스 제공
전문연구정보센터(www.nrf.re.kr)	한국연구재단	연구정보 공동 활용 서비스 제공
전자정보센터(www.keti.re.kr/www.eic.re.kr)	전자부품연구원, 산업통상자원부	업체정보, 연구장비, 컨퍼런스 IT, 중국 동향정보 제공
국내외 특허정보망(KIPRIS, USPTO, EPO, JPO 등)	특허청 외	각국의 특허정보 검색 서비스 제공

정보망 명칭 및 주소	주관기관	지원 내용
해외전문정보서비스기관(미국 NTIS, STN, DIALOG, 일본 JST 등)	〃	특허정보 제공

|기업지원 R&D 사이트|

창조경제타운 100% 활용하기

정부가 중점 정책으로 시행하는 정책 중 하나가 '창조경제타운' 설립과 활성화를 통한 창업 활성화 및 창업기업 양성으로, 이에 따라 전국의 주요 거점 도시마다 '창조경제타운'이 설립되어 운영되고 있는데, 예비창업자와 초기 사업자가 이를 잘 활용하면 창업과 사업전개를 손쉽게 진행할 수도 있다. 정권의 관심사가 높은 사업은 지원금액과 기회가 많다.

창조경제타운의 사업 핵심은 '아이디어를 기반으로 사업화를 진행하는 창업자와 초기 사업자를 지원'하는 데 있으며, 성공적인 창업과 사업화를 지원하기 위해 아이디어에 대한 관련 분야 종사자들의 검증 및 조언과 함께 자금지원과 물적 자원을 제공해주는 시스템으로 운영되고 있고, 실행을 위한 세부 실행 도구로서 특허와 정보보호 지원, 산학연계 및 협력지원, 자금지원 등의 항목으로 구성되어 있다. 따라서 경쟁력 있는 아이디어를 가진 창업자와 초기 사업자는 전문가 그룹을 통한 조언과 자문을 통해 아이디어를 검증(멘토링)하고, 시제품 제작기관(경기지방중소기업청 등)과 창업 지원서비스기관(창업보육센터), 창업기획사(벤처기업협회 등)와 IP 지원·거래기관(지식재산거래정보센터 등)을 통해 기술을 개발하거나 이전하여 투자유치(기술투자회사 등)와 자금지원을 받아 제품을 생산한 뒤, 마케팅·홍보(중소기업제품 홍보지원 등) 및 판로확보 사업(온라인 쇼핑몰 입점 지원 등)을 통해 제품을 판매할 수 있다.

그리고 정부·기업·대학교 등의 다양한 아이디어 공모전 중, 창업자의 아이디어와 부합하는 공모전에 응모하여 사업화를 지원받는 방법도 고려해야 한다. 특히, 대기업에서 진행하는 아이디어 공모전의 경우, 비교적 많은 지원금액과 함께 대기업과의 사업협력이 가능하여 제품 개발부터 판매까지 대기업 보유자원을 충분히 활용할 수 있다는 장점이 있다.

[G. 사업 진행 시 고려사항]

이노(INNO)6+ 프로그램 활용하기

경쟁력 있는 아이디어를 가진 창업자와 창업예정자는 '6개월 챌린지플랫폼사업'과 '창조기업 성장지원사업'으로 구성된 '이노(Inno) 6+'로 불리는 아이디어와 기술창업 특화 프로그램을 활용하는 방법도 고려해볼 만하다.

'6개월 챌린지플랫폼'은 아이디어 구현 단계에서 사업화 단계까지를 6개월만에 완료하는 공공형 액셀레이팅 플랫폼으로 창조경제혁신센터와 창조경제타운에서 발굴한 우수사업 아이디어와 초기 창업기업에게 6개월간 전담멘토링을 제공하여 창업 준비과정을 집중으로 지원하는 프로그램이고, '창조기업 성장지원사업'은 투자운용회사의 투자와 연계해 사업화 기술개발(R&BD)자금을 지원하는 사업으로 아이디어와 기술을 가진 초기 기업이 안정적으로 성장할 수 있도록 사업화 전체 주기에 걸쳐 지원한다. '6개월 챌린지플랫폼'을 졸업하거나 창조경제혁신센터에서 추천받은 기업을 대상으로 출자기관 투자 시 R&BD 자금을 최고 3억 원까지 연계 지원한다.

[H. 자금 준비]

자금 획득 우선순위

창업을 가로막는 가장 큰 장애 요인이 창업자금이다. 성공을 보장할 수 없어서 창업자금의 조달은 항상 어렵다. 최선책은 자기자본을 투자하는 창업이지만, 실패에 따른 후폭풍을 감내하기 어려우므로 창업은 실패에 따른 영향력을 최소화하는 방향으로 진행되어야 한다. 즉, 투자 위험성과 사업 실패의 파급 효과와 재기 가능성을 고려한 투자가 진행되어야 한다. 따라서 창업자금은 정부지원금 신청, 개인신용도 활용, 개인 담보력 제공의 순서로 준비해야 한다.

우선, 정부지원금은 '무상지원금'과 '유상지원금'으로 구별할 수 있는데, 특별한 조건 없이 전체 소요자금의 70~80%까지 지원해주는 자금(본인 투자자금 30~20%)이 있고, 시중금리보다 낮은 금리로 대출을 알선해주는 대출보증자금이 있다. 가장 우선하여 지원받아야 할 자금은 역시 사업조건에 부합하면 지원되는 무상지원금이 될 것이고, 대출보증자금은 가장 후순위로 고려해야 한다. 다만, 대출보증자금은 개인의 신용도와 담보력을 활용하는 자금조달 대비 대출조건이 유리하고 이자 부담이 적다. 그리고 사용구분에 따라 분류하면, 제품제조비용 지원금과 제품 판매 보조금으로 분류할 수 있으며, 제조비용 지원금(시제품 제작비용 등)은 평균 2,000만~3,500만 원의 금액이 지원되고, 판매보조금(마케팅 비용 등)은 약 1,000만~3,000만 원의 금액이 지원된다. 단, 지원금은 창업자에게 지급되지 않고, 수행기관(제조·홍보수탁기업)에 직접 지급된다.

두 번째, 개인 신용도를 담보로 대출받는 자금은 비교적 대출절차가 간편해서 편리하나, 신용상태가 좋아야 하고 담보제공 대출보다 금리가 높다. 그리고 신용도를 담보한다고 하지만, 대출금액이 증가하면 물건을 담보해야 하기 때문에 물건담보 대출과 큰 차이가 없다. 다만, 단시간에 소액자금을 마련하기 쉽다는 장점이 있다.

세 번째, 물건을 담보하는 대출금은 담보물 가치에 따라 비교적 큰 금액을 준비할 수 있으나, 최후의 조달수단으로 유보해야 한다. 경험과 자본, 인력이 부족한 창업자는 기존 사업자 대비 실패 가능성이 높아서 실패에 따른 재정적 부담이 매우 커서 현재의 생활 수준이 붕괴될 수 있고, 담보능력 상실로 추가자금 동원이 어려워져 재기 가능성이 낮아지기 때문이다. 이에 따라, 창업자는 창업자금 준비를 정부지원금 활용→제1금융권 신용도 활용→주변인/제1금융권 개인 담보력 활용→제2금융권 대출금 활용의 순서로 진행해야 한다. 최악의 경우 상환연기·유예가 가능한 기관을 우선한다.

정부지원금 활용하기

창업자금은 창업자의 가장 큰 고민사항이다. 일부 창업자는 아이디어를 기반으로 투자유치에 성공하기도 하지만, 대부분의 창업자는 자기자본에 의지하여 창업하는 것이 현실이며, 40~50대 창업자의 자기자본은 대부분 퇴직금인 경우가 많다. 추가 투자할 수 있는 여유자금이 부족한 퇴직자가 창업에 실패하면 재기하기 어렵다. 따라서 창업할 때 자기자본을 최소화할 수 있는 창업방식을 선택해야 하고, 정부지원금은 유용한 수단이 될 수 있다. 창업자금 전부를 지원받을 수 없지만, 시제품 제작과 마케팅·홍보 관련 비용 등을 지원받을 수 있어서 창업자가 사업화를 위한 초기 비용 지출에 효과적으로 활용할 수 있다.

정부지원금은 주로 창업 3년차 이상의 사업자를 대상으로 지원되는데, 창업 후 경쟁력 확보 기간을 평균 3년으로 판단하여 창업 후 3년 이상 경과한 사업자는 생존 능력을 갖춰서 지원에 따른 효율성을 제고할 수 있다고 판단하는 것 같다. 그리고 반대로 생각하면, 3년 미만의 창업자는 자기자본으로 살아남아야 한다는 뜻이다. 다만,

초기 창업자에 대한 지원이 전혀 없는 것은 아니므로 창업자에 맞는 지원정책을 조사하면 유의미한 결과를 얻을 수 있다.

그리고 정부지원금은 지원금 성격에 따라 ①소상공인 창업자금지원 ②중소벤처기업지원 ③설비자금지원 ④운영·시설자금지원 ⑤업무 분야별 지원 ⑥연구개발비 지원 등으로 나눌 수 있으며, 지원 방식과 조건은 다음과 같다.

①소상공인 창업자금-각 지자체 신용보증재단에서 일정 시간의 창업교육을 이수하고, 신용보증재단이 발급하는 보증서를 근거로 은행 등의 금융기관에서 대출받는 방식의 지원금으로 5,000만 원 이하가 대부분이며 시중금리에서 1~0.5% 차감한 금리를 적용받는다. 다만, 보증서가 담보되어도 창업자 신용도에 따라 대출한도가 상이하다.

②중소벤처기업 지원금-창업 3년 미만의 중소기업을 대상으로 기술신용보증기금에서 보유기술가치를 심사·평가하여 보증서를 발급하고, 은행에서 운전자금과 시설자금용으로 각 5억 원 한도로 대출받는 방식의 지원금으로 일정 수준 이상의 경영성과지표가 필요하기 때문에 일반 창업자가 지원받기 어렵다.

③설비자금 지원금-기업이 토지와 공장, 설비 등을 갖추는 경우, 토지와 건물, 설비 등을 담보로 대출받는 방식으로 중소기업진흥공단, 산업은행, 기술신용보증기금 등에서 주관하여 진행한다. 따라서 일반창업자가 지원받기 어렵다.

④운영·시설자금 지원금-설립 후 1년 이상 기업을 대상으로 기업가치(기술력, 경쟁력, 지식재산 유무 등)를 평가하여 신용보증기금·재단과 기술신용보증기금에서 대출받는 방식으로 기술신용보증기금에서 4,000만 원 이상 대출받으면, 벤처기업인증을 받을 수 있는 장점이 있다. 다만, 기업가치의 평가 기준이 높고 평가항목이 다양해 특별한 기술력 등을 보유하지 않는 이상 일반창업자가 지원받기 어렵다.

⑤업무 분야별 지원금-ⓐ소상공인 창업 및 경영개선지원 ⓑ개발 및 특허기술 사업화 지원 ⓒ중소기업 수출금융지원 ⓓ중소기업 협동화 지원 ⓔ지방중소기업육성 지원 등으로 세분화하여 지원된다.

ⓐ소상공인 지원금은 5,000만 원 한도로 정부의 정책지원 사업(소공인, 장애인기업, 프랜차이즈 가맹점, 장기 실업자, 나들 가게, 여성기업 등) 참여자를 대상으로 한다. ⓑ기술사업화 자금은 정부정책사업, 정부출연 연구개발 사업기술, 특허등록기술, 정부공인기관

인증기술 등을 대상으로 시설 및 운전자금을 대출해준다. ⓒ수출금융 지원금은 수출계약(L/C, D/A, D/P, Local L/C, T/T, M/T, 구매확인서, O/A, 해외조달계약에 따른 P/O) 또는 수출실적에 근거한 수출품 생산비용 등 수출 필요자금을 지원하며, 중소기업진흥공단에서 직접 대출하고, 대출 기간은 180일 이내이다. ⓓ협동화 지원금은 일정 수준 이상의 3개 이상 중소기업이 협동화하여 사업성과를 시현할 수 있는 평가를 득해야 가능하며, 30억~50억 원의 금액과 5~10년의 대출 기간 조건으로 지원된다. ⓔ지방 중소기업 지원금은 지방 소재 중소기업을 대상으로 경영안정 및 시설자금용으로 지원하며, 5억 원 한도로 4년 이내 대출 기간 조건으로 지원된다.

정책자금의 종류

정부지원금 중 정책자금은 ①융자자금 ②출연자금 ③지원자금 ④투자자금의 4종류로 구분할 수 있으며, 자금 성격과 조건은 다음과 같다.

융자자금	출연자금	지원자금	투자자금
기업보유담보 근거 저금리 융자	소요자금의 최대 90% 출연 및 지원	소요자금 일부, 전액 무상 지원	신주발행, 주식인수 등 법인주식 대가로 조달
운영시설, 창업, 기술개발지원	기술개발자금지원	예비창업자, 창업자 상품화 과정 지원	벤처캐피탈, 금융기관, 기업 등 투자
대출전액 일정 기간 분할 상환	개발 성공 후, 지원금 10% 분할 상환	주관기관 위탁, 집행	자본형식 투자(3~12개월 소요)

출연자금과 지원자금은 특별한 담보 없이 공모 및 신청 후, 내부 심사과정을 거쳐 선정·지원되나, 융자자금은 업무 진행 과정에 차이가 있다. 즉, 대부분의 대출방식은 기업이 담보(부동산, 동산, 주식 등)나 신용도를 제공하면, 은행에서 제공담보를 근거로 대출하는 방식인데, 기술보증기금 등의 신용보증은 보증기관(기술보증기관 등)에서 기업이 보유한 기술과 영업실적, 창업자의 창업 성공 가능성 등을 판단하여 보증서를 발급하고, 은행이 이를 근거로 대출해주는 방식이다. 그리고 기업이 보유한 기술적 가치를 기술담보가치 평가기관이 평가한 뒤, 기술담보가치 평가서를 발행하면, 이를 근거로 은행대출이 이루어지기도 한다.

지원자금 종류

예비창업자와 창업자의 제품화 지원을 목적으로 지원되는 자금으로 대부분 제품디자인과 모크업 및 홍보물 제작비용으로 사용되도록 조건이 한정되어 있다. 창업자 중, 특히 제품제조를 목적으로 하는 창업자에게 유용한 자금으로 지원대상과 분야에 따라 세분하여 최대 1억 원의 금액이 지원되나, 청년창업자와 특별한 기술력을 보유한 사업자가 아니라면, 대부분 5,000만 원 이내의 금액을 지원한다.

1) 청년창업사관학교
① 지원대상-만 39세 이하 예비창업자, 3년 미만 기업대표, 중기청 창업사업화 참여·완료한 기업 중 글로벌 진출 가능 기업
② 지원업종-제조업, 지식서비스업
③ 지원내용-최대 1억 원(정부 70%, 신청자 30%), 창업 공간, 창업 코칭, 기술지원 등

2) 창업 맞춤형 사업화
① 지원대상-예비창업자, 1년 미만 기업, 재기 중소기업
② 지원업종-제한 없음
③ 지원내용-최대 5,000만 원(총 사업비의 70% 이내), 시제품 제작, 마케팅 소요자금 등 지원

3) 선도벤처 연계 창업지원
① 지원대상-예비창업자(2인 이상), 3년 미만 창업자
② 지원업종-제한 없음
③ 지원내용-최대 9,000만 원(총 사업비의 70% 이내), 창업 공간, 멘토링, 협업, 등 지원

4) 창업선도대학 창업화 지원
① 지원대상-예비창업자, 창업교육·자율특화 프로그램 이수 가능 지정대학 대학생, 일반인
② 지원업종-제조업, 지식기반 서비스업 분야

③ 지원내용-최대 7,000만 원(총 사업비의 70% 이내), 시제품 제작, 마케팅 소요자금 등 지원

5) 민·관 공동창업자 발굴, 육성 지원
① 지원대상-예비창업자, 3년 이내 기업대표자
② 지원업종-제한 없음
③ 지원내용-최대 5,000만 원(총 사업비의 80% 이내), 시제품 제작, 마케팅비, 코칭 등 지원

6) 실전창업리그-슈퍼스타V
① 지원대상-예비창업자, 1년 미만 기업
② 지원업종-제한 없음
③ 지원내용-실전창업리그 최대 6,000만 원, 왕중왕전 최대 1억 원, 사업화/창업 멘토링 지원

7) ICT 등 지식서비스 개발 및 창업 지원
① 지원대상-모바일 앱, ICT 등 지식서비스 창업희망자(팀), 창업 초기 기업
② 지원업종-제한 없음
③ 지원내용-최대 3,000만 원, 개발·마케팅비, 개발교육·멘토링 등 지원

8) 스마트 벤처창업학교
① 지원대상-앱, 콘텐츠, SW융합 등 서비스 분야 예비창업자, 창업 초기 기업
② 지원업종-앱, 콘텐츠, SW융합 등 지식서비스 분야
③ 지원내용-최대 1억 원(총 사업비의 70% 이내), 창업교육·개발 멘토링, 마케팅 등 지원

9) 1인 창조기업마케팅 지원
① 지원대상-"1인 창조기업 육성에 관한 법률" 제2조에 해당하는 1인(예비) 창조

기업
② 지원업종-제한 없음
③ 지원내용-(창업기) 최대 1,000만 원(총 사업비의 80%), (성장기) 최대 2,000만 원(총 사업비의 80%), 사업화·시장진출 비용 등 지원

10) 소상공인 협동화(협동조합 활성화) 지원
① 지원대상-5인 이상(사업자) 협동조합(단, 구성원의 80% 이상 소상공인 구성)
② 지원업종-제한 없음
③ 지원내용-최대 1억 원(공동장비구입 2억 원), 공동 브랜드·구매·마케팅·연구개발 등 지원

11) 신사업 비즈니스모델 개발 및 사업화 지원
① 지원대상-사업 아이디어 보유 예비창업자, 재창업자
② 지원업종-지식서비스 분야 위주
③ 지원내용-최대 2,500만 원(총 사업비의 50~70% 이내), 비즈니스모델 개발 등 지원

출연자금 종류
1) 창업성장기술개발사업
① 지원대상-성장 잠재 역량 보유 1인 창조기업 및 소규모 창업기업
② 지원업종-'중소기업기본법' 제2조 규정 중소기업, 과제별 자격기준 충족 기업
③ 지원내용-(창업 과제) 최대 2억 원(총 사업비의 90%, 3년 이하 창업기업 1억5,000만 원), (1인 창조기업 과제) 최대 1억 원(총 사업비의 90%, 이공계 창업 꿈나무 100%)
④ 선정절차-기술평가(관리기관), 대면평가(전문기관), 기업진단(진단기관) 지원과제 선정

2) 한국콘텐츠진흥원
문화콘텐츠, 게임산업, 방송영상콘텐츠산업, CT R&D 지원

3) 한국디자인진흥원
① 지원대상-디자인 역량 미흡 중소기업, 기업부설 연구소 보유 디자인 개발 중소기업
② 지원업종-제한 없음
③ 지원내용-(단기 과제) 최대 4,000만 원(총 사업비의 75% 이내), 디자인 개발 지원(혁신 과제), 최대 1억 원(총 사업비의 75% 이내), 디자인 개발 지원

융자자금 종류

1) 창업기업지원자금
① 지원대상-(창업자금) 7년 미만 중소기업, 예비창업자(청년 전용 창업자금), 지식서비스·제조업 등 진행, 만 39세 이하 대표자 기업(재창업자금), 저신용자 분류 사업 실패 중소기업 경영인
② 지원업종-제한 없음
③ 융자조건-(대출금리) 정책자금 기준금리에서 0.15%p 차감 (청년 전용 연 2.9% 고정금리)(대출 한도), 기업당 연 40억 원(운전자금 5억 원), 청년 전용 1억원 이내
④ 대출기한-시설자금(3년 거치 5년 상환), 운전자금(2년 거치 3년 상환), 청년 전용창업자금(1년 거치 2년 상환)

2) 개발기술 사업화 자금
① 지원대상-전략산업 해당 기술 사업화 적용·예정기업
② 지원업종-국가지정전략산업 분야
③ 융자조건-(대출금리) 정책자금 기준금리에서 0.15%p 차감(대출 한도), 기업당 연 20억 원(운전자금 5억 원)
④ 대출기한-시설자금(3년 거치 5년 상환), 운전자금(2년 거치 3년 상환)

3) 소상공인지원자금
① 지원대상-소상공인, 장애인 기업, 재해피해 소상공인
② 지원업종-나들 가게, 프랜차이즈지원사업수혜자, 신사업개발창업자, 창업/

경영교육이수자

③ 융자조건-(대출금리) 정책자금 기준금리에서 0.4%p 차감(대출 한도), 7,000만 원(나들 가게 1억 원)

④ 대출기한-2년 거치 3년 균등분할상환(70% + 만기일시상환 30%)

신용보증지원

1) 신용보증기금

① 창업기업보증
- 혁신형 창업기업보증-사업 개시 후 5년 이하 기업, 기술·지식·전문자격 창업기업 운전·시설자금[보증료율(0.6~2.5%)에서 0.1% 할인]
- 청년창업 특례보증-창업 후 3년 이내 기업(대표자 20세 이상 39세 이하) 보증 한도 3억 원, 보증료율 0.3%

② 협약에 의한 특별보증
- 금융기관 특별출연-특별출연 협약보증과 보증료 지원협약보증의 Two Track 지원
- 대기업·금융기관 특별출연-상생보증 프로그램, 동반성장 협약보증
- 기타 협약자금-지자체 출연 관련, 지역 상생보증

③ 기타 보증
- 일반운전 자금보증, 구매 자금보증, 수출입 자금보증, 지식재산 창출보증, 특허보증 프로그램

2) 기술보증기금

① 맞춤형 창업성장 프로그램
- 창업 후 5년 이내, 6대 창업육성 분야(녹색성장, 지식문화, 이공계 챌린저, 40/50창업, 1인 창조기업, 첨단·뿌리 산업) 대상, 운전·시설자금지원, 최대 5억 원 보증, 보증료 0.3% 감면

② 예비 스타벤처기업육성 특례보증
- 창업 후 3~7년 벤처기업 대상, 기술성·사업성·매출 급신장 예상기업, 보증료

    0.3% 감면
   ③ 정책자금 One-Stop 지원보증
   • 정보통신진흥기금(산업자원부), 방송발전기금, 중소·벤처기업 창업 및 육성자금 (지자체)

자금지원사업 신청방법
1) 지원정보 검색 사이트

검색 사이트	검색 사이트
중소기업 종합지원 정보서비스(www.bizinfo.go.kr)	중소기업청(www.smba.go.kr)
중소기업진흥공단(www.sbc.or.kr)	신용보증기금(www.kodit.or.kr)
기술보증기금(www.kobi.or.kr)	신용보증재단(www.koreg.or.kr)
소상공인시장진흥공단(www.kmdc.or.kr)	창업진흥원(www.kised.or.kr)
창업넷(www.changupnet.go.kr)	기술개발종합과제관리시스템(www.smtech.go.kr)

2) 사전 준비자료
   • 재무제표, 중·장기 사업계획서, 지식재산권 관련 서류, 증빙서류 등

작성요령 및 TIP
1) 평가자 관점에서 생각하라
   평가와 시험 등에서 좋은 결과를 얻으려면, 평가자와 출제자 관점에서 생각해야 한다. 즉, 신청자는 평가자가 되어 작성하는 신청서를 검증해야 한다. 평가주체는 신청자가 아니라 평가자이기 때문이다. 그러므로 지원기관 담당자와 평가자가 기대하는 사업결과와 중요하게 강조하는 항목이 무엇인지를 파악해야 한다. 사업 담당자이고 평가자 입장에서 어떤 기준에 따라 신청서류를 분류하고 평가할 것인가를 생각하면 신청서 작성의 방향이 보인다.
   담당자와 평가자는 선정과정의 공정성과 지원 후 결과를 고려할 수밖에 없기 때문에 아이템 차별성/성공 가능성/경쟁력/실행 가능성 등을 중요하게 생각한다. 이는 평가를 객관적으로 증명할 수 있는 항목들로서 신청서에는 ①시장 1위 제품 대비 경쟁력 ②신규 시장 개척 여부 ③경쟁제품과의 차별화 ④개발 용이성 및 비용 규

모 ⑤신청자 경험·전문지식 ⑥신청자 의지 ⑦합리적인 개발과정 등이 포함되어야 한다. 그리고 작성된 신청서를 제3자의 시각으로 냉정히 검토하여 오류와 미비점을 보완해야 한다.

  2) 신청서 작성으로 점검하라
  사업신청자는 신청서 작성을 사업과정 전체를 점검·보완하는 계기로 삼아야 한다. 즉, 지원금을 지원받기 위한 목적 이외에 사업계획과 진행전략을 재확인하고 보완하는 계기로 삼아야 한다. 또한, 평가자를 경쟁자와 소비자로 설정하고, 사업을 어떻게 진행할 것인가를 고민하는 연습 기회로 활용해서 평가자가 소비자 관점에서 제품과 서비스를 바라보게 하고, 구매하도록 유인하는 영업계획서로서의 신청서가 만들어져야 한다. 따라서 신청자는 사업계획 전체를 이해하고 있어야 하며, 예측 가능한 돌발변수와 위험요소를 인지하고 있어야 한다. 사람의 평가 기준은 대동소이하여 실전처럼 치밀하게 작성된 신청서는 언제나 공감을 얻는다.

[(주)아이앤아이 마케팅 의뢰를 근거로 구성/
시장조사 지원사업 결과자료]

  3) 머리로 작성하지 마라
  신청서에는 진정성이 담겨야 한다. 즉, 실행 가능하고 구체적인 사업 진행계획과 실천결과 등이 담겨 있어야 한다. 미사여구로 장식된 허구적인 신청서는 경쟁력이 없다. 그러므로 평가자를 의식하는 신청서를 작성하지 말고, 신청자가 계획하고 실천하려는 실전용 계획을 기반으로 작성해야 한다. 기교로 작성된 신청서와 실제 진행을 위해 작성된 신청서는 반드시 차별화된 그 무엇이 존재하기 때문이다.

4) 도표화하고 계량화하라

서술형의 긴 문장은 읽기가 쉽지 않다. 평가 시간과 선정 인원이 제약되어 있는 상황에서 단시간에 평가자를 사로잡지 못하면 선정 가능성이 낮다. 평가자가 쉽게 읽고 판단할 수 있는 신청서를 만들어야 하고, 여러 쪽의 서술형 계획서보다는 도표화 되고, 계량화된 반쪽 분량의 계획서가 더 공감을 이끌어낼 수 있다. 도표화된 계획은 이해하기 용이하고, 숫자로 계량화한 문서는 전문성을 강조하는 효과가 있다. 작성자가 읽기에 편한 문서는 평가자도 이해하기 용이하다.

5) 부속자료를 잘 준비하라

신청서의 부속자료는 신청 내용의 진위 여부를 판단하고, 자격조건을 확인하는 용도로 사용되므로 누락시키지 않고 잘 챙겨야 한다. 상황에 따라 부속자료의 누락은 당락을 결정하는 중요요인이 될 수 있다. 더불어, 가능하면 신청자만의 추가자료를 첨부하면 다른 신청자와 차별화할 수 있어 유리하다. 즉, 심사에 도움이 되는 부속항목 이외의 자료는 신청자의 열정이 엿보이는 자료가 되어 심사자의 판단을 긍정적으로 유도할 수 있다.

예전에 아이디어를 기반으로 정부지원금을 지원받아 사업화에 성공한 가정주부 이야기를 신문에서 읽은 적이 있는데, 지원금 신청 시 개인적인 의지를 피력하는 편지를 동봉했다는 내용이 인상적이었다. 신청자의 개인적인 편지가 심사에 영향을 끼쳤는지는 모르겠으나, 그 가정주부 창업자는 기대하던 정부지원금을 지원받아 사업화할 수 있었다고 한다. 간절히 소원하고 열심히 준비하는 사람은 다른 사람과 분명히 구분되는 그 무엇이 있다.

개인 신용도 활용하기

개인 신용도를 담보하는 은행권의 담보대출은 물적 담보대출보다 소액이고 대출금리가 높은 경우가 많다. 그럼에도 불구하고 창업자가 유용하게 활용할 수 있는 장점이 있는데, 담보설정이라는 번거로운 절차를 생략하고 단시간에 자금을 조달할 수 있어 지출이 급박할 경우 활용가치가 높다. 준비서류도 간소하여 주민등록등본, 소득금액증명원, 사업자등록증만 준비하면 된다. 그리고 사업화에 성공하면, 사업성과에 대한 신용보증기금과 기술보증기금의 평가를 근거로 저금리대출금을 지원받을 수도 있다. 그러므로 창업자는 자금조달 창구의 한 방편으로 각 기관별 신용대출 창구를 개설해 놓을 필요가 있다. 즉, 토끼가 여러 개의 탈출 구멍을 만드는 것과 같이 신용보증기금, 기술보증기금, 주거래은행 등 각각의 예비자금조달 창구를 구축하여 돌발변수에 대비해야 한다. 재무제표상의 이익잉여금은 1,000만 원이지만, 각 기관들을 통해 동원 가능한 자금한도는 1억 원이 되는 방식이다.

투자자 활용하기

사업 아이템이 경쟁력 있고 아이디어가 혁신적이라면, 엔젤투자/벤처캐피탈/사채/사모펀드 등 다양한 투자자들과의 협업도 고려할 만하다. 이는 단기간에 희망하는 자금을 용이하게 조달할 수 있는 장점이 있다. 다만, 사적 투자의 목적은 투자금 회수와 고수익 배당에 있기 때문에 투자조건과 배당률이 매우 제한적이라는 단점이 있다.

①엔젤투자란, 개인들이 돈을 모아 창업하는 벤처기업 등에 필요한 자금을 투자하고, 주식으로 그 대가를 받는 투자형태를 말한다. 통상 여럿의 돈을 모아 투자하는 투자클럽의 형태를 가지며, 제품이 개발 완료되기 전에 투자함으로써, 투자한 기업이 성공적으로 성장하여 기업가치가 올라가면, 수십 배 이상의 수익을 얻을 수 있는 반면, 실패할 경우에는 투자액의 대부분이 손실로 확정된다. 기업을 창업하는 사람들 입장에서는 천사 같은 투자라고 해서 붙여진 이름이다. 따라서 창업자가 가장 우선순위로 고려해야 할 자금조달 창구이다.

②벤처캐피탈이란, 간략히 정리하면 제품 개발이 완료되어 시장유통을 앞둔 상태에서 투자하는 것을 말하며, 기술경쟁력은 있으나 자본과 경영 능력이 부족한 창업 초기기업에 투자하고, 설립 초기부터 경영관리·기술지도 등 종합적인 지원을 제공하여 투자기업을 육성한 후, 다양한 방법으로 투자자금을 회수하는 금융방식이다. 벤처캐피탈과 기존 금융기관과의 차이는 투자기업과 함께 높은 위험을 부담하는 대신 투자기업의 경영 성과를 같이 나누는 수익구조를 가진다는 점에서 차이가 있다. 투자 여부를 결정하는 기준도 미래가치와 수익가치를 반영한 기술력, 경영 능력, 성장 가능성 위주이며, 투자형태도 융자가 아닌 지분참여(주식) 형태이고, 회수방법도 원리금 상환보다는 IPO(코스닥(KOSDAQ)이나 코스피(KOSPI)에 기업을 공개하는 것), M&A(인수·합병) 등을 추구한다는 차이점이 있다. 국내 벤처캐피탈은 신기술 금융회사(신기술을 개발하거나 응용하여 사업화하는 중소사업자(신기술사업자)에게 투자나 융자를 해주는 금융회사)와, LLC형 창업투자회사(전문 캐피탈리스트가 설립한 유한회사에서 캐피탈리스트가 직접 업무집행 조합원으로 참여하여, 그 유한회사가 조성한 펀드를 통해 벤처투자를 하는 형태)인 유한회사 그리고 일부 시중은행을 제외하면 대부분 창업투자회사이다.

③사채의 법률적 의미는 주식회사가 사업에 필요한 자금을 조달하기 위하여, 일반 대중으로부터 비교적 장기(長期)의 자금을 집단적·대량적으로 모집하는 채무를 말하는 것으로 쉽게 풀이하면 회사가 개인으로부터 빚을 얻는 것이다. 일반적으로 일정한 조건에 따라, 채권을 발행한 회사의 주식으로 전환할 수 있는 권리가 부여되어 전환 전에는 사채로서의 확정이자를 받고, 전환 후에는 주식으로서의 이익을 얻을 수 있는 '전환사채' 방식이 많이 사용된다.

④사모펀드란, 100명 또는 50명 이내의 투자자들을 비공개적으로 모집하여 투자자금을 조성하는 것으로 특정 주식이나 채권에 10% 이상 투자할 수 없는 공모펀드와 달리 이익이 발생할 수 있는 어떠한 투자대상이든지, 운용에 제한 없이 투자하는 펀드를 말한다. 즉, 경우에 따라서는 엄청난 수익을 획득할 수도 있고, 반대로 완전히 쪽박을 찰 수도 있다.

I. 세무관리

부가가치세 신고하기

사업자에게 있어서 세무신고는 매우 중요한 업무 중의 하나이다. 소득금액을 확인할 수 있고, 세금납부를 통해 사업이 대외적으로 공식 인정받는 기회이기도 하다. 그리고 「조세특례제한법」의 부가가치세 면세대상을 제외한 사업자라면 반드시 부가가치세를 신고해야 한다.

부가가치세란, 상품(재화)의 거래나 서비스(용역)의 제공과정에서 얻어지는 부가가치(이윤)에 대하여 과세하는 세금을 말하는 것으로 사업자가 납부하는 부가가치세의 계산은 매출세액에서 매입세액을 공제한 금액으로 한다. 그리고 소비자가 구매하는 대부분의 상품에 부가가치세가 포함되어 있으며, 사업자는 소비자가 지불한 금액을 대신 납부하는 대행자라고 할 수 있어 사업자가 세금을 내는 것이 아니다.

부가가치세 사업자 구분

사업자 구분	사업자 구분 기준금액	세액 계산방법
일반과세자	1년간 매출액 4,800만 원 이상	매출세액(매출액의 10%)-매입세액(매입액의 10%) = 납부 세액
간이과세자	1년간 매출액 4,800만 원 이하	(매출액 × 업종별 부가가치율 × 10%)-공제세액 = 납부세액

* 일반과세자-세금계산서 발행 가능, 간이과세자-세금계산서 발행 불가

[새로운 창업을 위한 굿아이디어 창업]

부가가치세 계산

1) 일반과세자

- 납부세액 = 매출 × 10% - 매입세액

매입세액이란, 본인 회사의 실제 매입분에서 발생한 부가세를 말하며, 세금계산서, 카드전표, 현금영수증을 받은 것만 포함된다.

[일반음식점의 부가가치세 계산 예]

① 매출(총액 34,870,000원) :
- 세금계산서 공급금액(5,500,000) - 공급가액 5,000,000/부가세 500,000
- 신용카드 공급금액(27,500,000) - 공급가액 25,000,000/부가세 2,500,000
- 현금영수증 발행(1,320,000) - 공급가액 1,200,000/부가세 120,000
- 현금영수증 미발행(550,000) - 공급가액 500,000/부가세 50,000
  세액 합계 3,170,000

② 매입(총액 34,320,000원) :
- 세금계산서 수취금액(7,700,000) - 공급가액 7,000,000원/부가세 700,000
- 의제매입세액 공제(10,000,000) × 8/108(농·수·축산물 법정공제율) = 740,740
- 신용카드·현금영수증 공급금액(28,820,000) × 1.3%(일반사업자) = 374,660

③ 납부세액 : 3,170,000 - 1,815,400(700,000 + 740,740 + 374,660) = 1,354,600

2) 간이과세자

납부세액 = 매출 × 업종별 부가가치율 × 10%(세율)

업종	부가가치율
전기, 가스, 증기, 수도	5%
소매업, 재생용 재료 수집 및 판매업, 음식점업	10%
제조업, 농·임·어업, 숙박업, 운수, 통신업	20%
건설업, 부동산임대업, 기타 서비스업	30%

| 간이과세자 업종별 부가가치율 |

[소매업·부동산 임대업 매출 3,000만 원의 경우 부가가치율 반영 예]

① 소매업 : 3,000만 원 × 10%(부가가치율) × 10%(세율) = 30만 원

[I. 세무관리]

② 부동산임대업 : 3,000만 원 × 30%(부가가치율) × 10%(세율) = 90만 원

업종별 부가가치율이 10%라는 의미는 90%의 매입이 발생한 것으로 인정한다는 것이다.

[매입 증빙(매입 세금계산서 500만 원)이 있는 부동산임대업의 부가가치율 반영 예]
3,000만 원 × 30% × 10%-50만 원(매입세액) × 30%(부동산임대업의 부가율) = 75만 원

과세 기간 및 신고 · 납부

일반적으로 법인사업자는 1년에 4회, 개인사업자는 1년에 2회 확정신고를 하면 된다. 다만, 개인사업자(일반과세자) 중 신규사업자, 환급 등으로 직전 과세기간의 납부세액이 없는 사업자, 총괄납부자, 예정신고 기간에 간이과세자에서 일반과세자로 변경된 사업자, 사업자 단위 과세(2개 이상의 사업장을 가지고 있는 사업자가 본점 또는 주사무소 1곳만 사업자등록하고, 세금계산서의 교부·신고와 납부를 사업자 단위로 일괄하여, 주된 사업장 1곳에서만 하도록 하는 제도) 신청사업자 등은 예정신고를 해야 한다.

과세 기간		과세대상 기간	신고납부 기간	신고대상자
제1기	예정신고	1. 1 ~ 3. 31	4. 1 ~ 4. 25	법인사업자
1. 1 ~ 6. 30	확정신고	1. 1 ~ 6. 30	7. 1 ~ 7. 25	법인·개인사업자
제2기	예정신고	7. 1 ~ 9. 30	10. 1 ~ 10. 25	법인사업자
7. 1 ~ 12. 31	확정신고	7. 1 ~ 12. 31	다음해 1. 1 ~ 1. 25	법인·개인사업자

신고방법

부가가치세를 신고할 때, 세무사와 회계사에게 위탁신고하면 편리하게 신고할 수 있으나, 수수료 부담이 발생하는 단점이 있다. 그러므로 향후 사업 규모가 커지면 위탁하고, 사업 초기에는 사업자가 직접 신고·납부함으로써 신고방법을 체득하고 비용절감을 도모하는 것이 좋다.

신고방법은 홈택스(www.hometax.go.kr) 메인 화면에 들어가서 로그인(ID/PassWord)→세금신고·납부→부가가치세→일반과세자(폐업 포함) 신고서 작성하기의 순서에 따라 작성(세금신고)하면 되며, 작성 후 신고확인 및 오류확인 절차를 거친 뒤,

세금을 내고 확인(납부증명서 출력)하면 된다. 처음 온라인 신고를 하는 사업자는 '길잡이·작성연습' 메뉴를 선택하여 사전연습을 하면 실수를 줄일 수 있다. 그리고 온라인 신고에 어려움을 느끼는 사업자는 사업장 소재지 관할세무서의 민원봉사 창구를 방문해서 세금신고 절차와 방법 등을 알려주는 민원서비스를 제공받아 세금신고를 완료할 수 있다.

종합소득세 신고하기

종합소득세는 부가가치세를 제외한 매출에서 비용(매입을 포함한 모든 지출금액)을 뺀 나머지 순수한 소득에 부과하는 세금으로 개인사업자의 경우는 근로소득자와 달리 소득금액에 대한 세금신고를 매년 5월에 1회 한다. 예를 들면, 총 매출이 3억 원이고 지출비용이 총 2억 원이면 차익 1억 원에 대해 세금을 부과하는 방식이다.

종합소득세 신고도 홈택스에서 온라인 신고할 수 있으며, 절차는 로그인(ID/PassWord)→세금신고·납부→종합소득세→일반신고서 출력하기의 순서에 따라 작성하면 되고, 부가가치세 신고와 마찬가지로 작성 후 신고확인 및 오류확인 절차를 거친 뒤, 세금을 내고 확인(납부증명서 출력)하면 된다.

종합소득세란

종합소득세는 개인에게 귀속되는 각종 소득을 종합하여 과세하는 소득세로 이자소득, 배당소득, 부동산임대소득, 사업소득, 근로소득, 일시재산소득과 기타 소득으로 구분된다. 자진신고 납부제도를 채택하고 있으며, 종합소득에서 필요경비를 공제하고, 인적 공제로서 기초공제·배우자 공제·부양가족 공제·장애인 공제를 실시한 금액을 과세표준으로 하며, 누진세율구조를 취하고 있다.

종합소득세 신고 유형

종합소득세를 신고할 때, 기준이 되는 소득금액을 어떻게 산정하느냐에 따라, '추계신고'와 '기장신고'로 나누어지며, 추계신고는 세무기장을 하지 않고 기준경비율이나 단순경비율에 의해 소득금액을 산정하는 방식이고, 기장신고는 간편장부와 복식부기장부에 의해 소득금액을 산정하는 방식이다.

1) 추계신고(기준경비율 및 단순경비율에 의한 신고)

세법에서는 소득세 신고 시 '기장에 의한 신고'를 원칙으로 하나, 기장을 하지 않았을 경우 직전년도 수입금액에 따라, '기준경비율' 적용자와 '단순경비율' 적용자로 구분하여 적용한다.

업 종	기준경비율	단순경비율
농업, 임업, 어업, 광업, 도매업, 소매업, 부동산매매업, 그 밖의 '나' 및 '다'에 해당하지 않는 사업	6,000만 원 이상	6,000만 원 미만
제조업, 숙박·음식점업, 전기·가스·증기·수도사업, 하수·폐기물 처리·원료재생 및 환경 복원업, 건설업, 운수업, 출판·영상·방송통신·정보서비스업, 금융·보험업	3,600만 원 이상	3,600만 원 미만
부동산 임대업, 전문·과학·기술서비스업, 사업 시설관리·사업지원서비스업, 교육 서비스업, 보건·사회복지사업, 예술·스포츠·여가 관련 서비스업, 협회·단체, 수리 및 기타 개인 서비스업, 가구 내 고용 활동	2,400만 원 이상	2,400만 원 미만

[추계신고 시 소득금액 산정방법]
①기준경비율 적용 소득금액 계산
소득금액=수입금액-주요경비-(수입금액×기준경비율)
②단순경비율 적용 소득금액 계산
소득금액=수입금액-(수입금액×단순경비율)
(전문직 사업자, 현금영수증 미가맹 사업자, 신용카드와 현금영수증 발급거부·부실발급 사업자는 단순경비율 적용대상에서 제외)

[필요경비의 범위]
기준경비율에 의한 추계신고에서 주요경비는 매입비용·임차료·인건비 등을 말하며, 장부를 비치·기장하지 않는 경우에도 증빙서류가 있어야 필요경비로 인정받는다.
①매입비용 : 재화의 매입과 외주가공 및 운송업의 운반비(사업용 고정자산매입은 제외)
②임차료 : 사업에 직접 사용하는 건축물과 기계장치 등 사업용 고정자산의 임차료
③인건비 : 종업원의 급여, 임금 및 지급한 퇴직급여

[구비 증빙]

①매입비용/임차료 : 세금계산서, 계산서, 신용카드 매출전표, 현금영수증, 간이세금계산서, 일반영수증. (간이세금계산서, 일반영수증 - '주요경비 지출명세서' 함께 제출)

②인건비 : 원천징수영수증, 지급명세서, 지급 관련 증빙서류

2) 기장신고 (간편장부, 복식부기)

①간편장부 대상자

소규모 사업자를 위하여 국세청에서 고안한 장부로 당해 연도에 신규로 사업을 개시한 사업자 또는 직전년도 수입금액이 다음에 해당하는 사업자를 대상으로 한다.

업종구분	수입금액 기준
농업, 임업, 어업, 광업, 도매업, 소매업, 부동산매매업, 그 밖의 '나' 및 '다'에 해당하지 않는 사업	3억 원 미만
제조업, 숙박·음식점업, 전기·가스·증기·수도사업, 하수·폐기물 처리·원료재생 및 환경 복원업, 건설업, 운수업, 출판·영상·방송통신 및 정보서비스업, 금융·보험업	1억 5,000만 원 미만
부동산 임대업, 전문·과학·기술서비스업, 사업시설 관리·사업지원서비스업, 교육서비스업, 보건 및 사회복지 사업, 예술·스포츠·여가 관련 서비스업, 협회 및 단체, 수리 및 기타 개인 서비스 업, 가구 내 고용활동	7,500만 원 미만

간편장부를 기장하면, 적자(결손)가 발생한 경우 10년간 소득금액에서 공제할 수 있으며, 감가상각비, 대손 충당금 및 퇴직급여 충당금을 필요경비로 인정받을 수 있다. 또한 장부를 기장하지 않는 경우 발생하는 무기장 가산세 20%가 적용 배제되며, 간편장부 대상자가 복식부기로 기장·신고하는 경우 20%를 추가로 공제 받을 수 있다.

일자	거래 내용	거래처	수입		비용		고정자산증감		비고
			금액	부가세	금액	부가세	금액	부가세	
1.5	○○판매 (외상)	A상사	10,000,000	1,000,000					세계
1.15	○○구입 (현금)	C상사			5,000,000	500,000			세계
1.20	거래처 접대(현금)	E회관			200,000				영

|간편장부 서식|

②복식부기 의무자

간편장부 대상자 이외의 모든 사업자는 재산 상태와 손익거래 내용의 변동을 차변과 대변으로 나누어 기록한 장부를 기록·보관하여야 하며, 이를 기초로 작성된 재무제표를 신고서와 함께 제출해야 한다.

업종구분	복식부기 대상	
	외부조정 계산서 첨부 대상	내부조정 계산서 첨부 대상
농업, 임업, 어업, 광업, 도매업, 소매업, 부동산매매업, 그 밖의 '나' 및 '다'에 해당하지 않는 사업	6억 원 이상	3억 원 이상
제조업, 숙박·음식점업, 전기·가스·증기·수도사업, 하수·폐기물 처리·원료재생 및 환경 복원업, 건설업, 운수업, 출판·영상·방송통신 및 정보서비스업, 금융·보험업	3억 원 이상	1억 5,000만 원 이상
부동산 임대업, 전문·과학·기술서비스업, 사업 시설관리·사업지원서비스업, 교육서비스업, 보건 및 사회복지사업, 예술·스포츠·여가 관련 서비스업, 협회 및 단체, 수리 및 기타 개인 서비스업, 가구 내 고용활동	1억 5,000만 원 이상	7,500만 원 이상

3) 적자로 인한 결손금 발생 시

적자로 인하여 영업손실이 발생하는 경우, 소득이 없다고 종합소득세신고를 하지 않으면, 무신고로 간주하여 소득세와 무신고에 따른 가산세를 부과한다. 왜냐하면 관할세무서에서는 사업자의 이익과 손실을 알 수 없어 소득이 있음에도 신고하지 않은 것으로 간주한다.

월급생활자와 개인사업자의 세금신고

세금을 신고하는 납세 주체가 월급생활자는 경리·회계 담당자 등이고, 개인사업자는 사업자 본인이다. 따라서 월급생활자는 세금납부에 대해 많은 관심을 갖지 않아도 되나, 개인사업자는 스스로 신고하고 납부해야 하기 때문에 얼마만큼 관심을 가지고 있느냐에 따라 세금납부 금액이 크게 차이 날 수 있다. 그러므로 개인사업자는 본인이 운영하는 사업의 종류와 세금과의 상관관계를 정확히 이해하고 있어야 하며, 신고 시 매출 항목 못지않게 매입 항목 상의 공제금액에도 관심을 가져서 공제금액을 통해 합법적으로 세금을 줄일 수 있으면 최대한 줄여야 한다. 즉, 개인사업자는 세금납부도 경영전략의 일부라는 인식으로, 본인의 관심과 정보의 활용도에 따라 세금납부액이 크게 달라질 수 있음을 인식해야 한다.

그리고 개인사업자는 무조건 세무사 등에 의한 대리신고에 의존하지 말고, 세금산출 기준과 근거·공제요건·산출방법 등의 기본적인 세무지식을 습득해서 세금신고와 납부의 전 과정을 숙지하고 있어야 한다. 수입·지출 금액을 가장 잘 알고 있는 사람이 사업자이기 때문에 사업자가 세금신고와 납부에 관심을 가지지 않으면 예상치 못한 금액을 납부할 수도 있기 때문이다.

지출비용 정리하기

개인사업자는 세금 신고·납부와 손익계산을 위해서라도 봉급생활자보다 지출되는 비용의 근거를 확보하는 일이 매우 중요하다. 특히, 공제할 수 있는 지출금액에 따라 납부하는 세금이 달라지기 때문에 더욱 중요시해야 한다. 그러므로 거래 시 세금계산서 발행을 우선하고, 가능하면 신용카드를 사용하는 것이 유리하며, 부득이하게

| 지출결의서 작성 예 |

[I. 세무관리]

현금결제를 해야 할 때는 사업자 명의로 현금영수증을 발행하는 습관을 가져야 한다. 따라서 지출근거로서의 증빙서류를 정리하는 일은 매우 중요하며, 지출증빙서류는 지출항목·지출 일자·결제수단에 따라 구분하여 정리해서 보관해야 한다. 그리고 증빙서류는 지출결의서 등의 서류양식을 만들어서 지출증빙을 구분·정리한 뒤, 항목별로 지출금액을 합산하여 기록하면, 일목요연하게 사용 내역과 첨부된 증빙서류를 확인할 수 있어서 세금신고와 보관이 용이하다.

세금계산서 발행하기

요즘은 대부분의 세금계산서가 사용 편리성과 거래 투명성에 기대어 전자세금계산서로 발행되고 있으며, 법인사업자는 2011년 1월 1일부터 의무화되었다. 따라서 창업자는 전자세금계산서 발행·수취방법을 숙지해야 거래에 어려움이 없다. 그리고 전자세금계산서를 발행·수취하려면, 거래 당사자 간의 '이메일(E-Mail) 주소'와 '사업자용 공인인증서' 및 '사업자 등록정보'가 사전에 준비되어야 한다.

발행방법은 국세청 홈택스(www.hometax.go.kr) 사이트에 접속하여 회원가입 한 뒤, 조회·발급→전자(세금)계산서→발급(건별, 수정, 일괄, 반복, 복사발급)-사업자등록번호, 주소, 대표자, 업태·종목, 공급가액, 세액, 거래내역 등 기입→공급자·공급받는 자 이메일 주소 기입→발행 순서로 진행하면 된다. 그리고 발행한 전자세금계산서는 '목록 조회' 메뉴에서 확인할 수 있고, 매출·매입한 세금계산서 합계 내역을 확인하여 세금 신고하면 된다. 전자세금계산서를 이용하면 건당 200원(연간 100만 원 한도)의 세액공제 혜택이 있고, 전송(발행)된 세금계산서를 별도로 보관하지 않아도 되며, 부가가치세 신고 시 거래한 매출처별 명세서의 작성이 면제되는 편리함이 있다. 그리고 수기(手記)계산서를 발행하거나 수취해야 한다면, 반드시 발행·수취 대장(臺帳)을 만들어 작성·비치해야 한다. 세금신고 시 발생하는 누락과 불명자료[不明資料 - 세법에 의해 지급 조서 제출 의무자(복식부기 의무자인 개인과 법인)가 제출한 지급 조서 중에서 지급자 및 소득자의 주소, 성명, 납세번호나 사업자등록번호, 소득의 종류, 소득귀속연도 또는 지급액을 기재하지 아니하였거나 잘못 기재하여 지급 사실을 확인할 수 없는 자료]에 따른 불이익을 예방할 수 있는 장점이 있다.

세금신고 프로그램

매출 규모가 작은 개인사업자는 세무사 등의 위탁신고 수수료가 세금보다 많을 수도 있어서 위탁신고가 부담스럽다. 그래서 사업자가 직접 신고·납부하기도 하는데, 신고서 작성을 보조하는 프로그램을 이용하면 각 항목별 금액산출이 가능해서 쉽고 편리하게 신고할 수 있다.

통합신고 프로그램은 신고자료를 전자세금계산서, 신용카드, 현금영수증 항목으로 구분·취합할 수 있어 신고자료 정리가 용이하고, 자료변환과 신고서 작성이 가능하여 세무지식이 부족한 개인사업자에게 유용하다. 그리고 각 항목별로 홈택스·신용카드회사·현금영수증 사이트와 연결되어 있어 기간설정 후 자료수집 메뉴를 선택하면 과세자료가 일자별로 취합된다. 따라서 사업자는 취합된 자료를 변환하여 국세청에 온라인으로 신고(전송)할 수 있다.

4대 보험관리

사업주는 국민연금과 건강보험에 당연히 가입하여야 하고, 근로자를 1인 이상 고용하면 산재·고용보험에 의무적으로 가입해야 한다. 즉, 사업주가 만 18세 이상~만 60세 미만의 국민이면 국민연금과 국민건강보험에 가입해야 한다. 단, 의료급여대상자, 국가유공자 등의 의료보호대상자는 제외된다. 그리고 4대 사회보험(국민연금, 건강보험, 고용보험, 산재보험) 신고는 사업장과 가까운 기관 중 하나의 기관에 신고하거나, 4대 사회보험 정보연계센터(www.4insure.or.kr)에 회원가입 후 온라인으로 신고하면 일괄 처리된다. 4대 사회보험은 사업자와 근로자의 건강유지와 재해위험 회피를 위해 필요하므로 건강보험 적용 사업장의 적용대상 여부를 판단하지 말고, 미래를 위한 투자라고 생각하고 반드시 가입하는 것이 좋다.

구분	국민연금	건강보험	고용보험	산재보험
적용사업장	1인 이상의 근로자를 사용하는 사업장	상시근로자 1인 이상	상시근로자 수 1인 이상	
부과소득 상한선	368만 원(등급 없음)	7,810만 원(등급 없음)	상한선 없음	
보험료 부담	사용자와 근로자가 각 1/2씩 부담	사용자와 근로자가 각 1/2씩 부담	실업급여는 사업주와 근로자가 각 1/2씩 부담, 기타 사업은 사업주가 전액부담	사업주 전액 부담
납부방법	월납	월납	월납(건설업·벌목업은 연납 or 분납)	
담당기관	국민연금공단	국민건강보험공단	근로복지공단(고용노동부 고용센터)	근로복지공단
납부의무자	사용자	사용자	사업주	사업주

|4대 보험 요약|

구분	적용 제외자
건강보험 가입 제외자	1개월 미만 기간 동안 고용되는 일용근로자, 1개월의 근로시간이 60시간 미만인·시간제 근로자
국민연금 가입 제외자	1개월 미만 기간 동안 고용되는 일용근로자, 1개월의 근로시간이 60시간 미만인·시간제 근로자
고용보험 가입 제외자	월간 근로시간이 60시간 미만인 근로자

|4대 보험 가입 제외자|

※시간제 근로자 : 통상근로자와 근무 형태는 동일하나, 소정근무시간이 상대적으로 짧은 근로자

법인기업과 개인기업의 차이점

창업자는 개인사업자와 법인사업자 중 선택하여 창업해야 하는데, 사업자 형태에 따른 장·단점과 차이를 명확히 이해하고 선택해야 어려움이 없다. 즉, 사업자 형태에 따라서 세금신고와 대표자의 책임 한계 등이 결정된다. 그러므로 사업 규모와 성격 등을 종합적으로 고려하여 선택해야 한다. 그래서 1인 창업자의 대부분은 개인사업자로 창업한 뒤, 사업 규모가 확대되면 법인화하는 경향이 있고, 창업자가 다수인 공동창업인 경우에는 법인 형태로 시작하는 경향이 강하다.

법적으로는 권리 능력과 법률행위 능력을 갖는 존재로 법인과 자연인(개인)이 구분되는데, 법인은 개인과 같이 하나의 인격체이다. 즉, 사람과 동일한 법적 지위를 가지는 존재이므로 경우에 따라서 법인의 대표이사와 법인회사의 법적 책임이 분리되어 판단되기도 한다. 다만, 대표이사가 법인의 상거래 시 담보제공, 지급보증하면 법인채무에 대해 책임을 갖는다. 이와 반하여, 개인기업의 대표자는 기업과 동일시되어 판단된다.

구분	법인기업	개인기업
설립 절차	• 사업계획→사업장 확보→설립 등기→사업자 등록 • 온라인 재택창업 시 기본자료 일괄 입력으로 종결	• 사업계획→사업장 확보→사업자 등록
자본조달	• 다수 출자자를 통해 대규모 자본 확보 가능	• 개인 출자에 의존하므로 자본조달에 한계
경영	• 회사의 형태에 따라 유한책임 또는 무한책임 • 소유와 경영의 분리 • 전문경영인 등에 의한 경영 한계 극복	• 경영활동에 대한 단독 무한책임 • 신속한 의사결정 • 개인 역량 의존에 따른 경영의 한계
이윤분배	• 출자자의 지분에 따라 분배	• 이윤의 전부 개인에게 귀속
기업 영속성	• 지분양도 형태로 기업 영속성 유지 • 지분양도 시 양도소득세 부과율 낮음	• 사업양도 시 높은 양도소득세 부과
세제와 회계 차이	• 법인세 과세 • 대표자 급여 손금처리, 퇴직급여 충당금 설정 가능 • 대여금과 미수금 대손충당금 포함	• 종합소득세 과세 • 사업 관련 채권만 대손충당금 설정 가능 • 고정자산 처분손실 필요경비 불산입

| 법인 대 개인기업의 차이 |

[참고문헌]

1. 신문기사
   (1) "韓 GDP 대비 사업체 수 OECD 회원국 중 1위……, 자영업 범람영향(종합)", <연합뉴스>, 2015. 08. 11.
   (2) "<표> 전국 30개 생활밀접업종 개인사업자 현황", <연합뉴스>, 2014. 10. 27.
   (3) "자영업 현실 창업정보 국세청 통계분석 내용 살펴보니…….", <미디어다음>, 2014. 10. 28.
   (4) "화장실에 2조 원을……. IT 갑부들의 특이한 씀씀이" <파이낸셜뉴스>, 2013. 01. 21.
   (5) "가전·IT 제품 올해 트렌드는 '3S', "<서울신문>, 2011. 01. 05.
   (6) "아이디어를 6개월 만에 기술창업으로……. INNO6+ 프로그램 가동", <전자신문>, 2015. 08. 18.
   (7) " '7전 8기' 인생을 사는 사람들", <자치안성신문>, 2010. 06. 27.
   (8) "제조업 취업자 3개월 연속 감소……, 청년실업률 사상최고치 행진", <헤럴드경제>, 2016. 10. 12.

2. 문헌
   (1) 로버트 치알디니. 《설득의 심리학》. 21세기북스.
   (2) 박신애(2008). 《상대방을 사로잡는 설득의 기술》. 김&정.
   (3) 특허청(2014/2016). 《특허고객 상담 사례집》. 특허청 정보고객정책과.
   (4) 특허청(2011). 《이공계를 위한 특허의 이해1 : 창출보호》. 박문각.
   (5) 특허청(2012). 《이공계를 위한 특허의 이해2 : 특허정보 활용》. 박문각.
   (6) 甲父(KABBU)(2012). 《인간조종술 180가지》. 스마트북.

3. 기타
   (1) 강인구(2014). 《특허제도의 기원 및 이해》. 경북발명연구소.
   (2) 김보미(2012). 《MD란 무엇일까요?》. 파파이스 B1지역.
   (3) 백민호(2008). 《'사무관 승진' 초졸 정병산 씨 '7전8기 인생'》. 파이미디어 TV리포트.
   (4) 야글미라(2014). 《홈쇼핑 판매와 입점 절차와 순서》. SNS유통연구소.
   (5) 자동차산업신문사(2014). 《新 자동차 용어 큰사전》. 자동차산업신문사.
   (6) 카리스전도영(2009). 《특허 이야기》. 인천발명동호회.